# 企业管理中的统计学

QIYE GUANLI ZHONG DE TONGJIXUE

陈焱晗 主编

知识产权出版社

图书在版编目（CIP）数据

企业管理中的统计学 / 陈焱晗主编. —北京：知识产权出版社，2018.4
ISBN 978-7-5130-5450-8

Ⅰ.①企… Ⅱ.①陈… Ⅲ.①统计学-应用-企业管理 Ⅳ.①F272.15

中国版本图书馆 CIP 数据核字（2018）第 038173 号

## 内容提要

企业管理中的统计学是指运用统计学的方法和原理对企业管理领域的定量问题进行数据的收集、整理和分析，是企业管理类专业学习者所必须掌握的一项定量分析技能。本书正是针对这种技能的学习和教学工作而编写的，其所面对的读者主要是高校文理兼修专业的学生，尤其是企业管理、工商管理类专业的学生，也可作为企业管理人员和研究人员的参考用书。

责任编辑：许 波　　　　　　　　　　　　　　　责任出版：孙婷婷

## 企业管理中的统计学

### QIYEGUANLI ZHONG DE TONGJIXUE

陈焱晗　主编

| | | | |
|---|---|---|---|
| 出版发行： | 知识产权出版社有限责任公司 | 网　　址： | http://www.ipph.cn |
| | | | http://www.laichushu.com |
| 电　　话： | 010-82004826 | | |
| 社　　址： | 北京市海淀区气象路 50 号院 | 邮　　编： | 100081 |
| 责编电话： | 010-82000860 转 8380 | 责编邮箱： | xubo@cnipr.com |
| 发行电话： | 010-82000860 转 8101 | 发行传真： | 010-82000893 |
| 印　　刷： | 北京中献拓方科技发展有限公司 | 经　　销： | 各大网上书店、新华书店及相关专业书店 |
| 开　　本： | 720mm×1000mm　1/16 | 印　　张： | 18 |
| 版　　次： | 2018 年 4 月第 1 版 | 印　　次： | 2018 年 4 月第 1 次印刷 |
| 字　　数： | 300 千字 | 定　　价： | 58.00 元 |

ISBN 978-7-5130-5450-8

出版权专有　侵权必究
如有印装质量问题，本社负责调换。

# 本书编委会

主　　编：陈焱晗

副总编：徐军委、张　勇、赵鑫全、柯希嘉

编　　委：陈紫妍、于姗平、赵悦颖、徐　燕、王强芬、
　　　　　杨苑平、段志华、陶秉轩、方　琪、黄　河、
　　　　　杨丰渝、葛威男、简仁祥、张亦欢、谢竹青、
　　　　　郑丽君、张宏亮、李伟征、张静怡

# 目　　录

## 第1章　总论 ················································································ 1

### 1.1　统计学的历史起源 ······················································ 2
#### 1.1.1　统计学的创立 ······················································ 2
#### 1.1.2　统计学的发展与代表人物 ·································· 3

### 1.2　学科定义及性质 ·························································· 7
#### 1.2.1　统计的含义 ·························································· 7
#### 1.2.2　统计学研究的特点 ············································ 10

### 1.3　研究对象及应用领域 ················································ 11
#### 1.3.1　统计学的研究对象及其特点 ···························· 11
#### 1.3.2　统计学的应用领域 ············································ 13

### 1.4　统计学的分类 ···························································· 14
#### 1.4.1　描述统计学与推断统计学 ································ 15
#### 1.4.2　理论统计学和应用统计学 ································ 16

### 1.5　统计学与其他学科的关系 ········································ 17
#### 1.5.1　统计学与数学的关系 ········································ 17
#### 1.5.2　统计学与其他学科的关系 ································ 18
#### 本章小结 ·········································································· 18

## 第2章 数据资料·································19

### 2.1 数据的计量与类型·······················20
#### 2.1.1 数据的计量尺度·····················21
#### 2.1.2 变量与数据的类型···················22
### 2.2 数据的搜集··························23
#### 2.2.1 直接的数据来源·····················23
#### 2.2.2 间接的数据来源·····················28
### 2.3 数据的整理··························29
#### 2.3.1 数据的预处理·······················29
#### 2.3.2 数据的分组与频数分布················31
#### 2.3.3 几种频数分布图·····················36
### 本章小结································43

## 第3章 数据分布特征的描述·····················44

### 3.1 测度数据分布的集中趋势··················45
#### 3.1.1 众数·····························45
#### 3.1.2 中位数···························47
#### 3.1.3 均值·····························49
#### 3.1.4 几何平均数·······················51
#### 3.1.5 众数、中位数和均值的比较··············52
### 3.2 测度数据分布的离散趋势··················53
#### 3.2.1 极差·····························54
#### 3.2.2 四分位差·························54

3.2.3　异众比率 ·················································· 55

　　　3.2.4　方差和标准差 ············································ 56

　　　3.2.5　离散系数 ·················································· 58

　3.3　测度数据分布的偏度与峰度 ······································ 60

　　　3.3.1　偏态及其测度 ············································ 61

　　　3.3.2　峰态反其测度 ············································ 62

　本章小结 ································································· 63

## 第4章　概率与概率分布 ··············································· 65

　4.1　概率基础 ························································· 66

　　　4.1.1　随机事件与概率 ········································· 66

　　　4.1.2　概率的性质及运算 ······································ 71

　4.2　随机变量及其概率分布 ········································· 77

　　　4.2.1　随机变量 ·················································· 77

　　　4.2.2　离散型随机变量的概率分布 ·························· 78

　　　4.2.3　连续型随机变量的概率分布 ·························· 82

　4.3　大数定律与中心极限定理 ······································ 88

　　　4.3.1　大数定律和中心极限定理 ···························· 89

　　　4.3.2　中心极限定理的应用 ·································· 90

　本章小结 ································································· 92

## 第5章　抽样与抽样分布 ··············································· 93

　5.1　抽样调查中的基本概念 ········································· 94

　　　5.1.1　总体与样本 ··············································· 94

    5.1.2 抽样调查 ································································· 95
    5.1.3 误差问题 ································································· 99
  5.2 抽样分布 ············································································ 101
    5.2.1 抽样分布的概念 ······················································ 102
    5.2.2 样本统计量的抽样分布 ············································ 104
    5.2.3 不重复抽样的修正系数 ············································ 107
  本章小结 ····················································································· 109

# 第6章 参数估计 ·············································································· 110

  6.1 参数估计的基本原理 ····························································· 111
    6.1.1 估计量与估计值 ······················································ 111
    6.1.2 评价估计量的标准 ·················································· 112
    6.1.3 点估计 ···································································· 114
    6.1.4 区间估计 ································································ 114
  6.2 一个总体参数的区间估计 ····················································· 117
    6.2.1 总体均值的区间估计 ··············································· 117
    6.2.2 总体比率的区间估计 ··············································· 120
    6.2.3 总体方差的区间估计 ··············································· 121
  6.3 两个总体参数的区间估计 ····················································· 122
    6.3.1 两个总体均值之差的区间估计 ································ 122
    6.3.2 两个总体比率之差的区间估计 ································ 127
    6.3.3 两个总体方差比的区间估计 ··································· 128
  6.4 抽样容量的确定 ···································································· 130
    6.4.1 估计总体均值时样本量的确定 ································ 130

6.4.2 估计总体比率时样本量的确定 ……………………………………… 131

本章小结 ……………………………………………………………………… 132

# 第7章 假设检验 …………………………………………………………… 133

## 7.1 假设检验的基本原理、相关概念及问题 …………………………… 134

### 7.1.1 假设检验的基本原理 ……………………………………………… 134

### 7.1.2 假设的建立与类型 ………………………………………………… 139

### 7.1.3 两类错误 …………………………………………………………… 141

### 7.1.4 检验统计量与决策准则 …………………………………………… 142

### 7.1.5 假设检验的步骤 …………………………………………………… 143

### 7.1.6 利用 P 值进行决策 ………………………………………………… 144

## 7.2 一个总体参数的检验 …………………………………………………… 145

### 7.2.1 总体均值的检验 …………………………………………………… 145

### 7.2.2 总体比率的检验 …………………………………………………… 149

### 7.2.3 总体方差的检验 …………………………………………………… 150

## 7.3 两个总体参数的检验 …………………………………………………… 152

### 7.3.1 两个总体均值之差的检验 ………………………………………… 152

### 7.3.2 两个总体比率之差的检验 ………………………………………… 157

### 7.3.3 两个总体方差比的检验 …………………………………………… 160

本章小结 ……………………………………………………………………… 161

# 第8章 方差分析 …………………………………………………………… 162

## 8.1 方差分析的基本问题和基础知识 …………………………………… 163

### 8.1.1 方差分析的优越性、基本概念和术语 …………………………… 163

8.1.2 方差分析的基本原理及误差分类 ……………………………………… 165
8.1.3 方差分析的基本假定 ……………………………………………………… 166

## 8.2 单因素方差分析 …………………………………………………………………… 167
8.2.1 单因素方差分析的含义 …………………………………………………… 167
8.2.2 数据结构 ……………………………………………………………………… 167
8.2.3 分析步骤 ……………………………………………………………………… 168
8.2.4 方差分析中的多重比较 …………………………………………………… 171

## 8.3 双因素方差分析 …………………………………………………………………… 173
8.3.1 无交互作用的双因素方差分析 …………………………………………… 174
8.3.2 有交互作用的双因素方差分析 …………………………………………… 178

**本章小结** ……………………………………………………………………………… 182

# 第9章 相关与一元线性回归分析 ……………………………………… 183

## 9.1 相关分析与回归分析的基本概念 ……………………………………………… 184
9.1.1 函数关系与相关关系 ……………………………………………………… 184
9.1.2 相关关系的种类 …………………………………………………………… 185
9.1.3 相关分析与回归分析 ……………………………………………………… 187
9.1.4 相关关系的描述与测度 …………………………………………………… 188

## 9.2 一元线性回归分析 ………………………………………………………………… 192
9.2.1 一元线性回归模型与假定 ………………………………………………… 192
9.2.2 一元线性回归模型的估计 ………………………………………………… 195
9.2.3 一元线性回归模型的检验 ………………………………………………… 198
9.2.4 一元线性回归模型的预测 ………………………………………………… 201

**本章小结** ……………………………………………………………………………… 205

# 第 10 章　多元线性回归分析 ··· 206

## 10.1　多元线性回归模型及假定 ··· 207
### 10.1.1　多元线性回归模型 ··· 207
### 10.1.2　多元线性回归模型的假定 ··· 208

## 10.2　多元线性回归模型的估计 ··· 209
### 10.2.1　参数的最小二乘估计 ··· 209
### 10.2.2　随机误差项方差 $\sigma^2$ 的估计 ··· 212

## 10.3　多元线性回归模型的检验 ··· 212
### 10.3.1　拟合度检验 ··· 212
### 10.3.2　回归系数的显性检验 ··· 214
### 10.3.3　回归方程的显性检验 ··· 215

## 本章小结 ··· 217

# 第 11 章　时间序列的分析 ··· 218

## 11.1　时间序列的概念和分类 ··· 219
### 11.1.1　时间序列的概念 ··· 219
### 11.1.2　时间序列的图表描述 ··· 220
### 11.1.3　相对数时间序列 ··· 221
### 11.1.4　平均数时间序列 ··· 222

## 11.2　时间序列的基本分析指标 ··· 223
### 11.2.1　发展速度（或水平） ··· 223
### 11.2.2　增长速度（或水平） ··· 224
### 11.2.3　平均发展速度（或水平） ··· 225

11.3 时间序列的成分和基本模型 ············································· 226
　　11.3.1 时间序列的成分 ··················································· 226
　　11.3.2 时间序列的基本模型 ············································· 228
11.4 时间序列的预测 ······························································ 229
　　11.4.1 总趋势 ·································································· 230
　　11.4.2 季节变动 ······························································ 241
　　11.4.3 循环变动 ······························································ 248
本章小结 ················································································ 252

# 第12章 统计指数 ·································································· 253

12.1 指数的概念与分类 ························································· 254
　　12.1.1 指数的概念 ··························································· 254
　　12.1.2 指数的分类 ··························································· 255
12.2 总指数的编制方法 ························································· 257
　　12.2.1 加权总指数的编制原理 ·········································· 258
　　12.2.2 加权综合指数的主要形式 ······································ 260
　　12.2.3 加权平均指数的主要形式 ······································ 263
12.3 几种常用的经济指数 ······················································ 265
　　12.3.1 消费者价格指数 ···················································· 265
　　12.3.2 农副产品收购价格指数 ·········································· 268
　　12.3.3 股票价格指数 ······················································· 268
　　12.3.4 工业生产指数和生产者价格指数 ···························· 269
本章小结 ················································································ 272

**参考文献** ············································································ 273

# 第1章

# 总 论

## 引例

### 关于《红楼梦》后四十回作者是谁的统计学判断

1981年，首届国际《红楼梦》研讨会在美国召开，会上一共有四个针对红楼梦一书的问题讨论分析，其中之一，就是大家争议《红楼梦》后四十回的作者，并非曹雪芹本人。而威斯康星大学讲师陈炳藻独树一帜，宣读了题为《从词汇上的统计论<红楼梦>作者的问题》的论文。他从字、词出现的频率入手，首先对全书的字数做了统计，共有72.9604万字。把字按出现的次数做了频数分析。发现频数最高的字，不是"宝"也不是"玉"，而是"了""的""不"等虚词，然后通过计算机进行统计、处理、分析，对《红楼梦》后40回系高鹗所做这一流行看法提出了异议，认为120回均系曹雪芹所做。会上有些人支持陈炳藻的观点，他们认为续书人不管再怎样刻意模仿，也做不到各种性质的词的使用频率与原作如此相似。

上面引例使我们对如何从统计学的角度分析实际问题略见一斑。其实在现实的生产生活中，统计学的应用也是相当广泛的。例如，天气预报、股市预测、产品检验、民意测验、经济形势分析等都会用到统计学的理论与知识。那么读者会问：统计学是怎样的一门学科呢？它是用来解决什么样的问题呢？下面本章就针对上面的问题予以回答，逐一对统计学的发展历史、研究范畴、学科特点与分类、应用领域以及统计学与其他学科的关系等内容进行介绍。

## 1.1 统计学的历史起源

统计学是一门很古老的科学，一般认为其学理研究始于古希腊的亚里士多德时代，迄今已有两千三百多年的历史。统计的英文"statistics"一词源于法语"stats"，在中世纪逐渐演变成 state（国家、状态），意指对国家的状态做调查研究。17 世纪，"statistics"一词开始被人们应用，用来指政府部门记录人们出生和死亡信息的工作。

### 1.1.1 统计学的创立

17 世纪中叶至 18 世纪中叶是统计学的创立时期，这一时期出现了统计学的雏形并先后形成了一定的学术派别，这些学术派别主要有国势学、政治算术和古典概率论。

国势学派又称记述学派，产生于 17 世纪的德国。由于该学派是对国家的人口、版图、政体、财政、军备等方面做文字性记述，故又称记述学派。其主要代表人物是海尔曼·康令和阿亨华尔。康令是第一个在德国黑尔姆斯太特大学以"国势学"为题讲授政治活动家应具备的知识。阿亨华尔在格丁根大学开设"国家学"课程，其主要著作是《近代欧洲各国国势学纲要》，书中讲述"一国或多数国家的显著事项"，主要用对比分析的方法比较各国实力的强弱，为德国的君主政体服务。"国势学"与"统计学"明显的不同在于它不用数字资料。

政治算术就是对社会的经济现象进行数量性描述和分析比较。它的兴起完全是受当时英国社会形势影响的结果。当时鼠疫流行，伦敦市民开始对死亡、出生等含有大量数字的报告关心起来，一个叫约翰·格朗特（John Grant）

的学者发现了不少规律性现象：出生婴儿中男婴比例稍高、婴儿死亡率较大、男性在各年龄组中死亡率高于女性等。约翰·格朗托（John Grant）的一个朋友叫威廉·配第（William Patty），继承并发展了格朗特的工作，他用计量和比较的方法，将英国国力与法国、意大利、荷兰等国家进行比较，目的是证明英国比其他各国强大。学者配第被认为是政治算术的创立者，他提出了一套较系统的方法对社会经济现象进行数量性的描述和分析比较。代表作有《政治算术》，但并未采用"统计学"一词。马克思在《资本论》中评价配第是"政治经济学之父"。

古典概率论是统计学发展的又一个重要源头，主要的奠基人是法国的布莱士·帕斯卡（Blaise Pascal）和皮埃尔·德·费马（Pierre de Fermat）。两人通过通信函的方式将赌博中出现的各类问题进行归纳整理，得出一般的概率原理，为后来的概率论和统计学（主要是推断统计）奠定了重要基础。

## 1.1.2 统计学的发展与代表人物

### 1.1.2.1 统计学的历史沿革

自17世纪中叶，经过几代统计学家的努力，历经两个半世纪，到19世纪末建成了古典统计学（主要是描述统计学）的基本框架。描述统计学是指用来描绘（describe）或总结（summarize）研究对象基本情况的学科。描述统计学研究的是如何取得反映客观现象的数据，并通过图表形式对所收集的数据进行加工处理和显示，进而通过综合概括与分析得出反映客观现象的规律性数量特征。

20世纪初及20世纪中叶，大工业的发展对产品质量检验问题提出了新的要求，即只抽取少量产品作为样本而对全部产品的质量好坏做出推断，逐渐形成了现代统计学的基本框架。

统计研究过程的起点是统计数据，终点是探索出客观现象内在的总体数量规律性。在这一过程中，如果搜集到的是总体数据（如普查数据），则经过描述统计之后就可以达到认识总体数量规律性的目的；如果所获得的只是总体的一部分数据（样本数据），要找到总体的数量规律性，则必须应用概率论等相关理论根据样本信息对总体的数量特征进行科学地推断，这就是推断统计。

描述统计是整个统计学的基础，推断统计则是现代统计学的主要内容。由于对现实问题的研究所获得的数据主要是样本数据，因此推断统计在现代统计学中的地位和作用越来越重要，已成为现代统计学的核心内容。从描述统计学发展到推断统计学，既反映了统计学发展的巨大成就，也是统计学发展成熟的重要标志。随着统计学的逐步发展，到20世纪中叶为止，已经构建起了现代统计学的基本框架。

20世纪50年代以来，统计理论、方法及其应用开始进入新的全面发展阶段。统计学受到了计算机科学、人工智能等现代科学技术高速发展的影响，特别是近一二十年来的互联网与云计算等科学技术的发展，大数据时代的到来，为统计学指明了新的发展方向，统计理论如雨后春笋般获得新的成长。

### 1.1.2.2 与概率论的发展相关的代表人物

概率，最初来自赌博（gambling），每一个赌者都想准确地估测掷骰子的某一结果出现的可能性。作为数理统计的基础，概率论最早出现在法国，遗憾的是当时法国概率论与英国的政治算术之间没有发生过任何交流，否则统计学的发展历程会加快约一个世纪的时间。对概率论的发展做出重要贡献的数学家有以下几位：

伯努利（Bernoulli。1654—1705），瑞士人，20世纪初，主要探讨使中心极限定理成立的最广泛的条件。伯努利是第一个研究这一问题的数学家，他于1713年首先提出后人称之为"大数定律"的极限定理，并系统地论证了"大数定律"。即样本容量越大，样本的统计值越有更大的可能性接近总体参数。他的最大贡献就是"伯努利大数法则"，但概率仅限于离散值。

拉普拉斯（Laplace，1749—1827），法国人，1812年发表了《概率分析理论》一书，在该书中总结了当时整个概率论的研究，论述了概率在选举、审判、调查、气象等方面的应用。在分布的极限定理方面迈出了根本性的一步，证明了二项分布的极限分布是正态分布。拉普拉斯改进了他的证明，并把二项分布推广为更一般的分布。他还系统地把概率论方法应用到统计学研究中，建立了严密的概率数学理论，并广泛应用到人口统计、天文学等领域。拉普拉斯也是一位伟大的天文学家，在研究天体问题的过程中，创造和发展了许多数学方法，在科学技术的各个领域有着广泛的应用。他对统计学的突出贡献主要体现在两方面：一是提出由部分推断总体的抽样调查方法这一重大的思想方法；二是将微积分引入到概率的计算上，这是个创举，成功地解决了连续型随机变量的概率计算问题。

高斯（Gauss，1777—1855），德国人。18岁的高斯发现了质数分布定理和最小二乘法。通过对足够多的测量数据进行处理后，可以得到一个新的概率性质的测量结果。并在此基础上，专注于曲面与曲线的计算，成功得到高斯钟形曲线（正态分布曲线）。其函数被命名为标准正态分布（或高斯分布）。

凯特勒（Quetelet，1796—1874），比利时人。他被称为"近代统计学之父"，提出了著名的"平均人"概念，即人类的身高、体重、智商、情商等诸多测量值都围绕平均数波动且符合正态分布，因此正态分布又叫"凯特勒分布"。他认为统计学不仅要记述各国的国情，研究社会现象的静态，而且要研究社会生活的动态，研究社会现象背后的规律性。凯特勒的这一思想为近代统计学的科学化奠定了基础。其主要著作为《概率论书简》，他主张用研究自然科学的方法研究社会现象，正式把古典概率论引进统计学，使统计学进入一个新的发展阶段。

### 1.1.2.3 与描述性统计学的发展相关的代表人物

高尔顿（Galton，1822—1911），英国人。高尔顿通过测量父亲和儿子的身高，发现了"向均数回归"这一现象，并提出了回归的思想。在研究父子身高关系时，提出了用"相关系数"度量二者之间的关系，并给出了明确的公式及计算方法。这样，高尔顿首次提出了"相关"这一名词。1901年，高尔顿、皮尔逊、韦尔登共同创办《生物统计》杂志，并为该杂志提供了丰厚的资金支持，使得该杂志成为世界上第一本印有全彩图片的期刊，至今该杂志仍然是统计学领域的卓越期刊。其中戈赛特的 $t$ 检验理论的提出，就是发表在这一杂志上。

皮尔逊（Pearson，1857—1936），英国人。皮尔逊是早期统计学的创始人之一，在他年轻的时候，受高尔顿的影响，对统计学开始感兴趣。他对统计学的贡献主要可归纳为四个方面：①当高尔顿离开统计学领域、转而研究其它问题的时候，皮尔逊接替了他的工作，接管了高尔顿的生物统计实验室，而且后来成了《生物统计》期刊的唯一编辑（共同合伙人高尔顿和韦尔登已去世）；②皮尔逊发现了"偏态分布"（这之前拉普拉斯发明了正态分布），他提出，只要有均数、标准差、峰度、对称度，就可以去完整描述一个分布。

当然这些东西在以后被证实存在很多问题；③皮尔逊最大的成就之一就是提出了拟合优度检验，也就是卡方拟合优度检验。这一检验即使在现在依然能看出它的重要性，它可以模拟现实中不同的数学模型，然后利用拟合优度检验来确定哪一个更好；④皮尔逊完善了高尔顿提出的相关系数，并证明了回归中的复相关系数，是复相关系数的提出者。

#### 1.1.2.4　与推断统计学的发展相关的代表人物

歌赛特（Gosset，1777—1855），英国人。同时拥有数学和化学两个学位。与许多学者一样，歌赛特当时并没有直接从事统计学的研究，他当时从事的是啤酒酿造行业，然而正是在这一似乎与统计无关的行业里，他做了一项与统计相关的研究，想弄清楚发酵时需要添加多少酵母最为合适。他最重要的一个贡献就是提出了小样本的检验思想，现在看来这似乎并无任何出奇之处。但在当时，统计学几乎就是大样本的科学，当时卡尔·皮尔逊几乎所有工作都是基于大样本的假设。然而歌赛特根据自己的经验认为，有些情况下，大样本对于研究者来说太过于奢侈了，必须专注于小样本。但一旦采用小样本分析，就无可避免地会牵扯到误差的问题。在大样本情况下，你可以假定没有误差或者误差很小甚至可以忽略不计，而小样本必须考虑到这一问题。那么小样本情况下，误差究竟有多大呢？歌赛特通过自己的不断努力，最终于1908年发表了一篇极为重要的文章 *The Probable Error Of The Mean*，提出了 $t$ 分布，这是至今仍在广泛应用的 $t$ 检验（也叫 student $t$ 检验）的基础。格赛特的理论贡献主要可以归纳为：利用其提出的 $t$ 统计量可以从大量的产品中只抽取较小且适宜的的样本完成对总体参数的推断与检验，这也标志着统计学进入了现代统计（主要是推断统计）的新阶段。

费雪（Fisher，1890—1962），英国人。费雪的一生主要是在统计学和生物学两个领域从事科学研究。他的著作中不乏在生物学方面应用统计方法的例子。正是由于他在统计学方面的深厚造诣，才使他在生物学方面能做出了突出的贡献。费雪对统计学的贡献大致可分为两方面：①关于统计推理的基础理论；②统计方法论与技术。

费雪建立了抽样分布、区间估计以及假设检验等综合理论并且确立了数理统计学的教学框架，创立了参数估计和假设检验的推断统计学理论体系，为现代统计学核心内容即推断统计学的发展做出了卓越的贡献。

## 1.2 学科定义及性质

### 1.2.1 统计的含义

在现实生活中，提到"统计"一词时常有不同理解，如"根据统计"中的"统计"，一般指统计资料；"我是搞统计的"中的"统计"，一般指统计工作；"大学课程中包括统计"中的"统计"，一般指统计学。所以，统计（statistics）有三种含义，即统计工作、统计数据和统计学。

统计工作（statistical operation）是具体从事统计设计、资料收集与整理、分析预测，以及提供各种统计资料的实践活动的总称。例如，计算反映 A、B 两班成绩的各种指标，并且进行分析评价的过程就是统计工作。

统计数据（statistical data）是指在统计工作过程中所获得的以资料数据表现的信息资料。例如，反映 A、B 两班成绩的各种指标就是统计资料。

统计学（Statistics）是一门用来正确指导统计活动的科学原理和方法的学科体系，它从用文字来描述、分析问题发展为用数据来描述、分析和认识问题，也就是说，统计学已经发展成为一门运用数据来观察、描述、探究、分析、把握、归纳、总结和认识问题的学科。从广义上讲，统计学是包括自然科学和社会科学在内的统计科学理论的总和。本书给出的定义是：统计学是一门收集、整理、分析数据的方法论科学，目的是探索数据的内在规律性以科学地认识客观事物。

那么什么是统计数据的内在规律呢？下面用几个简单的例子来说明一下。

【例 1-1】一个家庭新生婴儿的性别可能是男的，也可能是女的。在过去没有实行计划生育时，有的家庭几个孩子都是男孩，也有的都是女孩。从表面上看，新生婴儿的性别比例似乎没什么规律可循。但如果对新生婴儿的性别进行大量观察，即观察成千上万个或者更多时，就会发现性别比例还是有规律的，即婴儿总数中男孩要多于女孩，大致为每生育 100 个女孩，就有 105 个左右的男孩。这个 105∶100 的比例就是新生婴儿男女性别的数量规律性，古今中外都大致相同，它是人类社会长期遗传与发展的结果。因为人类社会要延续、要发展，就要保持男女人数的大致相同，那么有人会问，新生婴儿男多于女，不是性别不平衡了吗？是的，新生儿时男多于女会出现性别不平衡，但男孩的死亡率高于女孩，到了中青年时，男女人数就大致相同了。进入中老年后，男性的死亡率仍然高于女性，导致男性的预期寿命平均比女性短，长寿的男性要少于女性。从一个国家看，如果没有人为的 B 超检查或堕胎等干扰，其规律是婴幼儿时男性略多于女性，中青年时男女人数大致相同，老年时女性又略多于男性。这样既保证人类在中青年结婚生育时性别的大致平衡，也使得在人口总数上男女也大体相当，有利于人类社会的进化和发展。对人类性别比例的研究是统计学的起源之一，也是统计方法探索的最早的数量规律之一。

【例 1-2】我们都玩过掷骰子或者抛硬币的游戏，都知道，随机地掷一次骰子出现的点数和随机抛一次硬币出现正面或者反面的情况是不能事先知道的，也就是说，这样的游戏或者实验充满了不确定性或者偶然性。机会游戏或者赌博正是利用了这种不确定性和偶然性才能够吸引人。但是当我们进行大量的试验和观察时，即不断做重复的实验，就会发现掷一枚硬币出现正面、反面的比率大体相同，都是 0.5：0.5。实验的次数越多，出现正面和反面的可能性就接近 1/2 这一稳定的数值。同样，重复掷骰子的次数越多，出现 1 至 6 中任意点数的可能性就越接近 1/6。这里的 1/2 和 1/6 就是掷硬币和掷骰子出现的某一特定结果的概率，这也就是我们探索的数量规律性。

【例 1-3】在进行农作物试验时，如果其他实验条件相对固定，我们会发现，某种粮食作物的产量会随某种施肥量的增加而增加。当开始增加施肥量时，产量增加较快。以后增加同样的施肥量，粮食产量增加量逐渐减少。当施肥量增加到一定数值量，产量不再增加。这时如果再增加肥料，产量反而会减少。这一施肥量与粮食的数量关系就是我们要探索的规律性。当我们从大量实验数据中用统计方法探索到施肥量与粮食之间的数量关系时，就可以考虑肥料的费用并选择最佳的施肥效果。

【例 1-4】与上面例 1.3 相似但有不同的是商品广告费用与销售额的关系。一般而言，随着广告费用的增加，商品知名度和销售额会相应增加。对于不同的商品，投入相同的广告费带来的销售额显然是不尽相同的。即使是同一种商品，投入的第一个 50 万元广告费、第二个 50 万元广告费和第三个 50 万元广告费等所带来的销售额也是不同的，统计方法就是要从广告费与销售额的数据中找出其内在的数量规律，从而确定最佳广告策略。

**【例 1-5】** 天津汽车制造厂与丰田公司合资生产的威驰（Vios）汽车安装的是 8A 型发动机，排量为 1.342L，公司声称其手动挡汽车每百公里油耗（等速情况下）不超过 5L。要检验购买的车辆是否达到了说明书上的节油标准，就需要计算在高速公路上行驶的平均油耗。假定你的汽车平均每百公里油耗为 5.5L，那么你的汽车是属于质量达标汽车中恰巧由于运气不好碰上的个例呢，还是该批产品本身就不合格呢？统计方法可以做出检验，并给与回答。

**【例 1-6】** 某企业开发出一种新的化妆品，在正式投产前，需要根据市场需求情况制定价格和销售策略等。该企业委托某市场调查公司在全市 200 万户家庭中抽取 1000 户家庭作为样本，免费赠送给这 1000 户家庭试用，然后了解该化妆品的销售前景。如何科学地从该市 200 万户家庭中抽取 1000 户进行调查，并由这 1000 户家庭反馈的市场信息科学地推断出全市 200 万户家庭对化妆品的购买意愿这一数量规律，是统计工作者的任务。

为什么统计方法能从大量的数据观察和处理中探索出其内在的数量规律性呢？这是由统计方法的特性以及客观规律本身的特点共同决定的。

任何客观事物都是必然性与偶然性的对立统一，同样，任何一个事物也都是必然性与偶然性共同作用的结果，是二者作用的对立统一。必然性反映了事物本质的特征和联系，是比较稳定的，因而它决定了事物的内在本质是有规律可循的。偶然性反映了该事物每个表现形式的差异。前面的 6 个例子，本身都存在必然性的数量规律，但他们的结果都是有差异的，其表现形式都是充满偶然性的，但每个例子本身都是有规律可循的，应用统计方法就可以从偶然性中探索到内在的、本质的数量规律。从统计方法来看，统计学提供了一系列的方法，专门用来收集数据、整理数据、显示数据的特征、进而分析和探索（或推理）出事物总体的数量规律性。

"统计"一词的 3 种含义是密切联系、缺一不可的。统计工作与统计资料是工作过程中与成果的关系，统计学与统计工作是理论与实践的关系。因此，"统计"一词是统计工作、统计资料、统计学的综合概括，是统计的过程与结果、理论与实践的辩证与统一。

统计学的含义及其内部联系如图 1-1 所示。

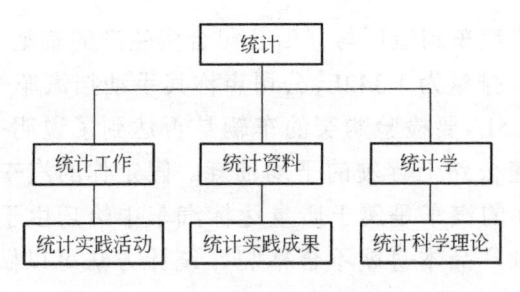

```
                    统计
         ┌───────────┼───────────┐
      统计工作     统计资料     统计学
         │           │           │
      统计实践活动  统计实践成果  统计科学理论
```

图 1-1　统计学的含义及其内部关系

## 1.2.2　统计学研究的特点

根据前文关于统计学的发展历史及其定义的阐述，我们不难发现，统计学研究具有以下四个特点：

（1）从定性认识到定量认识。

对事物的认识总是从定性的层次发展为定量的层次，就像统计学的学科发展历史一样，从没有任何数据资料的国势学发展为含有数据资料的政治算术，而后又结合概率论逐步发展为今天的描述统计学和推断统计学的理论体系。这是一个从定性认识逐步发展为定量认识的过程。

（2）从认识个体到认识总体。

统计学研究是通过对总体中每一个个体的认识而最终达到认识总体的目的。后来发展到推断统计学阶段，也是通过对总体中部分个体的测量分析而最终实现对总体的认识。

统计学中的总体（population）指的是具有某一共同特征的事物的集合，也就是我们研究的所有基本单位（通常是人、物体、交易或事件）的总和。例如，总体可以是：①中国的全部人口；②北京市的全体选民；③某品牌移动电话的所有客户；④长春第一汽车制造厂某条生产线去年生产的所有汽车；⑤中国航空维修设备行业的所有库存零部件；⑥去年北京市麦当劳餐厅的所有销售；⑦一年内京津塘高速公路的所有交通事故；等等。其中，①～③这三个总体是人的总和，④和⑤是物体的总和，⑥是交易的总和，⑦是事件的总和。同时也可以看出，每一个总体都包括了研究总体的所有单位。

统计学中的样本（sample）指的是按照一定的抽样规则从总体中抽取的一部分单位的集合。样本做包含的总体单位个数称为样本容量，一般用 $n$ 表示。在实际工作中，人们通常把 $n \geqslant 30$ 的样本称为大样本，而把 $n < 30$ 的样本称为小样本。

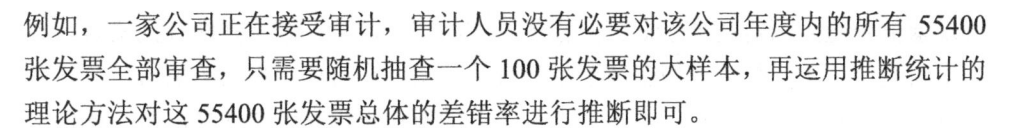

例如，一家公司正在接受审计，审计人员没有必要对该公司年度内的所有 55400 张发票全部审查，只需要随机抽查一个 100 张发票的大样本，再运用推断统计的理论方法对这 55400 张发票总体的差错率进行推断即可。

（3）从描述现象到认识规律。

如上文统计学的发展历程中所述，这门学科是从国势学中纯定性地描述现象而逐渐发展为定量地认识事物在某方面的规律的。从描述统计方法到推断统计方法的发展，也反应了这一研究特点。

（4）从研究历史和现实的资料到预测未来。

统计学研究的最终目的是对事物未来的发展态势进行数量方面的预测，而这一目的的实现却是以对该事物过去及现在的数据资料进行掌握、分析和发现规律为前提。所以说，统计学研究具有从研究历史和现实到预测未来的特点。

## 1.3 研究对象及应用领域

### 1.3.1 统计学的研究对象及其特点

统计学界对统计学研究对象存在多元化界定，科学地界定统计学研究对象是科学地定义统计学的前提，只有真正理解统计学研究对象的意义才能真正认识统计学的思想精髓。

本书认为，统计学的研究对象依据所研究分析的具体问题及其领域而定，也可以说成是各种各样领域内的客观现象的数量方面问题。更准确地说，应该是在数量上有差异的事物的总体。

本书所探讨的范畴是经济管理领域内的统计学，因此本书中统计学的研究对象就是经管领域内的各种现象在数量方面的问题。由于统计学与统计工作是理论与实践的关系，因此二者的研究对象应该是一致的，即统计工作的对象也应是经管领域内大量现象在数量方面的问题。

统计学的研究对象具有如下特点。

1. 数量性

统计发展的历史告诉我们：统计学的首要特点是其数量性，亦即研究社会经济现象的数量方面是统计学研究对象的基本特点。因为，数字是统计的语言，数据资料是统计的原料。一切客观事物都有质和量两个方面，事物的质与量总是密切联系、共同决定着事物的性质。没有无量的质，也没有无质的量。但在认识的角度上，质和量是可以区分的，可以在一定的质的情况下，单独地研究数量方面，也可通过认识事物的量进而认识事物的质。因此，事物的数量是我们认识客观现实的重要方面，通过分析统计数据资料，研究和掌握统计规律性，就可以达到统计分析研究的目的。例如，要研究国民生产总值，就要对其数量、构成及数量变化趋势等进行分析，这样才能正确地分析和研究国民生产总值的规律性。

统计研究对象的数量性，是统计区别于其他社会经济调查研究活动的根本特点。社会经济统计不是"纯数量"的研究，这是统计与数学的重要区别。统计反应的数量具有具体性，而数学反应的数量具有抽象性。例如，反映社会经济现象特征的统计数据，都是明确规定了具体时间、地点以及条件下的数量。2013年（时间）我国（地点）初步核算的国内生产总值为568845亿元（国家统计局，2014-02-24）。这个数量就是2013年我国国内生产总值的数量，而不是其他国家、其他时间条件下的数量。如果抽掉具体的内容，不是在一定时间、地点和条件下进行研究，那就不能说明任何问题，也就不能称其为统计，其数字也就不是统计数字。

统计的数量性与会计学反映的数量也有区别。会计学主要研究现象的价值量，而统计学不但研究价值量，还要研究实物量和劳动量；会计核算主要描述数量表现，统计研究不但描述数量表现，还要研究数量关系和数量界限。另外，统计与其他学科存在一定的关联，统计可以帮助其他学科探索其学科内在的数量规律性，而对这种规律性解释的深入分析则由其他学科完成。

2. 总体性

统计学是以客观现象总体的数量作为自己的研究对象。统计的数量研究是对总体普遍存在的事实进行大量观察和综合分析，从而得出反映现象总体的数量特征和资料规律性。自然、社会经济现象的数据资料和数量对比关系等一般是在一系列复杂因素的影响下形成的。在这些因素中，有起决定作用的主要因素，也有起偶然和局部作用的次要因素。由于种种原因，在不同的个体中，它们之间相互结合的方式和实际发生的作用都不可能完全相同。所以，对于每个个体来说，就具有一定的随机性，而对于有足够多个体的总体来说又具有相对稳定的共同趋势，显示出一定的规律性。统计研究对象的总体性，是从个体的实际表现的研究过渡到对总体的数量表现的研究。研究总体的统计数据资料,不排除对个别事物的深入调查研究,但它是为了更好地分析研究现象总体的统计规律性。

3. 变异性

统计研究对象的变异性是指构成统计研究对象的总体各单位,除了在某一方面必须是同质的以外,在其他方面又要有差异,而且这些差异并不是由某种特定的原因事先给定的。就是说,总体各单位除了必须有某一共同标志表现作为它们形成统计总体的客观依据以外,还必须要在所要研究的标志上存在变异的表现。否则,就没有必要进行统计分析研究。

4. 社会性

统计学的研究对象是社会经济管理现象。它包括人类活动的各种条件,如社会条件、自然条件;包括各种活动的过程和结果,如生产活动、交换活动和消费活动等。因此,社会经济统计在分析研究对象时,是不能独立进行的,而是要联系有关社会经济现象进行全面具体的分析,同时也要联系有关自然现象与技术因素等方面进行研究,即具有明显的社会性。这样才能说明现象变化的过程和原因,科学地认识社会经济现象。

## 1.3.2 统计学的应用领域

研究对象与研究领域密切相关,研究对象所在的领域即是统计学的应用领域,也是统计学相应的分支学科所研究的领域。

目前,统计方法已被应用到自然科学和社会科学的众多领域,统计学也已发展成为由若干分支学科组成的学科体系。可以说,几乎所有的研究领域都要采用统计方法。表 1-1 列出了统计学的一些应用领域。

表 1-1 统计学的应用领域

| 精算(Actuarial work) | 水文学(Hydrology) |
|---|---|
| 农业(Agriculture) | 工业(Industry) |
| 人口统计学(Demography) | 文学(Literature) |
| 教育学(Education) | 市场营销学(Marketing) |

续表

| 金融（Finance） | 制药学（Pharmaceutics） |
| --- | --- |
| 遗传学（Genetics） | 质量控制（Quality control） |
| …… | …… |

　　统计学提供了探索数据内在规律的一套方法。例如，在进行农作物试验时，如果其他试验条件相同，我们会发现某种粮食作物的产量会随着某种肥料施肥量的增加而增加。当最初增加施肥量时，产量增加较快，以后增加同样的施肥量，粮食产量的增加会逐渐减少；当施肥量达到一定的数值时，产量不再增加；这时再增加施肥量，产量反而会减少。粮食产量和施肥量之间的这种数量关系，就是我们所要探索的数量规律性，可以用统计学中的相关关系来加以解释。即如果我们能从大量的试验数据中用统计方法找出产量与施肥量之间的数量关系，就可以确定出最佳的施肥量，以求得最大的收益。

　　上述例子说明，就一次的观察或试验来说，其结果往往是随机的，但通过多次观察或试验得到大量的统计数据，利用统计方法是可以探索出其内在的数量规律性的。因此，统计学是一门应用性很强的学科，几乎所有的学科都要研究和分析数据，统计学与几乎所有的学科领域都有着或多或少的联系。这种联系表现为：统计方法可以帮助其他学科探索学科内在的数量规律性，而对这种数量规律性的解释以及各学科内在的规律，则需要由各学科的研究来完成。也就是要在用统计方法进行定量分析的基础上，应用各学科的专业知识对统计分析结果做出合理的解释和分析，才能得出令人满意的结论。

## 1.4　统计学的分类

　　目前，统计方法已经被应用到自然科学和社会科学等众多领域，统计学也已发展成为由若干分支学科组成的学科体系。

　　从分析方法上划分，统计学可分为描述统计学（descriptive statistics）和推断统计学（inferential statistics）；从对统计方法的研究和应用角度看，可分为理论统计学（theoretical statistics）和应用统计学（applied statistics）。

## 1.4.1 描述统计学与推断统计学

描述统计学研究如何取得反映客观现象的数据,并通过图表的形式对所收集到的数据进行加工、处理和显示,进而通过综合概括与分析得出反映客观现象规律性的数量特征。其内容包括统计数据的收集、数据的加工处理、数据显示、数据分布特征的概括以及数据分析等。

推断统计学则是研究如何根据样本数据去推断总体数量特征的方法,它是在对样本数据进行描述的基础上,对统计总体的未知数量特征做出以概率形式表述的推断。

描述统计学和推断统计学的划分,一方面反映了统计方法发展的前后两个阶段,另一方面也反映了应用统计方法探索客观事物数量规律性的不同过程。从图 1-2 我们可以看出,描述统计学与推断统计学在用统计方法探索客观现象数量规律性中的地位。

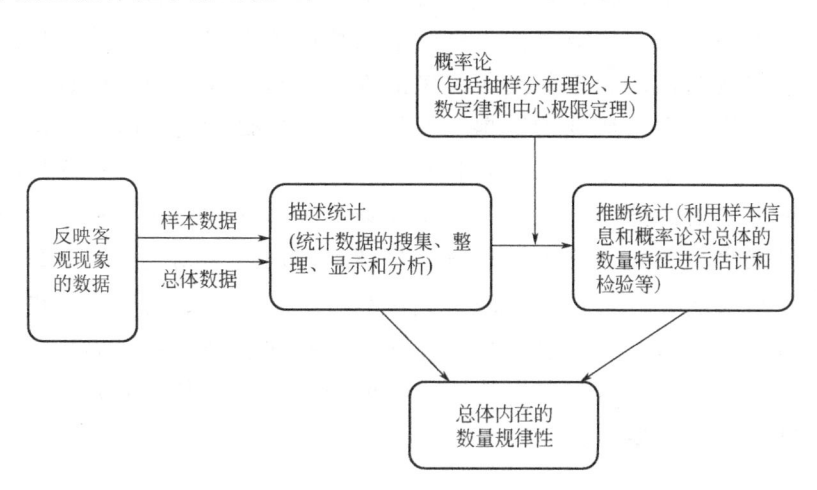

图 1-2 统计学探索客观现象数量规律性过程的框图

由图 1-2 可以看到,统计研究过程的起点是统计数据,终点是探索出客观事物总体内在的数量规律性。在这一过程中,如果收集到的是总体数据(如普查数据),经过描述统计后就可以达到认识总体数量规律性的目的;如果所获得的只是研究总体的一部分数据(样本数据),要找到总体的数量规律性,则必须应用概率论的理论,并根据样本信息对总体作出科学的推断。而在对现实问题的研究中,由于我们所获得的数据主要是样本数据，因此推断统计在现代统计学中的地位和作用越来越重要。在描述统计学的基础上引入概率论，使统计分析方法的发展有了质的飞跃（不必穷极总体逐一调查，只选取有限的样本，节省成本，以部分推及总体），出现了现代统计学的核心内容——推断统计学。当然，这并不等于说描述统计不重要。如果没有描述统计收集可靠的统计数据并提供有效的样本信息，即使再科学的统计推断方法也难以得出准确的结论。从描述统计学发展到推断统计学，反映了统计学发展的巨大成就，也是统计学发展成熟的重要标志之一。

应该认识到，尽管描述统计可以在获得总体中所有个体数据之后直接探索出总体数量的规律性，但这种探索途径未必都可行。例如，自然现象的总体多数是无限的，统计物理研究中要弄清楚分子运动的规律，而分子又是无穷多的，不可能全部观察和试验。社会经济现象的总体虽然多数是有限的，但要考虑到收集数据的现实性以及推断总体的时效性、经济性和准确性，因此在很多情况下抽样调查往往比普查更有效，应用更普遍。例如，全国的人口数量和变化、耕地面积、企业个数和经营情况等，虽然可以通过普查得到全部数据，但普查要投入大量的人力、财力和物力，而且要很长的时间才能收集整理出所要的数据，不是每年都能做到的，因而我国确定每10年进行一次人口普查，每5年进行一次经济普查，其他各年均以抽样调查数据进行推断。此外，大量的管理和研究工作不可能组织普查，例如，城市居民家庭月收入与支出的调查、某种商品的市场调查、某个事件的民意调查等都只能通过抽样调查的方式，然后对总体的数量规律性进行科学推断。因而，在描述统计中收集、整理和分析的多是样本数据。因此，科学地整理样本数据、显示样本数据的特征和规律、提取样本数据中的有用信息就显得格外重要了。

## 1.4.2 理论统计学和应用统计学

理论统计学是指统计学的数学原理，它主要是研究统计学的数学原理和方法原理。由于现代统计学涉及到几乎所有方面的数学知识，所以从事统计理论和方法研究的人员需要有坚实的数学基础。此外，由于概率论是统计推断的理论基础，因而广义地讲，统计学也应该包括概率论。理论统计学是统计方法的理论基础，没有理论统计学的发展，统计学也不可能发展成为今天这样一个完善的科学知识体系。

但在统计研究领域，从事理论统计学研究的人只是很少一部分，大部分都从事的是应用统计学研究。

应用统计学是研究如何应用统计方法去解决实际问题，因而统计方法的应用几乎扩展到了所有的学科领域。例如，统计方法在医学中的应用形成了医疗卫生统计学；在农业实验、育种等方面的应用形成了农业统计学；在生物学中的应用形成了生物统计学。统计方法在经济和社会科学研究领域的应用也形成了若干分支学科。例如：统计方法在经济管理中的应用形成了经济管理统计学，在人口学中的应用形成了人口统计学，等等。以上这些应用统计学的不同分支所运用的基本统计方法都是一样的，即描述统计和推断统计的主要方法。但由于各应用领域都有其特殊性，统计方法在应用中就具有一些不同的特点。

## 1.5 统计学与其他学科的关系

统计学的迅速发展，已经使它从各门实质性科学中分离出来，并逐渐形成与数学、经济学并列的一级学科的发展趋势。但统计学在某些地方还与其他科学有着密切的联系，并很难严格区分。

### 1.5.1 统计学与数学的关系

统计学与数学有着密切的联系，但又有本质区别。

由于现代统计学用到了大量的数学知识，研究理论统计学需要有较深的数学知识，应用统计方法的人也要具备良好的数学基础。这就造成了一种错觉，似乎统计学知识是数学的一个分支，这种理解是不妥当的。事实上，数学只是为统计理论和统计方法的发展提供数学基础，而统计学的主要特征是研究数据。数学研究的是抽象的数量规律，而统计学则是研究具体的、实际现象的数量规律。此外，数学研究所使用的是纯粹的演绎，而统计学则是演绎与归纳相结合，占主导地位的是归纳。

### 1.5.2 统计学与其他学科的关系

统计学是一门应用性很强的学科，同时由于几乎所有的学科都要研究和分析数据，因而统计学与几乎所有的学科领域都有着或多或少的联系。这种联系表现为，统计方法可以帮助其他学科探索学科内在的数量规律性，而对这种数量规律性的解释只能由各学科的研究来完成。例如，利用统计方法对吸烟者和不吸烟者患肺癌的数据进行分析，得出吸烟是导致肺癌的原因之一，但为什么吸烟能导致肺癌，这就需要医学进行解释了。

因此，较好地掌握各种统计方法的同时，还要对统计对象所在领域的专业知识有相当的了解，二者缺一不可，这样才能对利用统计方法探索到的数量规律性进行合理的、客观的、专业化的解释。就像英文作为一门工具，必须得与具体领域内的专业知识相结合才能完成很好的翻译一样。

# 本章小结

本章从统计学的历史起源着笔，先后概括性地介绍了统计学的基本概念、学科性质与特点、研究对象、应用领域等一系列属于学科概述中的要素内容。随后从两种不同的角度对统计学这门学科进行了明确的分类：①从统计学分析方法上来看，分为描述统计学和推断统计学；②从统计方法研究和统计方法的应用角度，统计学又分为理论统计与应用统计学。本章最后简述了统计学与其它学科之间的关系，尤其是与数学之间的联系与区别。

# 第 2 章

# 数据资料

## 引例

如表 2-1 所示,《中国统计年鉴 2012》按性别、年龄和事由等不同指标对外国入境旅游人数做了详细划分,并以此作为中国旅游业未来发展的参考。这么多的数据是怎么得到的?它们在统计学中又担当着怎样的角色呢?

表 2-1 按性别、年龄和事由划分外国入境旅游人数

| 指标 | | 2010 年 | | 2011 年 | |
|---|---|---|---|---|---|
| | | 人数/(万人次) | 比重/(%) | 人数/(万人次) | 比重/(%) |
| 总 计 | | **2612.69** | **100.0** | **2711.20** | **100.0** |
| 按性别分 | 男 | 1678.88 | 64.3 | 1745.41 | 64.4 |
| | 女 | 933.81 | 35.7 | 965.79 | 35.6 |
| 按年龄分 | 14 岁及以下 | 109.44 | 4.2 | 111.94 | 4.1 |
| | 15～24 岁 | 203.09 | 7.8 | 212.44 | 7.8 |
| | 25～44 岁 | 1171.31 | 44.8 | 1227.62 | 45.3 |
| | 45～64 岁 | 965.20 | 36.9 | 992.28 | 36.6 |
| | 65 岁及以上 | 163.65 | 6.3 | 166.92 | 6.2 |

续表

| 指标 | | 2010年 | | 2011年 | |
|---|---|---|---|---|---|
| | | 人数/（万人次） | 比重/（%） | 人数/（万人次） | 比重/（%） |
| 按事由分类 | 会议/商务 | 619.67 | 23.7 | 632.64 | 23.3 |
| | 观光休闲 | 1238.20 | 47.4 | 1221.82 | 45.1 |
| | 探亲访友 | 9.10 | 0.3 | 10.99 | 0.4 |
| | 服务员工 | 246.27 | 9.4 | 269.39 | 9.9 |
| | 其他 | 499.44 | 19.1 | 576.35 | 21.3 |

注：以上数据来自《中国统计年鉴2012》。

本章将针对统计学中"数据"这一概念展开全方位的探讨。

我们知道，统计分析的对象是数据，离开了数据，统计分析就像没有原材料供应的机器，生产不出任何产品。因此，在统计学中，数据资料的收集与整理是数据研究的基础。那么，数据从何处收集？怎么才能收集到我们真正需要的数据？在取得数据之后，又该如何对其进行整理并使它们适合分析的需要？这一章我们就来介绍这些内容，即统计数据的收集与整理方法。

## 2.1 数据的计量与类型

统计数据是对客观现象进行计量的结果，在搜集数据之前，要先对现象进行计量与测度，这就涉及到计量尺度的问题。由于不同事物我们能够予以计量或测度的程度不同，所以有些事物只能对它的属性进行分类，如人口的性别和文化程度、产品的型号及质量等级，等等；有些则可以用比较精确的数字加以计量，比如物体的长度、产品的质量和价值，等等。显然，从对事物计量的精确程度来看，采用数字计量要比分类计量更精确一些。根据计量学的一般分类方法，按照对事物计量的精确程度，可将所采用的计量尺度由低级到高级，由粗略到精确分为四个层次：即定类尺度、定序尺度、定距尺度和定比尺度。采用不同计量尺度可以得到不同类型的统计数据，适用于不同的统计分析方法。

## 2.1.1 数据的计量尺度

定类尺度，又称列名尺度（nominal scale），是按照事物的某种属性将其进行平行划分的分组。这种计量尺度是最粗略、计量层次最低的一种，它只能测度事物之间类别之差，也就是说各类别之间是平等并列的关系。例如，我们将研究对象总体按职业划分，可分为教师、警察、律师、医生等类别，分别用"1""2""3""4"来表示；再如，将研究对象总体按品牌划分，可分为苹果、索尼、宏基、戴尔等，也分别用"1""2""3""4"来表示。也就是说，用这种定类尺度计量出来的数据"1""2""3""4"，只是给不同类别的一个代码，（新增加的）没有顺序上的区别，没有大小、高低、上下、前后、优劣、强弱之分；并且不能进行运算，即"1+2"不等于"3"。

定序尺度，又称顺序尺度（ordinal scale），是对事物之间等级差别和顺序差别的一种测度。定序尺度不仅可以测度事物的类别差，也可以测量他们的次序差，即可以进行优劣等级比较。然而这种定序尺度只能比较出大小或顺序的先后，却无法测量次序等级之间的准确差值，更不能进行加、减、乘、除等数学运算。例如，对产品的等级可划分为一等品、二等品、三等品和次品这四个档次，分别用"1""2""3""4"来表示，从中可以看出产品的优劣，但并不知道一等品与二等品之间究竟相差多少。再如，将学生的成绩划分为优、良、中、差四个等级后，我们也看不出优与良之间、良与中之间的具体差值。很显然，定序尺度对事物的测量要比定类尺度精确一些，可以在不同类别间进行顺序比较，有大小、高低、上下、前后、优劣、强弱之分，可以用">""<"符号进行程度上的比较，但是无法测量出类别间的准确差值，不可以进行运算。

定距尺度又称间隔尺度（interval scale），是对事物类别或次序之间距离的测度。该尺度通常使用自然或物理单位作为计量尺度，如温度用"度"、时间按公元纪年等；它可以测量次序等级之间的准确差值，如30℃和20℃之间相差10℃，-30℃和-20℃之间也是相差10℃；也可以进行加、减运算，但不能进行乘、除运算，原因是在定距尺度中不存在绝对零点的概念，其中的"0"是个有实际意义的数值，并不表示"没有"或"不存在"。

定比尺度又称比例尺度（rational scale），用来测量如浓度、长度、重量、利润等变量。定比尺度中存在绝对"零点"，即定比尺度中的"0"表示"没有"或"不存在"，或者是理论上的极限。例如：一个人的身高为"0"米，则表示这个人不存在，个人的收入为"0"表示这个人没有收入，一种产品的产量为"0"则表示没有这种产品。在现实生产生活中，事物的大多数属性用定比尺度来测量。另外，定比尺度不仅可以进行加减运算，还可以进行乘除运算。定比尺度的数据不可能取负值，也不会取负值。

### 2.1.2 变量与数据的类型

变量，是指总体单位所具有的属性或特征，如某高校工商班全体同学的身高、体重或成绩等。我们把变量的具体表现称为变量值，把观察下来的这些变量记录下来就是数据。不同的数据类型适用于不同的统计分析方法，按统计方法的不同可将数据分为两种：一种是定性数据，包括按定类尺度和定序尺度划分的数据，一般只做简单的频数统计，如性别可分为"男"或"女"，产品等级可分为"一等品""二等品"等；另一种是定量数据，包括按定距尺度和定比尺度划分的数据，可以做多种统计分析，如人的年龄、商品的销售额等。

变量按变量值是否连续可分为离散变量和连续变量：离散变量又称离散数据，只能取有限个值且数值只能用自然数或整数单位计算的数据，可以一一列举。例如企业个数、职工人数、设备台数等，只能按计量单位计数，这种变量的数值一般用计数方法取得；而在一定区间内可以任意取值的变量叫连续变量或连续数据，可以取无穷个值，其数值是连续不断的，相邻两个数值可作无限分割，即可取无限个数值。例如，生产零件的规格尺寸、人体测量的身高、体重、胸围等为连续变量，其数值只能用测量或计量的方法取得。

数据的表现形式大致可分为绝对数和相对数。绝对数是统计数据的基本表现形式，现象的总体规模或水平常常用绝对数形式来表现，如我国的国民生产总值、某商品的销售额等。绝对数又包括时期数和时点数，时期数是反映了现象在一定时期内的总量，如产品产量、商品交易总额等，时期数的特点是可以连续计数，并可以累积；时点数则反映了现象在某一瞬间时刻上的总量，如股票的价格指数、人民币汇率等，时点数只能间断计数，各时点数不能累积。

相对数是两个绝对数的比值，反映事物的相对数量。它包括比例、比率、百分数或千分数。比例（proportion）是指部分与整体之间的比值，用于反映总体的构成和结构，如某校的男生数占学校总人数的 58%。比率（ratio）是一个整体中各个不同部分之间的数量比值，如人口统计中的性别比、国民生产总值中的第一产业、第二产业、第三产业之比等，此外比率还可以表示为同一现象在不同的时间或空间上的数量之比，如某商品今年的销售额与去年的销售额之比、某商品在北京地区的销售额与上海地区相比等。百分数或千分数则表示一个数是另一个数的百分之几或千分之几，如癌症的患病率等。

## 2.2 数据的搜集

统计是依据数据来反映和认识客观事物的特征及规律，可以说，离开了数据，统计活动便无从下手。因此，统计数据的搜集就显得格外重要。

获得统计数据的方式有很多，但大致可分为直接的数据来源和间接的数据来源两种。

### 2.2.1 直接的数据来源

直接的数据来源，又称第一手资料（primary data），是指为了某种目的或需求直接通过实地调查来获得数据的方式。

#### 2.2.1.1 两种调查方式

1. 普查

普查，指为某一特定目的而专门组织的全面调查，用来调查某一特定时间点上或时期内的社会现象的总量，如经济普查、人口普查、工业普查等。从宏观层面来看，普查可以摸清一个国家的国情和国力，为决策者提供更全面的数据，便于决策者做出利民便民的决策。例如，"为了全面了解我国第二产业和第三产业的发展规模及布局，了解我国产业组织、产业结构、产业技术的现状以及各生产要素的构成，进一步查实服务业、战略性新兴产业和小微企业的发展状况，摸清我国各类单位的基本情况，全面更新覆盖国民经济各行业的基本单位名录库、基础信息数据库和统计电子地理信息系统，我国于2013年进行了第三次全国经济普查。通过普查，进一步夯实统计基础，健全统计工作的部门协调机制和信息共享机制,为加强和改善宏观调控、加快经济结构战略性调整、科学制定中长期发展规划,提供科学准确的统计信息支持"。从微观层面看,普查也可用于某些小范围的市场调查。例如,对市场上某种商品的供应、销售、库存的调查。

通常来说,普查有如下特点:范围广、耗时长、耗力大、调查时间受限(普查通常需要在规定统一的时间进行),但普查的结果一般比较准确。事实上,采用普查方式的调查并不多。

2. 抽样调查

抽样调查是一种随机式的调查,它会抽取总体中的一部分数据进行收集并进行观察研究。抽样调查相比于普查来说,具有节省人力物力、节省时间、提高数据的实效性等优点。此外,抽样调查的准确性较高、受人为干扰的可能性较小,抽样误差还可以计算并控制。例如,从一批产品中随机抽出一部分进行检测从而计算出整批产品的合格率及优秀率,这样不仅节省了时间,同时也可以避免因全部检查而造成的工期延误以及所要支付的相关费用。

相比普查的方式,抽样调查可行性更高,它可以避免调查的目标总体过大或个别调查对象接触不到的问题,如高级首长、传染病病人、荒山孤岛上住户很难被调查到等问题。

### 2.2.1.2 数据的搜集方法

直接的数据来源主要有以下搜集方法:访问调查、邮寄调查、电话调查、座谈会和个别深度访问。其中,访问、邮寄与电话调查这几种方式主要用于定量数据的收集,而座谈会和个别深度访问的方式则主要用于定性数据的收集。

1. 访问调查

调查者按所拟调查事项,以口头或书面的方式对被调查者进行访谈询问的方法就是访问调查,这种调查可以在街头、学校或某一固定区域进行。例如"大学生公寓调查问卷""北京地区加碘盐市场覆盖率调查"等。其特点主要是可以直接快速地获得所需数据,且数据质量和真实性较高。

2. 邮寄调查

邮寄调查是指调查人员将设计好的调查问卷或表格寄给被调查者,要求被调查者填妥后寄回的一种调查方法。它的优点是调查区域较广、成本较低，通过让被调查者用匿名的方式，可以对一些敏感的隐私情况进行调查；其缺点是回收率低、信息反馈时间长。

3. 电话调查

电话调查是指由调查人员根据事先确定的抽样原则、抽取样本，用电话向被调查者询问，以收集有关资料的一种调查方法。例如，国家统计局对关于群众安全感进行的电话调查。电话调查的优点是时间短、速度快、节省经费、覆盖面广；其缺点是被调查者只限于有电话和能通电话者，电话访问受到时间限制，无法出示调查说明、照片、图表等背景资料。

4. 座谈会

座谈会是由训练有素的主持人以非结构化的自然方式对一小群调查对象进行的访谈，通常由主持人引导讨论。自由的小组讨论经常可以得到意想不到的发现，而通过座谈会就会得到很多有价值的数据；缺点是小组讨论的结果容易受主持人的影响，从而使得到的数据产生偏差。

5. 个别深度访问

深度访问是指一次只有一名受访者参加的特殊的定性调查方式，它常用于动机研究或较隐秘、较敏感的问题，这时一种无结构性的追问、访谈方式。例如，消费者购买某种产品的深层次动机研究，访问者可以对被访者展开深入的、追根问底式的访问和探寻，从而获得被访者心理层面上真实而深入的动机信息。这种深度访问所获得的信息往往是座谈会等方式所永远无法获得的。另外，对于一些存在不同观点且差异极大的问题，也较适合用深度访问法。

#### 2.2.1.3 调查方案的设计

统计调查是一项科学、周密、细致、复杂的工作。为了使这项工作能够有计划、有组织地顺利进行并取得预期效果，在调查之前，需要制定一个周密的调查方案。这是保证统计调查工作顺利开展的纲领性文件。一个完整的统计调查方案通常包括调查目的、调查对象和调查单位、调查时间和调查地点、调查项目和调查表以及调查方式和方法等，即"5W1H（Why、Who、When、Where、What、How）"。

1. 调查目的

在调查方案中，首先要明确调查目的，即为什么调查，要解决什么样的问题以及具有什么样的社会经济意义等。只有明确了调查的目的，我们才能确定调查对象、内容和调查方法。例如，2010年我国第六次人口普查的目的是"2000年第五次全国人口普查以来，我国的人口状况发生了很大变化。组织开展第六次全国人口普查，目的是调查我国人口在数量、结构、分布和居住环境等方面的变化情况，为科学制定国民经济和社会发展规划、统筹安排人民的物质和文化生活、实现可持续发展战略、构建社会主义和谐社会，提供科学准确的统计信息支持。"

2. 调查对象和调查单位

明确调查目的后，我们需要了解"该调查方案是对谁进行调查？由谁来提供所需的数据？"等问题，这就是调查对象和调查单位。调查对象是指根据调查目的确定的调查研究的目标总体或调查范围，而调查单位则是调查对象中的每一个单位，它是我们搜集数据、分析数据的基本单位。例如，第六次人口普查规定，人口普查的对象是在中华人民共和国（不包括香港、澳门和台湾地区）境内居住的自然人。人口普查的调查单位是每一个人。又如，若调查目的是为了收集北京地区大学生网购情况的相关资料，则调查对象就是北京地区的所有大学生。

在实际的调查过程中，调查单位可以是调查对象的全部单位，也可以是部分单位。全面调查方式中，调查对象的每一个单位都是调查单位，如普查；而非全面调查中，调查单位只是调查对象中的一部分单位，如抽样调查。

市场调查中大多数都采用抽样调查的方式，调查对象是我们确定抽样框的基本依据。抽样框是指在调查对象总体的基础上剔除那些不宜回答问卷的特殊人群而形成的用于实际抽样的目标总体，不宜回答问卷的特殊人群包括：在与本调查内容有关的单位工作的被访者本人或家庭成员（由于其主观意见或倾向性会较大，因此需要将这些人群剔除）；还有那些不方便接触的人，如高级首长、传染病病人、智力障碍者等，都不在抽样框范围内。

3. 调查时间和调查地点

何时、何地调查也是我们在调查活动中必须考虑的问题。调查时间是指调查资料所属的时点或时期。它包括三方面内容：调查数据的所属时间、调查期限和调查工作进行的时间。数据所属时间是指所调查的是哪个时期和时点上的数据；调查期限指调查工作从开始到结束的时间长度，包括调查的时间、数据的处理时间、数据分析和完成调查报告的时间等；调查工作进行的时间即指对调查单位和项目进行登记的时间。比如第六次人口普查搜集数据的所属时间是2010年11月1日零时，普查期限是从2010年11月1日至11月10日完成普查的登记工作。

调查地点是指调查单位的空间位置。确定调查地点就是规定在什么地方进行调查。例如，人口普查，若调查常住人口，则必须按照规定在人们的常住地点进行调查，不能由调查者的偏好来决定。

4. 调查项目和调查表

这涉及"调查什么"的问题。调查项目是调查的具体内容，包括调查单位的数量特征如人均收入、产品产量等；还包括一系列的品质特征，如性别、职业等。

调查项目一般采用调查表的形式来体现，这是一种用于登记调查数据的表格，一般由表头、表体和表外附加三部分组成。表头指调查表的名称；表体是调查表的主要部分，内容包括调查的具体项目；表外附加则指填报日期、填表人签名等部分。

在市场调查中，调查问卷是调查项目和调查表的集中体现。它在结构上通常包括开头、甄别、主体、背景四个部分。开头一般包括问候语、填表说明和问卷编号等内容；甄别又称过滤，要求先对被调查者进行过滤，筛掉不需要的部分，然后再针对特定的被调查者进行调查，从而确定哪些是合格的被调查者，哪些是不合格的；主体部分是调查的具体项目或问题；而背景部分一般放在问卷的最后，用来描述被调查者的一些背景资料，可使分析者能够对调查对象进行分类、比较、分析。

问卷设计在市场调查中占有十分重要的位置，它是将调查目的转化为一些被调查者可以回答的问题等具体环节。问卷设计的内容一般包括：调查中问题的设计、问题答案的设计、提问顺序的设计以及问卷版面格式设计等。

5. 调查方式与方法

调查方法是搜集数据的具体方式，它取决于调查的目的、内容和调查的对象。在统计调查中，首先应明确是全面调查还是非全面调查，若是全面调查，还应确定是抽样调查、重点调查还是典型调查等；若是非全面调查，则要明确抽样框、具体的抽样方法等。此外，还应确定是邮寄调查还是访问调查等方法。

## 2.2.2 间接的数据来源

间接的数据来源，又称第二手数据（secondary data），是指未通过直接的统计调查或科学实验获得相关数据，而是来源于别人的调查或实验数据。

### 2.2.2.1 间接数据的分类与来源

二手数据可分为内部数据和外部数据两类。内部数据是指从企业等组织的内部就可以获得的数据，一般不对外开放，包括客户档案、生产、销售、售后服务记录，还有以往的市场研究数据。外部数据是指从企业等组织的外部才能获得的数据，包括公共数据和商业数据两种：公共数据是免费共享的，如统计出版物、行业数据、学术刊物、官方网站数据等，像中国统计出版社出版的《中国统计年鉴》《中国人口统计年鉴》等；而商业数据需要从各类专业的市场调研公司那里购买，是要付费的，如电视收视率监测、各类广告监测等数据。表2-2是部分可以提供公共免费数据的政府网站。

表2-2 提供公共数据的部分政府网站

| 类型 | 网站名称 | 网址 | 数据内容 |
| --- | --- | --- | --- |
| 中国政府及相关机构 | 国家统计局网站 | http://www.stats.gov.cn | 统计年鉴、统计月报等 |
| | 国务院发展研究中心信息网 | http://www.drcnet.com.cn | 宏观经济、财经、货币金融等 |
| | 中国经济信息网 | http://www.cei.gov.cn | 经济信息及各类网站 |
| | 华通数据中心 | http://date.acmr.com.cn | 国家统计局授权的数据中心 |
| | 中国决策信息网 | http://www.jcxx.cc | 决策知识及案例 |
| | 三农数据网 | http://www.sannong.gov.cn | 三农信息、论坛及相关网站 |
| 美国政府机构 | 人口普查局网站 | http://www.census.gov | 人口和家庭等 |
| | 联邦政府数据网站 | http://www.fedstats.gov | 美国政府100多个部门数据 |
| 联合国 | 各国际组织数据网站 | http://date.un.org | 联合国各国际组织数据 |

数据来源：袁卫、庞皓. 统计学（第4版）[M]. 北京：高等教育出版社，2014.

需要注意的是，不论引用内部数据还是外部数据，都要注明数据的来源以示尊重。

#### 2.2.2.2 考察二手数据质量的几个维度

数据的来源五花八门，质量参差不齐，怎样才能知道这些二手数据质量的好与坏呢？我们可以从以下几个维度来考察：第一，数据收集的时间，如果收集的时间过于久远，也就失去了满足现有调查研究需要的现实意义和价值；第二，数据收集的方法，通常来说面访方式收集到的数据质量较高，而邮寄、电话、网络调查等方式收集到的数据由于综合的原因则有待数据使用者给予较多的考量和斟酌了；第三，数据的收集和提供方，如果是有影响力和商誉的国际大型市场调研机构所收集的数据，则数据质量通常相对于小的数据公司要可靠；第四，与其他数据来源的一致性，所获取的二手数据最好和其他来源的此类数据进行一致性的考查和对照，以印证该数据的客观性和准确性。

## 2.3 数据的整理

在通过统计调查、统计实验或者从现成的调查中获取了统计数据后，接下来的工作就是按照统计研究或统计工作的需要来整理统计数据，提取有用的统计信息。数据整理通常包括数据的预处理、分类或分组、汇总等几个方面的内容，它是统计分析前的必要步骤。

### 2.3.1 数据的预处理

预处理是呈现数据的前提，它总共分为三个步骤，分别是数据的审核、数据的筛选和数据的排序。

#### 2.3.1.1 数据的审核

1. 原始数据的审核

数据的审核是整个数据处理过程中最基础的一步。针对原始数据的审核分为两个部分，分别是完整性和准确性。其中，完整性审核主要是检查调查单位或者个人的名称是否有遗漏，被调查项目是否有回答上的遗漏等。例如，某单位就某一项目是否立项征求不同部门员工的想法，在填写调查表的时候，员工只写了同意与否，没有写具体的所处部门，那么这个调查就是不完整的，可能对最终的调查结果产生影响。完整性审核结束后，就是对原始数据的准确性审核。准确性审核有两种检查方法，分别是逻辑检查和计算检查两种。逻辑检查就是检查数据在逻辑上是否存在错误或者逻辑混乱，内容是否合理等，适合于定性数据的审核。如在某调查问卷中，所学专业是地理的人却在实际中教的是物理，很明显是逻辑错误，那在这种情况下就要查明原因之后进行纠正。计算检查是指检查在调查表中数据的计算方法和计算结果有无错误，适合于定量数据的审核。例如，在一个调查问卷中，检查百分比总和是否为100%，如果不是，就要找出错误并进行改正。

2. 二手数据的审核

对于通过其他的渠道取得的二手资料来说，不仅要审核它的完整性和准确性，还要审核它的适用性和实效性。二手数据的来源相对来说比较广泛，那么就存在数据是否可用及时效的问题，我们就应该弄清楚数据的来源、对应的项目和调查的时间等，不能盲目地照搬乱用，例如，有些数据可能是为了特定的调查项目而做过相关处理，或者有些数据的调查获取时间较早，对于现在的调查可能不是特别适用。在对数据进行上述审核后，且审核无误后才可以对数据进行后续的处理。

#### 2.3.1.2 数据的筛选

对在审核过程中发现的问题要及时查明原因并进行改正，保证数据的完整性、准确性，并且适用于正在进行的调查问卷。对数据进行筛选主要包括以下两个方面：其一是对数据内容筛选，将不符合调查问卷的数据剔除出去；其二是对那些不符合要求或者有错误的数据剔除，不予使用。对通过市场调查得到的数据进行数据筛选是必不可少的一个步骤。

#### 2.3.1.3 数据的排序

数据排序就是按照一定的顺序将数据进行排列，这种做法的好处就是可以让数据使用者清晰地看到数据的规律性或者发现数据所反映的其他含义，如在手机行业中，调查清楚了排名前三位的公司分别是哪些，就可以知道自己的竞争对手及潜在的竞争对手、或者谁是自己未来的合作伙伴等。

排序一般是借用计算机来完成，通常情况下，数字型的数据可分为升序和降序两种排序方法。升序是指将数据按照增长的趋势进行排列，反之就是降序。在市场调查中大多数数据都可采用升序的方法进行排列，或者采用中文的笔画数，这种排序通常会出现在一本书中的编辑人姓名排序中。针对不同的情况、不同的数据采用升序或者降序的方法对其排列，可以使数据简洁明了，使用起来也较方便。

## 2.3.2 数据的分组与频数分布

数据在经过预处理后，要进一步进行分组整理。统计分组是统计整理的第一步，它是按照统计研究的目的，将数据按照某种特征或标准分成不同的组别。统计分组有品质标志分组和数量标志分组两种。如果按照性别、产品等级等事物性质或属性特征的指标分组，则为品质标志分组，它常用于定类尺度、定性尺度的数据。如果按照数量或数值等指标分组，则为数量标志分组，它常用于定距尺度、定比尺度的数据。

按某种标志对数据进行分组后，再计算出所有类别或数据在各组中出现的次数或频数，就形成了一张频数分布表。我们把全部数据按其分组标志在各组内的分布状况称为频数或次数，各组频数与全部数据之和的比值称为频率或比重。对数据进行分组的过程也就是频数分布的形成过程。

按品质标志分组的同时计算出各组的频数或频率，就形成了我们所需要的频数分布表。例如，表 2-3 就是对我国总人口按性别标志分组形成的频数分布表。

表 2-3　2013 年我国总人口按性别分组表

| 按性别分组 | 人数（万人） | 比重（%） |
| --- | --- | --- |
| 男 | 69728 | 51.2 |
| 女 | 66344 | 48.8 |
| 合计 | 136072 | 100.0 |

资料来源：《中华人民共和国 2013 年国民经济和社会发展统计公报》。

按数量标志分组时，可先将数据进行排序，然后再根据需要分组。按数量标志分组的方法有很多，下面举例说明其分组方法和频数分布表的编制过程。

【例 2-1】某中学高一学生的期末数学成绩如下（单位：分）：

```
66  90  70  61  72  80  75  75  79  80
67  91  71  62  73  81  75  76  77  86
68  93  72  63  74  83  75  77  77  86
69  84  72  64  74  84  76  78  78  87
70  84  72  65  74  84  76  79  79  88
```

首先，先对以上数据进行升序排序，得到如下结果：

```
61  62  63  64  65  66  67  68  69  70
70  71  72  72  72  72  73  74  74  74
75  75  75  75  76  76  76  77  77  77
78  78  79  79  79  80  80  81  83  84
84  84  84  86  86  87  88  90  91  93
```

其次，就是根据需要对数据进行分组。通常情况下，数量标志分组有两种方法，分别是单变量值分组和组距分组。其中单变量值分组就是把每一个数据作为一个组，它只适用于离散型数据且数据较少的情况。下面来看一下以单变量值分组的情况，见表 2-4。

表 2-4　某班同学数学成绩频数分布表

| 分数（分） | 频数（个） | 分数（分） | 频数（个） | 分数（分） | 频数（个） |
| --- | --- | --- | --- | --- | --- |
| 61 | 1 | 71 | 1 | 81 | 1 |
| 62 | 1 | 72 | 4 | 83 | 1 |
| 63 | 1 | 73 | 1 | 84 | 4 |
| 64 | 1 | 74 | 3 | 86 | 2 |
| 65 | 1 | 75 | 4 | 87 | 1 |
| 66 | 1 | 76 | 3 | 88 | 1 |
| 67 | 1 | 77 | 3 | 90 | 1 |
| 68 | 1 | 78 | 2 | 91 | 1 |
| 69 | 1 | 79 | 3 | 93 | 1 |
| 70 | 2 | 80 | 2 | — | — |

从表 2-4 中可以看出，在数据较多的情况下，很难看出数据间存在的规律性，而且这种方法也不适用连续性变量。那么在面对连续性变量时可以采

用分组的方法来观察数据的情况。分组是将数据分成若干个连续的区间,并将这一区间的变量作为一组,这样便于观察数据。下面将通过一个例子来说明分组的步骤和方法。

第一步:确定组数。数据到底分为几个组比较合适呢?这就要根据数据的情况以及使用情况来确定。因为数据分组的目的就是为了方便观察且找出其中的规律性,因此在数据分组的时候应该本着适中的原则,如果数据的分组较少,则会导致数据过于集中,如果组数过多又会导致数据过于分散,这两种情况都不利于对数据进行观察。组数的确定应该以能显示数据的特征和规律为目的。在具体分组时,通常会用式(2-1)这个分组公式[由斯特格斯(Sturges)提出]:

$$K = 1 + \frac{\lg N}{\lg 2} \quad (2-1)$$

式中,$N$ 表示数据的个数,对计算出来的一般会采用四舍五入的方法,得出的数就是组数。例如,对例 2-1 中的数据分组有,$K = 1 + \frac{\lg 50}{\lg 2} \approx 7$,即应分为 7 组。

第二步:确定各组组距。组距指的就是组的上限与下限的差值。通常情况下会根据全部数据的最大值和最小值以及组数来确定。具体公式是:

$$组距=(最大值-最小值)\div组数 \quad (2-2)$$

例如,例 2-1 中的数据,最大值是 93 分,最小值是 61 分,组数是 7,则组距=(93-61)÷7≈4.6 分,为了便于计算,通常情况下会选择 5 或 10 的倍数来计算。一般第一组的下限应该低于最小变量值,最后一组的上限要大于最大变量值,综合来看组距应该是 5 分。

第三步:根据分组来整理频数分布表。对上面的数据分组整理后得到如下的分布表,见表 2-5。

表 2-5 某班同学数学成绩频数分布表

| 按成绩分组(分) | 频数(个) | 频率(%) |
| --- | --- | --- |
| 60~64 | 4 | 8 |
| 65~69 | 5 | 10 |
| 70~74 | 11 | 22 |
| 75~80 | 15 | 30 |

续表

| 按成绩分组（分） | 频数（个） | 频率（%） |
|---|---|---|
| 80～84 | 8 | 16 |
| 85～89 | 4 | 8 |
| 90～95 | 3 | 6 |
| 合计 | 50 | 100 |

在进行数据分组时，一定要遵循"不重不漏"的原则，"不重"就是任一个单位数值只能分在其中某一组中，不能同时分在两组中；"不漏"就是任一数值必须分在某一组内，不能漏掉任何一个。对于"不重"有一个规定，既"上组限不在内"，例如，在上面的数据中70这个数据就应该分在70～75这个区间内。对于离散型变量，可以采用相邻两组组限间断的方法来解决"不重"的问题。可通过上述数据来了解这个方法，见表2-6。

表2-6　某班同学数学成绩频数分布表

| 按成绩分组（分） | 频数（个） | 频率（%） |
|---|---|---|
| 60～64 | 4 | 8 |
| 65～69 | 5 | 10 |
| 70～74 | 11 | 22 |
| 75～79 | 15 | 30 |
| 80～84 | 8 | 16 |
| 85～89 | 4 | 8 |
| 90～94 | 3 | 6 |
| 合计 | 50 | 100 |

在全部数据中，如果最大数据和最小数据与其他数据的差值过大，则可以采用"多少以上"或者"多少以下"的这种开口组的方式分组，还是以上述成绩数据为例，详见表2-7。

表2-7　某班同学数学成绩频数分布表

| 按成绩分组（分） | 频数（个） | 频率（%） |
|---|---|---|
| 65以下 | 4 | 8 |
| 65～69 | 5 | 10 |
| 70～74 | 11 | 22 |

续表

| 按成绩分组（分） | 频数（个） | 频率（%） |
| --- | --- | --- |
| 75～79 | 15 | 30 |
| 80～84 | 8 | 16 |
| 85～89 | 4 | 8 |
| 90 以上 | 3 | 6 |
| 合计 | 50 | 100 |

在进行分组时，如果组距相同的话，则成为等距分组，但是有时候为了研究的需要，组距也可以是不一样的，称为不等距分组。例如，在对人口进行调查分组的时候，就可以采用不等距的方式分组，比如0～6岁（幼年），7～17岁（少年儿童）等。

等距分组由于各组的组距相等，各组频数的分布不受组距大小的影响，它和消除组距大小影响的频数密度（即单位组距内分布的频数，也称次数密度）的分布是一致的。因此，可直接根据绝对频数来观察频数分布的特征和规律。

不等距分组则因各组的组距不同，各组频数的分布受组距大小不同的影响，因此，各组绝对频数的多少并不能反映频数分布的实际情况。为消除组距不同对频数分布的影响，需要计算频数密度：频数密度=频数/组距，频数密度能准确反映频数分布的实际情况。

此外，组距分组掩盖了各组内的数据分布状况，为反映各组数据的一般水平，通常用组中值作为该组数据的一个代表值：组中值=（下限值+上限值）/2。但这种方法使用存在一个前提条件：各组数据在本组内呈均匀分布或在组距中值两侧呈对称分布。如实际数据的分布没有这一前提，则这种方法不适用。

为了统计分析的需要，有时需要观察某一数值以下或某一数值以上的频数之和，这就需要在分组的基础上计算累积频数。由表的上边向表的下边相加就称为"向下累计"，反之称为"向上累计"。例如，在表2-5的基础上，可以得到下面的累计频数分布表，见表2-8。

表 2-8 累积频数分布表

| 按成绩分组（分） | 频数（个） | 频率（%） | 向下累积 频数（个） | 向下累积 频率（%） | 向上累积 频数（个） | 向上累积 频率（%） |
|---|---|---|---|---|---|---|
| 60~64 | 4 | 8 | 4 | 8 | 50 | 100 |
| 65~69 | 5 | 10 | 9 | 18 | 46 | 92 |
| 70~74 | 11 | 22 | 20 | 40 | 41 | 82 |
| 75~79 | 15 | 30 | 35 | 70 | 30 | 60 |
| 80~84 | 8 | 16 | 43 | 86 | 15 | 30 |
| 85~89 | 4 | 8 | 47 | 94 | 7 | 14 |
| 90~95 | 3 | 6 | 50 | 100 | 3 | 6 |
| 合 计 | 50 | 100 | — | — | — | — |

## 2.3.3 几种频数分布图

数据的图形表示能以直观的方式揭示频数（率）分布的基本特征，可以将复杂的数据用生动的图形表示出来，以便于理解。下面介绍几种常见的统计图，有直方图、折线图、茎叶图和箱线图等，这些图形多数可以在 SPSS、EXCEL 等软件包中找到。

### 2.3.3.1 直方图和折线图

**1. 直方图**

直方图（histogram）是用矩形的高度和宽度来表示频数分布的图形。在平面直角坐标系中，通常用横轴表示数据分组，用纵轴来表示频数或频率。这样，各组与相应的频数就成了一个矩形，即直方图。根据表 2-5 中的频数分布绘成的直方图如图 2-1 所示。

从直方图中可以直观地看出学生的数学成绩及各个分数区间人数的分布情况。

对于等距分组的数据，我们可以用矩形的高度来直接表示频数的分布，即"频数密度"。而对于不等距分组数据，矩形的高度代表的是各组的总频数，且高度之比代表各组频数之比，而不是各组频数密度之比。此时，可以用矩形的面积来表示各组的频数分布，即根据频数密度来绘制直方图，可以准确地表示各组数据分布的特征。实际上，无论是等距分组数据还是不等距分组数据，用频数密度来表示各组的频数分布更为合适，因为这样可以使直方图下的总面积等于1。比如在等距分组中，矩形的高度与各组的总频数成比例，如果取矩形的宽度（各组组距）为一个单位，高度表示比例（即频率），则直方图下的总面积等于 1。在直方图中，实际上是用矩形的面积来表示各组的频数分布。

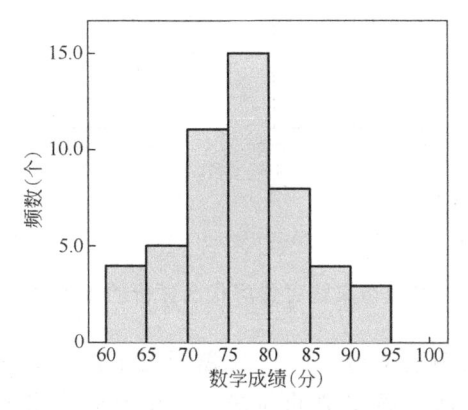

图 2-1　某高中高一学生数学成绩直方图

2. 折线图

折线图也称频数多边形图，它是在直方图的基础上，把直方图顶部的中点（即组中值）用直线连接起来，再把原来的直方图擦去就是折线图。需要注意的是，折线图的两个终点要与横轴相交。即将第一个矩形顶部的中点与其左竖边的中点相连接并延长到横轴，最后一个矩形顶部的中点与其右竖边的中点相连接并延长到横轴。这样才会使折线图所围成的面积与直方图的面积相等，从而使二者所表达的频数分布是一致的，如图 2-2 所示。

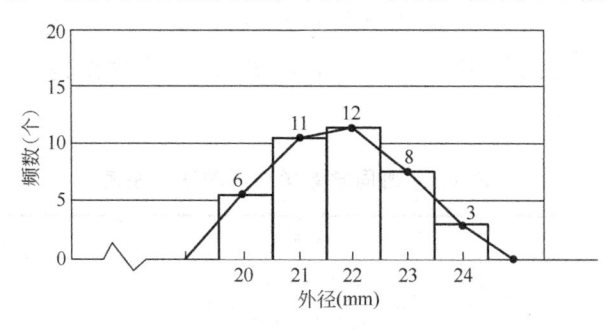

图 2-2　某种螺栓外径的频数分布直方图

折线图也可以用来表示累积频数分布，称为累计频数分布折线图。这是根据累积频数绘制而成的，有向上累积和向下累积两种。图 2-3 给出了某一城市家庭对住房状况评价的累积频数分布情况。

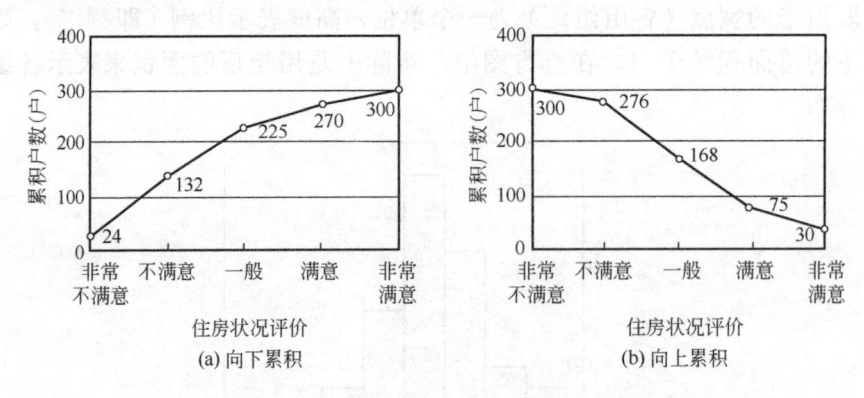

图 2-3 某城市家庭对住房状况评价的累积频数分布

当对数据所分的组较多时，组距会越来越小，这时所绘制的折线图会越来越光滑，并逐渐形成一条平滑的曲线，这就是频数分布曲线。该曲线在统计学中有着十分广泛的应用，是描述各种统计量和分布规律的有效方法。

### 2.3.3.2 茎叶图

通过直方图可以大体上看出一组数据的分布状况，但直方图没有给出具体的数值。而茎叶图（stem-and-leaf display）既能给出数据的分布状况，又能给出每一个原始数值。茎叶图将数据分成"茎"和"叶"两部分，通过茎叶图，可以看出数据的分布形状及数据的离散状况，例如，分布是否对称，数据是否集中，是否有极端值等等。

绘制茎叶图的关键是设计好树茎，通常是以该组数据的高位数值作为树茎，而且树叶上只保留该数值的最后一个数字。树茎一经确定，树叶就自然地长在相应的树茎上了。下面以表 2-4 的数据为例来做茎叶图，见表 2-9。

表 2-9 某班同学数学成绩的茎叶图表

| 树茎 | 树叶 | 数据个数（个） |
| --- | --- | --- |
| 6 | 123456789 | 9 |
| 7 | 00122223444555566677788999 | 26 |
| 8 | 001344446678 | 12 |
| 9 | 013 | 3 |

上图中，树茎指的是数据的十位数，树叶由数据的个位数对齐排列。该茎叶图与上面的直方图作用完全相同，既达到了分组的目的，又给了我们直观的图形展示。如果不是以 10 作为组距分组，而是以 5 作为组距，就可以形成扩展的茎叶图表。例如，将表 2-9 扩展一倍，即每一个树茎重复两次，用记号"*"表示树叶的个位数为 0~4，用记号"·"表示树叶的个位数为 5~9，于是可得到表 2-10。

表 2-10　扩展的茎叶图表

| 树茎 | 树叶 | 数据个数（个） |
| --- | --- | --- |
| 6* | 1234 | 4 |
| 6· | 56789 | 5 |
| 7* | 00122223444 | 11 |
| 7· | 555566667778 8999 | 15 |
| 8* | 00134444 | 8 |
| 8· | 6678 | 4 |
| 9* | 013 | 3 |
| 9· | — | 0 |

#### 2.3.3.3　箱线图

箱线图（box plot）也常用于反映原始数据的分布，它是由一组数据的最大值（maximum）、最小值（minimum）、中位数（median）、两个四分位数（quartiles）这五个特征值绘制而成的。对于单组数据，可以绘制简单箱线图；对于多组数据，可以绘制比较箱线图。通过箱线图，不仅可以反映出一组数据的分布特征，还可以对多组数据的分布特征进行比较。

箱线图是由一个箱子和两条线段组成的。其绘制方法是：首先找出一组数据的 5 个特征值，即数据的最大值、最小值、中位数和两个四分位数（中位数 $M_e$ 是一组数据排序后处于中间位置上的变量值，四分位数是处在数据 25%位置和 75%位置上的两个值，分别成为下四分位数 $Q_L$ 和上四分位数 $Q_U$）；然后，连接两个四分位数画出箱子；再将两个极值点与箱子相连接。单组数据箱线图的一般形式如图 2-4 所示。

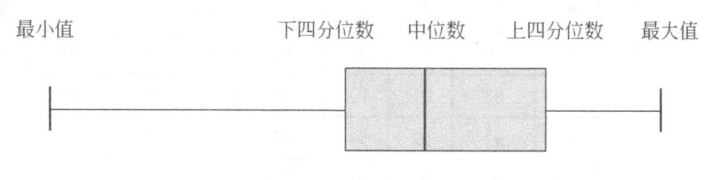

图 2-4　简单箱线图

例如，对例 2-1 中的数据，最大值为 93，最小值为 61，中位数是 76，下四分位数是 72，上四分位数是 81。可做出如下箱线图见图 2-5。

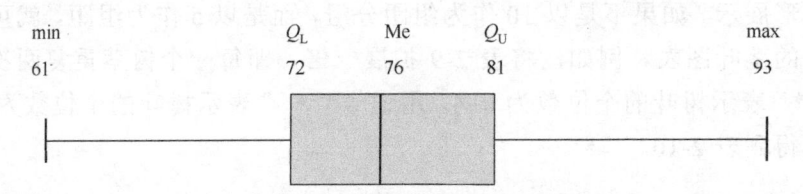

```
   min              Q_L      Me      Q_U                      max
   61               72       76      81                       93
```

图 2-5　某班同学数学成绩箱线图

对于多批数据，可以将各批数据的箱线图并列起来，从而进行分布特征的比较。举例如下。

**【例 2-2】** 从某高中一年级学生中随机抽取 11 人，对 5 门主要课程的考试成绩进行调查，所得结果如表 2-11 所示。试绘制各科考试成绩的比较箱线图，并分析各科考试成绩的分布特征。

表 2-11　11 名学生的各科考试成绩数据表

| 课程名称 | 学生编号与考试成绩（分） |||||||||||
|---|---|---|---|---|---|---|---|---|---|---|---|
| | 1 | 2 | 3 | 4 | 5 | 6 | 7 | 8 | 9 | 10 | 11 |
| 数学 | 61 | 77 | 78 | 64 | 65 | 91 | 93 | 68 | 80 | 81 | 83 |
| 语文 | 80 | 80 | 80 | 82 | 83 | 84 | 85 | 86 | 88 | 89 | 89 |
| 外语 | 83 | 87 | 88 | 91 | 92 | 92 | 93 | 93 | 94 | 96 | 96 |
| 物理 | 85 | 89 | 91 | 92 | 94 | 94 | 95 | 96 | 98 | 99 | 99 |
| 化学 | 86 | 88 | 90 | 91 | 91 | 91 | 92 | 95 | 96 | 97 | 98 |

**解：** 首先计算出 11 个学生各科考试成绩的最大值、最小值、中位数和两个四分位数如表 2-12 所示。

表 2-12　各学科考试成绩的特征值

| 课程名称 | 最小值（分） | 下四分位数（分） ||| 中位数（分） ||| 上四分位数（分） ||| 最大值（分） |
|---|---|---|---|---|---|---|---|---|---|---|---|
| 数学 | 61 | 64 | 65 | 68 | 77 | 78 | 80 | 81 | 83 | 91 | 93 |
| 语文 | 80 | 80 | 80 | 82 | 83 | 84 | 85 | 86 | 88 | 89 | 89 |
| 外语 | 83 | 87 | 88 | 91 | 92 | 92 | 93 | 93 | 94 | 96 | 96 |
| 物理 | 85 | 89 | 91 | 92 | 94 | 94 | 95 | 96 | 98 | 99 | 99 |
| 化学 | 86 | 88 | 90 | 91 | 91 | 91 | 92 | 95 | 96 | 97 | 98 |

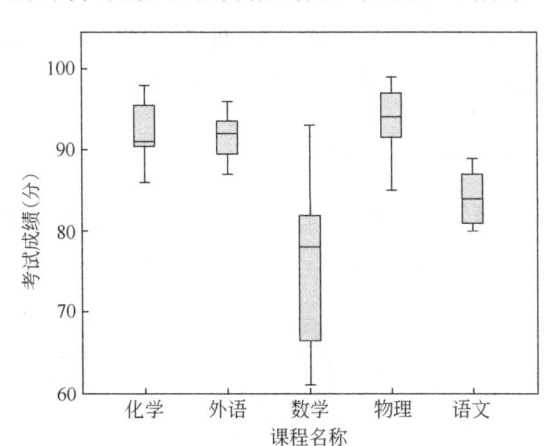

根据表 2-12 的计算结果可绘制箱线图，如图 2-6 所示。

图 2-6　5 门课程考试成绩的箱线图

由图 2-6 可以看出，在 5 门课程中，平均考试成绩较高的是物理和化学，较低的是数学和语文；从考试成绩的离散程度上来看，语文和外语的考试成绩比较集中，且大体上呈对称分布；而数学的成绩比较分散。当我们关心每个学生考试成绩的分布时，可以把每个学生作为所关心的变量来做箱线图。根据表 2-11 数据可绘制相应的箱线图，如图 2-7 所示。

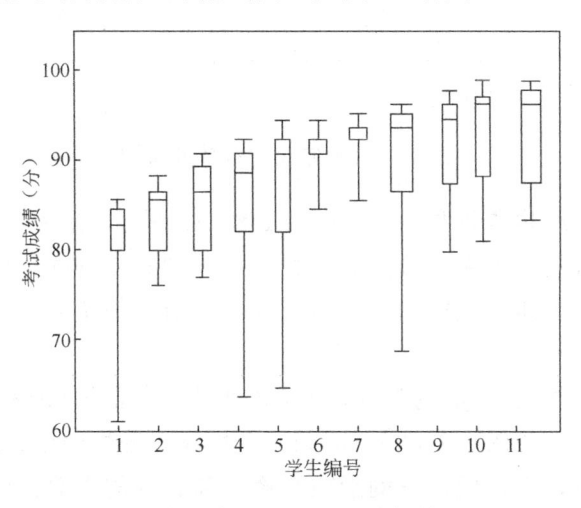

图 2-7　11 名学生考试成绩的箱线图

由图 2-7 可知，11 名学生中第 11 号学生总体考试成绩最高且各学科成绩间离散程度也较小，1 号学生总体考试成绩最低，而各科成绩之间离散程度最大的是 4 号和 5 号学生。

另外，股票分析中常用的 K 线图与箱线图类似，只不过 K 线图是用开盘价、收盘价、最高价、最低价这四个数据绘制而成的。

#### 2.3.3.4 常见的频数分布类型

在日常生活和经济管理中，常见的频数分布曲线主要有正态分布、偏态分布、J 型分布、U 型分布等几种类型，如图 2-8 所示。

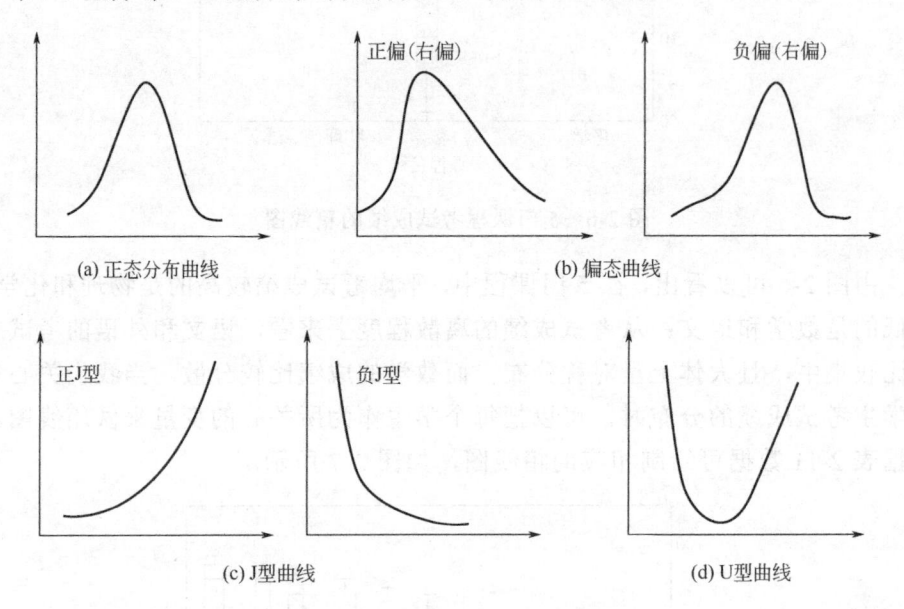

(a) 正态分布曲线　　　(b) 偏态曲线

正偏(右偏)　　负偏(右偏)

正J型　　负J型

(c) J 型曲线　　　(d) U 型曲线

图 2-8　几种常见的频数分布图

正态分布曲线也称钟型曲线，如图 2-8（a）所示，形如左右对称的大钟，这是客观事物数量特征表现最多的一种曲线。如农作物的单位面积产量、人的身高、电流、电压、人类的百米跑成绩等。所有的实验、测量和观测误差都服从正态分布。

偏态分布曲线根据尾巴拖向哪一方又可以分为正偏（或右偏）和负偏（或左偏）两种曲线，如图 2-8（b）。例如，人均收入分配的曲线就是右偏曲线，即低收入的人数较多，所以左侧形成高峰；高收入的人数较少，且收入越高的人越少，因此在右边形成一个细长的尾巴。

J 型曲线中包括正 J 型和负 J 型曲线两种，如图 2-8（c）。应用较广的分别是西方经济学中的供给曲线和需求曲线。供给曲线表现为随着价格（纵轴）的增加，供给量（横轴）相应增加，呈现为正 J 型；而需求曲线则表现为随着价格（纵轴）的增加，需求量（横纵轴）相应减少，呈现为负 J 型。

U 型曲线又称为死亡率曲线、产品故障率曲线或浴盆曲线，如图 2-8(d)。人和动植物的死亡率近似服从 U 型曲线分布。婴儿和动物的幼崽由于抵抗力弱，死亡率很高；随着对新环境的适应和年龄的增长，死亡率逐渐降低，到了中年时期死亡率最低，同时也相对稳定；进入老年期后又逐渐增高，由此形成一个浴盆形状的分布曲线。产品的故障和报损情况也有类似的分布规律。

# 本章小结

统计学是针对数据资料进行分析的学科，本章紧紧围绕"数据资料"这一概念展开了全面深入的探讨，为后面的描述统计与推断统计学知识介绍奠定一个必不可少的基础。全章共探讨了三方面主要内容：首先，对数据资料的类型进行了明确的划分，不同类型的数据适合于不同的统计分析方法；其次，介绍了数据收集的方式与途径，并分析了各自的优劣之处；最后，探讨了如何依据统计研究或统计工作的需要来整理数据，并以频数分布图的方式来呈现整理好的数据资料。

# 第3章 数据分布特征的描述

## 引例

某公司计划从两家皮具生产能力接近的制造厂选择一家来承担外销业务,这两家厂生产的皮具款式和材料都符合要求,因此只需要检测皮具质量的克数是否稳定。现从两家提供的样品中各抽查 10 件,测得它们的质量如表 3-1 所示。

表 3-1 两家厂皮具样品的质量　　　　　　　　（单位:克）

| 甲厂 | 500 | 499 | 500 | 500 | 503 | 498 | 497 | 502 | 500 | 501 |
|---|---|---|---|---|---|---|---|---|---|---|
| 乙厂 | 499 | 500 | 498 | 501 | 500 | 501 | 500 | 499 | 500 | 502 |

你认为应该选择哪一个制造厂承担外销业务?

在实际的生活中我们经常会碰到类似于上述引例的决策,究竟怎样才能做出合理的决策?我们需要对上面两组数据进行分析和处理,这就要用到本章所学的相关概念。

将调查得到的统计数据经过排序分组整理后,可以大致了解数据分布的特点与类型。但要准确地描述出数据分布的特征和规律,还需要从数量上找出某些特征值来进一步反映数据分布的状况。本章即从以下四个角度对一组数据的分布特征进行定量描述:集中趋势、离散趋势、偏斜程度以及尖峰程度。

## 3.1 测度数据分布的集中趋势

集中趋势（central tendency）是指一组数据向某一中心靠拢的倾向，集中趋势又称为趋中性。测量集中趋势，就是寻找大量个体的综合数量特征，即寻找数据一般水平的代表值或中心值。例如，用工人工资的平均值来代表收入的一般水平，这个数值是大量个体工资数的中心。

### 3.1.1 众数

#### 3.1.1.1 众数的概念

众数（mode）是指一组数据中出现次数最多的变量值，用 Mo 表示，在统计分布中具有明显集中趋势点的数值，是数据一般水平代表性的一种。

在正态分布和一般的偏态分布中，分布最高峰点所对应的数值即众数。如果没有明显的集中趋势或最高峰点，一组数据可以不存在众数。当然，如果有集中趋势或两个高峰点，一组数据也可以有两个众数。众数如图 3-1 所示。

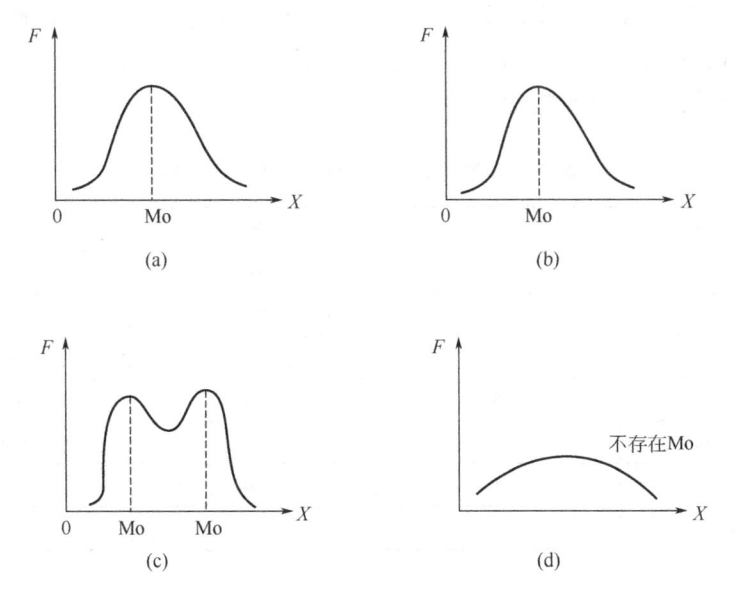

图 3-1 众数

### 3.1.1.2 众数的计算方式

针对数据的不同形式,众数的计算分为两种情况:一种是原始数据排序后众数的确定;另一种则是组距分组中众数的计算。前者很简单,只需找出数据组中出现频数最高的变量值,即是这组数据的众数。后者计算相对复杂些,详见例题。

【例3-1】在某城市中随机抽取9个家庭,调查得到每个家庭的人均月收入数据如下(单位:元)。要求找出人均月收入的众数。

1080  750  1080  1080  850  960  2000  1250  1630

解:人均月收入出现频数最多的是1080,因此,该组数据的众数Mo=1080元。

而对于分组数据,众数通常用下面的近似公式计算:

$$Mo \approx L + \frac{\Delta_1}{\Delta_1 + \Delta_2} \times i \qquad (3-1)$$

式中:Mo代表众数;$L$表示众数所在组的下组限;$\Delta_1$表示众数组次数与前一组次数之差;$\Delta_2$表示众数组次数与后一组次数之差;$i$表示众数组的组距。

需要说明的是,应用此公式的前提条件为:众数是存在的,并且众数所在的组内数据频数基本呈均匀分布。否则,计算出来的众数代表性会较差。

【例3-2】假设某地大学生消费支出调查资料如表3-2所示,根据表3-2的数据计算每人月消费额的众数。

表3-2 某地大学生消费支出调查资料

| 月消费额(元) | 组中值(元) | 调查人数(人) | 向下累计人数(人) |
|---|---|---|---|
| 300以下 | 250 | 80 | 80 |
| 300~400 | 350 | 180 | 260 |
| 400~500 | 450 | 430 | 690 |
| 500~600 | 550 | 220 | 910 |
| 600~700 | 650 | 70 | 980 |
| 700以上 | 750 | 20 | 1000 |
| 合计 | — | 1000 | — |

从表3-2中的数据可以看出,出现频数最多的是450,即众数组为400~

500元这一组,根据式(3-1)得1000个大学生每人每月消费额的众数为

$$Mo \approx 400 + \frac{430-180}{(430-180)+(430-220)} \times 100 \approx 454.35(元)$$

#### 3.1.1.3 众数的性质

众数具有如下两条性质:只有当一组数据的分布具有明显的集中趋势时,才存在众数;众数是位置代表值,它不受极端值的影响。更多情况下,众数用于分类数据集中趋势的测度,也有少数尺度数据用众数作为集中趋势的代表值。例如,在编制物价指数时,农贸市场上某种商品的价格常以很多摊位的众数值为代表;股票的每日股价也是以股票多次交易价格的众数值作为代表。

## 3.1.2 中位数

#### 3.1.2.1 中位数的概念与位置

中位数(median)是一组数据排列后处于正中间位置上的变量值,用 Me 表示。中位数的位置确定公式为:

$$Me 的位置 = \frac{N+1}{2} \tag{3-2}$$

式中:$N$ 为数据的个数。

显然,中位数将全部数据等分成两部分,每部分包含 50% 的数据,一部分数据比中位数大,一部分则比中位数小。中位数主要适用于测度尺度数据的集中趋势,但不适用于定类与定序数据(即分类数据)集中趋势的测度。

#### 3.1.2.2 中位数的计算方式

根据未分组数据计算中位数时,要先对数据进行描述,然后确定中位数的位置,最后确定中位数的具体数值。

设一组数据 $X_1, X_2, \cdots, X_n$ 按从小到大的顺序排列为 $X_{(1)}, X_{(2)}, \cdots, X_{(n)}$,则中位数为

$$Me = \begin{cases} X_{\left(\frac{n+1}{2}\right)} & (n\text{为奇数}) \\ \frac{1}{2}\left[X_{\left(\frac{n}{2}\right)} + X_{\left(\frac{n}{2}+1\right)}\right] & (n\text{为偶数}) \end{cases} \quad (3-3)$$

【例 3-3】在某城市中随机抽取 9 个家庭，调查得到每个家庭的人均月收入数据如下（单位：元）。要求计算人均月收入的中位数。

　　1500　　750　　850　　1080　　850　　960　　2000　　1250　　1630

**解**：先将上面的数据排序，结果如下：

　　750　　780　　850　　960　　1080　　1250　　1500　　1630　　2000

中位数位置 $= \dfrac{9+1}{2} = 5$

所以中位数为 1080，即 Me = 1080（元）。

假定在例 3-3 中抽取 10 个家庭，每个家庭的人均收入数据排序后为

　660　　750　　780　　850　　960　　1080　　1250　　1500　　1630　　2000

中位数位置 $= \dfrac{10+1}{2} = 5.5$

所以中位数为 $Me = \dfrac{960+1080}{2} = 1020$（元）

在求原始数据的中位数时，如果数据大量重复某一数值，这时的中位数未必准确，在解释时要特别小心。

如果数据是已分组的资料，此时原始数据已被隐去，不能直接对其排队求其准确的中位数值，可用以下的近似公式计算：

$$Me \approx L + \dfrac{\dfrac{N}{2} - S_{(m-1)}}{f_m} \times i \quad (3-4)$$

式中：$\dfrac{N}{2}$ 表示中位数所在位置；$L$ 表示中位数所在组的下限值；$S_{(m-1)}$ 表示中位数所在组以下各组的累积次数；$f_m$ 表示中位数所在组的次数，$i$ 表示中位数所在组的组距。

由表 3-2 可知，中位数的位置为 $\dfrac{1000}{2} = 500$，由向下累积可知第 500 人所在组为月消费额 400~500 元，即中位数所在组 $L = 400$，$S_{(m-1)} = 260$，$f_m = 430$，$i = 100$ 代入式（3-4）得

$$Me \approx 400 + \frac{\frac{1000}{2} - 260}{430} \times 100 \approx 455.81 \text{（元）}$$

在按分组数据计算中位数时，通常假定中位数所在组的频数在该组内是均匀分布的。但事实上这一条件很难满足，因此所求得的中位数仅是一个近似值，如果数据违背这一假定，则误差较大。

#### 3.1.2.3 中位数的性质

中位数是一个位置代表值，它不受极端值的影响，具有稳健性。这一性质在研究收入分配时很有用。另外，中位数还有这样一个性质，就是数据组中变量的所有取值与中位数之差的绝对值之和最小，即

$$\sum_{i=1}^{N} |X_i - Me| = \min$$

这个性质表明：一组数据的中位数与其所有取值的距离之和是最短的。这点在工程设计中有重要的应用价值。

## 3.1.3 均值

#### 3.1.3.1 均值的计算

均值（mean）就是算术平均数，是尺度数据（定距和定比数据）集中趋势的最主要测度值。和中位数类似，均值也不适用分类数据（定类和定序数据）集中趋势的测度。

对于未分组的数据组 $x_1, x_2, \cdots, x_N$ 而言，其总体均值 $\mu$ 计算公式为

$$\mu = \frac{x_1 + x_2 + x_3 + \cdots + x_N}{N} = \frac{\sum_{i=1}^{N} x_i}{N} \tag{3-5}$$

式中：$\mu$ 表示总体均值；$N$ 表示总体中数据个数或总体容量。

对于未分组的样本数据而言，则用下面的公式计算样本均值 $\bar{x}$：

$$\bar{x} = \frac{x_1 + x_2 + \cdots + x_n}{n} = \frac{\sum_{i=1}^{n} x_i}{n} \tag{3-6}$$

式中：$\bar{x}$ 表示单变量分组的样本均值；$n$ 表示样本容量。

【例 3-4】某小组 8 个学生的统计学考试成绩分别为

$$80 \quad 72 \quad 84 \quad 88 \quad 75 \quad 73 \quad 90 \quad 78$$

则该小组成绩的均值为

$$\bar{x} = \frac{80+71+84+88+75+73+90+78}{8} = 80 \text{（分）}$$

这个结果是成绩高的数据和成绩低的数据相互抵消后的平均，反映了该小组学生成绩的一般水平。

如果排序后的原始数据被分为 $K$ 组，各组的组中值用 $X_1, X_2, \cdots, X_K$ 表示，各组变量值出现的频数分别用 $F_1, F_2, \cdots, F_K$ 表示，则总体加权平均数 $\mu$ 的计算公式为

$$\mu = \frac{X_1 F_1 + X_2 F_2 + \cdots + X_K F_K}{F_1 + F_2 + \cdots + F_K} = \frac{\sum_{i=1}^{K} X_i F_i}{\sum_{i=1}^{K} F_i} \tag{3-7}$$

对于分组的样本数据，其均值 $\bar{x}$ 的计算公式为

$$\bar{x} = \frac{x_1 f_1 + x_2 f_2 + \cdots + x_k f_k}{f_1 + f_2 + \cdots + f_k} = \frac{\sum_{i=1}^{k} x_i f_i}{\sum_{i=1}^{k} f_i} \tag{3-8}$$

式中：$\bar{x}$ 表示样本数据的均值；$f_i$ 是各组频数，也称为权数；$k$ 表示分组的组数。

【例 3-5】根据例 3-2 计算 1000 个大学生每人每月消费额均值。

**解**：根据式（3-8）得

$$\bar{x} = \frac{\sum_{i=1}^{k} x_i f_i}{\sum_{i=1}^{k} f_i}$$

$$= \frac{250 \times 80 + 350 \times 180 + 450 \times 430 + 550 \times 220 + 650 \times 70 + 750 \times 20}{1000} = 458 \text{（元）}$$

#### 3.1.3.2 均值的性质

算术均值是集中趋势测度中最主要的测度值，在统计学中也具有重要地

位，是统计分析推断的基础。从统计思想看，均值是一组数据的重心所在，是数据误差相互抵消后的结果，是一组数据平均数量水平的重要代表值。

均值也具有自己的数学性质，并且这些性质在统计学中也颇具意义。首先，数据观察值与均值的离差之和为零，即

$$\sum_{i=1}^{n}(x_i - \overline{x}) = 0$$

它表明数据观察值与均值的误差是相互可以抵消的，均值在数据数值中处于不偏不倚的位置，有折中、中庸的意思；其次，数据观察值与均值的离差平方和最小，即

$$\sum_{i=1}^{n}(x_i - \overline{x})^2 = \min$$

均值作为统计分布集中趋势的代表值，还有一个重要的性质，就是均值是统计分布的均衡点，即不论统计分布是对称的分布还是偏态分布，只有在均值点上才能支撑这一分布，使其保持平衡。由于均值能将数据值与均值的误差全部抵消，所以均值能够支撑统计分布使其保持平衡，成为分布的均衡点。

## 3.1.4 几何平均数

几何平均数（geometric mean）是 $N$ 个变量值乘积的 $N$ 次方根，用 $G$ 表示。计算公式为

$$G = \sqrt[N]{X_1 \cdot X_2 \cdots X_N} = \sqrt[N]{\prod_{i=1}^{N} X_i} \tag{3-9}$$

式中：$\prod$ 为连乘符号。

显然，直接计算式（3-9）是困难的，对公式左右两边取对数，则有

$$\lg G = \frac{1}{N}(\lg X_1 + \lg X_2 + \cdots + \lg X_N) = \frac{\sum_{i=1}^{N} \lg X_i}{N}$$

上式与均值的公式是相同的，因而可将几何平均数视为均值的一种变形。现在，可以应用计算机或者计算器直接求 $N$ 次方根，通常不必再求对数。

几何平均数是适用于特殊数据的一种平均数，它主要用于计算比率的平

均。当所掌握的变量值是比率形式，而且各比率的乘积等于总比率时，就采用几何平均法计算平均比率。在实际应用中，几何平均数主要用于计算社会经济现象的平均发展速度或平均增长速度。

**【例 3-6】**一位投资者持有一种股票，2003 年、2004 年、2005 年和 2006 年收益率分别为 4.5%、2.0%、3.5%、5.4%，计算这四年内的平均收益率。

**解**：要计算该投资者在这四年内的平均收益率，我们很容易就将上面的四个收益率加起来除以 4，这就错了，因为这 4 个收益率分别是在前边各年收益率增长的基础上进一步增长的，也就是说每一年变化的分母是不同的。应该用几何平均数的方法，即

$$G = \sqrt[4]{1.045 \times 1.02 \times 1.035 \times 1.054} \approx 1.0384 = 103.84\%$$

### 3.1.5 众数、中位数和均值的比较

从分布的角度看，众数始终是一组数据分布的最高峰值，中位数是处于一组数据正中间位置上的值，而平均数则是全部数据的算术平均。因此，对于具有单峰分布的多数数据组而言，众数、中位数和平均数之间具有以下关系：如果数据的分布是对称的，众数（Mo）、中位数（Me）和平均数（$\bar{x}$）必定相等，三值合一，即 Mo=Me=$\bar{x}$；如果数据是左偏分布，说明数据存在极小值，必然拉动平均数向极小值一方靠拢，而众数和中位数由于是位置代表值不受极值影响，因此三者之间的关系表现为：$\bar{x}$ < Me < Mo；如果数据是右偏分布，说明数据存在极大值，必然拉动平均数向极大值一方靠拢，则 Mo < Me < $\bar{x}$。上述关系如图 3-2 所示。

(a) 对称分布 Mo=Me=$\bar{x}$

(b) 右偏分布 Mo<Me<$\bar{x}$

(c) 左偏分布 $\bar{x}$<Me<Mo

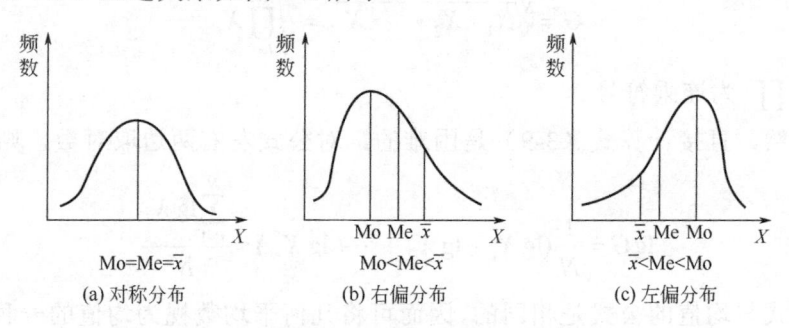

图 3-2 众数、中位数和平均数之间的关系

在数据分布呈轻微偏态的情况下，三者在数轴上的三个点构成一定的数

量关系；均值与众数的距离约为均值与中位数的距离的三倍，即 $\bar{x} - Mo = 3(\bar{x} - Me)$。根据这个经验公式，对于一组数据，在已知其中两个代表值的情况下，可以估算出另一个代表值，并可判定分布的偏向。假设已知一组数据的均值为 30，中位数为 25，则众数 $Mo = 3Me - 2\bar{x} = 3 \times 25 - 2 \times 30 = 15$。由其数量关系知：$Mo < Me < \bar{x}$，为右偏分布。

众数、中位数和均值各有其用，我们要从不同的角度考虑为数据组选择合适的集中度代表值。从数据分布的形态考虑，当只存在单一众数并且数据呈对称（近似对称）分布时，其均值、众数和中位数相同或非常接近，选均值、众数或中位数作为数据组的集中度代表值都一样，或者误差极小，这时一般用均值。当数据组分布的偏斜度较大时，均值、众数和中位数的数值不再相同或近似，偏斜程度越大，三个数值间差别越大；由于众数和中位数是位置代表值，不受极端值的影响，所以此时我们选择众数或中位数作为集中度代表值更合理。

从数据的计量尺度角度考虑，对于分类（定类、定序）数据和少量尺度（定距、定比）数据而言，通常选择众数作为其集中度代表值，例如，商品的市价、股票的价格等，而均值或中位数则不适用。对于尺度数据而言，众数则不再适用，这时我们选择中位数或均值作为数据组的集中度代表值。例如，对于收入类问题的研究，中位数相对于均值更适合作为集中度代表值，因为均值易受极端值影响，而中位数则相比众数既含有更丰富的信息又相比均值不受极端值影响。

## 3.2 测度数据分布的离散趋势

数据的离散趋势是数据分布的另一重要特征，它反映的是变量的各个取值远离其中心值的程度。数据的离散程度越大，集中趋势的测度值对该组数据的代表性就越差；离散程度越小，其代表性就越好。从中我们可以看出，数据间差异度越大，就越要抽取更多的样本量用来反映和推及总体；数据间差异度越小，越可以抽取少些样本来反映和推及总体。我们在这一节中将介绍几种有关数据离散程度的测度指标。

## 3.2.1 极差

极差（range）也称为全距，是数据最大值减去最小值之差，它是数据离散或差异程度的最简单测度值，即

$$R = \max(x_i) - \min(x_i) \text{ 或 } R = x_{(n)} - x_{(l)} \tag{3-10}$$

式中：$R$ 表示全距；$\max(x_i)$ 和 $\min(x_i)$ 分别表示数据 $x_i$ 中的最大值和最小值；$x_{(n)}$ 和 $x_{(l)}$ 是用顺序统计量表示的最大值和最小值。

例如，根据例 3-3 中的数据，计算 9 个家庭人均月收入的极差为

$$R = 2000 - 750 = 1250 \text{（元）}$$

极差是描述数据离散程度的最简单测度值，计算简单，易于理解，但它容易受极端值的影响。由于极差只利用了一组数据两端的信息，不能反映出中间数据的分散状况，因而不能准确描述出数据的分散程度。极差只适合于度量变化较稳定的数据组的离散趋势。

## 3.2.2 四分位差

四分位差（quartile deviation）也称为内距或四分间距（inter-quartile range），它是上四分位数与下四分位数之差，用 $Q_d$ 表示。其计算公式为

$$Q_d = Q_3 - Q_1$$

式中：$Q_3$ 表示上四分位数，$Q_1$ 表示下四分位数。

【例 3-7】根据例 3-3 中排序后的的数据，计算家庭人均月收入的四分位差。

解：$Q_1$ 的位置 $= \dfrac{n+1}{4} = \dfrac{9+1}{4} = 2.5$

即 $Q_1$ 在第 2 个数值（750）和第 3 个数值（850）之间 0.5 的位置上，因此，

$$Q_1 = 780 + (850 - 780) \times 0.5 = 815$$

$$Q_3 \text{ 的位置} = \dfrac{3(n+1)}{4} = \dfrac{3 \times 10}{4} = 7.5$$

即 $Q_3$ 在第 7 个数值（1500）和第 8 个数值（1630）之间 0.5 的位置上，

因此，
$$Q_3 = 1500 + (1630 - 1500) \times 0.5 = 1565 \text{（元）}$$
则四分位差为
$$Q_d = Q_3 - Q_1 = 1565 - 815 = 750 \text{（元）}$$

四分位差反映了中间50%数据的离散程度，其数值越小，说明中间的数据越集中；其数值越大，说明中间的数据越分散。四分位差不受极值的影响。此外，由于中位数位于数据的中间位置，因此，四分位差的大小在一定程度上也说明了中位数对一组数据的代表程度。四分位差主要用于测量顺序数据的离散程度。对于数值型数据也可以计算四分位差，但它不适合分类数据。

## 3.2.3 异众比率

异众比率（variation ratio）是指非众数组的频数占总频数的比例，用 $V_r$ 表示。其计算公式为

$$V_r = \frac{\sum f_i - f_m}{\sum f_i} = 1 - \frac{f_m}{\sum f_i}$$

式中：$\sum f_i$ 为变量值的总频数；$f_m$ 为众数组的频数。

【例3-9】设甲、乙两校学生的业余爱好类型资料如表3-2所示。

表3-2 业余爱好类型资料表

| 业余爱好 | 学生人数 | |
| --- | --- | --- |
| | 甲校（人） | 乙校（人） |
| 体育运动 | 288 | 296 |
| 音乐 | 152 | 120 |
| 美术 | 110 | 64 |
| 合计 | 550 | 480 |

**解**：根据表中数据可知：甲、乙两校的众数组都是"体育运动"，但两者的异众比率却不相同。

$$\text{甲校：} V_r = 1 - \frac{f_m}{\sum f_i} = 1 - \frac{288}{550} = 0.476$$

乙校：$V_r = 1 - \dfrac{f_m}{\sum f_i} = 1 - \dfrac{296}{480} = 0.383$

异众比率主要用于衡量众数对一组数据的代表程度。异众比率越大，说明非众数组的频数占总频数的比重越大，众数的代表性越差；反之，众数的代表性越好。异众比率主要适合测度分类数据的离散程度。由上例的计算结果可知，体育运动这种爱好对于乙校学生的代表性强于甲校学习。

### 3.2.4 方差和标准差

方差(variance)是一个数据组中所有数据与其均值离差平方和的平均数。对于原始数据组而言，总体方差的计算公式为

$$\sigma^2 = \dfrac{\sum_{i=1}^{N}(x_i - \mu)^2}{N} \tag{3-11}$$

式中：$\sigma^2$ 为总体方差，$x_i$ 为第 $i$ 个数据，$\mu$ 为总体均值，$N$ 为总体数据的个数。

样本方差的计算公式为

$$S^2 = \dfrac{\sum_{i=1}^{n}(x_i - \overline{x})^2}{n-1} \tag{3-12}$$

式中：$S^2$ 表示样本方差；$\overline{x}$ 表示样本均值；$n$ 表示样本数据的个数；($n$-1)为自由度。

对于分组数据而言，总体方差公式为

$$\sigma^2 = \dfrac{\sum_{i=1}^{K}(x_i - \mu)^2 F_i}{\sum_{i=1}^{K} F} \tag{3-13}$$

样本方差公式为

$$S^2 = \dfrac{\sum_{i=1}^{k}(x_i - \overline{x})^2 f_i}{\sum_{i=1}^{k} f_i - 1} \tag{3-14}$$

标准差是方差的正平方根。由上文中的方差公式可知，总体标准差计算公式为

$$\sigma = \sqrt{\frac{\sum_{i=1}^{N}(x_i - \mu)^2}{N}} \quad (3\text{-}15)$$

$$\sigma = \sqrt{\frac{\sum_{i=1}^{K}(x_i - \mu)^2 F_i}{\sum_{i=1}^{K} F_i}} \quad (3\text{-}16)$$

样本标准差计算公式为

$$S = \sqrt{\frac{\sum_{i=1}^{n}(x_i - \overline{x})^2}{n-1}} \quad (3\text{-}17)$$

$$S = \sqrt{\frac{\sum_{i=1}^{k}(x_i - \overline{x})^2 f_i}{\sum_{i=1}^{k} f_i - 1}} \quad (3\text{-}18)$$

由以上方差和标准差的公式可见，方差是一组数据距离其均值的二次离差的平均值，而标准差则是用来衡量一组数据距离其均值的平均差异程度的一个一次指标，是带量纲的。后者相对于前者应用更广泛，因为它更方便、直观地体现了一组数据距其均值的平均差异程度。

此外，需要补充说明的是：当样本量大到一定程度时，样本方差公式（3-12）可以用总体方差公式（3-11）来替代，式（3-14）可以用式（3-13）来替代，以简化计算。

【例 3-9】表 3-3 是某工厂全部 50 名工人每周工资收入情况，试计算该厂工人每周工资的总体标准差。如果我们是对某厂 300 名工人中随机抽取的 50 名工人进行统计，那么试计算工人每周工资的样本标准差。

表 3-3　某工厂工人每周工资收入情况

| 每周工资收入（元） | 工人人数（$f_i$） | 中点（$x_i$） | $(x_i - \mu)$ | $(x_i - \mu)^2$ | $f_i(x_i - \mu)^2$ |
| --- | --- | --- | --- | --- | --- |
| 140～149 | 4 | 144.5 | -29.8 | 888.04 | 3552.16 |
| 150～159 | 6 | 154.5 | -19.8 | 392.04 | 2352.24 |

续表

| 每周工资收入（元） | 工人人数（$f_i$） | 中点（$x_i$） | $(x_i-\mu)$ | $(x_i-\mu)^2$ | $f_i(x_i-\mu)^2$ |
|---|---|---|---|---|---|
| 160~169 | 9 | 164.5 | -9.8 | 96.04 | 864.36 |
| 170~179 | 12 | 174.5 | 0.2 | 0.04 | 0.48 |
| 180~189 | 9 | 184.5 | 10.2 | 104.04 | 936.36 |
| 190~199 | 7 | 194.5 | 20.2 | 408.04 | 2856.28 |
| 200~209 | 3 | 204.5 | 30.2 | 912.04 | 2736.12 |

**解**：从前面均值的计算公式，可得

$$\bar{x}=\mu=174.3（元）$$

工人每周工资的总体标准差为

$$\sigma=\sqrt{\frac{\sum_{i=1}^{K}(x_i-\mu)^2 F_i}{\sum_{i=1}^{K}F_i}}=\sqrt{\frac{13298}{50}}=16.31（元）$$

若是对某厂300名工人中随机抽取的50名工人进行统计，那么工人每周工资的样本标准差为

$$S=\sqrt{\frac{\sum_{i=1}^{k}(x_i-\bar{x})^2 f_i}{\sum_{i=1}^{k}f_i-1}}=\sqrt{\frac{13298}{49}}=16.47（元）$$

## 3.2.5 离散系数

前文介绍了测度一组数据离散程度的重要指标——标准差，然而若需要对不同数据组中数据分布的离散程度进行比较，仅仅用标准差这一绝对离散趋势指标来完成，有时候是不适用的。

我们先看一个例子，对一组婴幼儿和一组老人各自组内的年龄数据进行离散程度的比较。

（1）婴幼儿组的年龄分别为0.75岁（9个月）、1岁（12个月）、1.25岁（15个月）、1.5岁（18个月）、1.75岁（21个月）；

(2) 老人组的年龄分别为 78 岁、80 岁、82 岁、84 岁、86 岁。

依据 3.2.4 节所介绍的标准差概念，我们可以计算出这两组年龄数据各自的标准差数值，分别为：婴幼儿组标准差 0.39 岁（4.74 个月）；老人组标准差 3.16 岁。如果我们仅从标准差数值上对两组年龄数据的离散程度进行比较的话，会得出婴幼儿组年龄数据的离散程度比老人组要小很多的结论。

然而，如果我们仔细思考一下不难发现，0.39 岁的平均差异程度对于一组平均年龄在 1 岁多的婴幼儿来说，着实算得上一个可观的数值了。而 3.16 岁的老人组标准差，虽然在绝对数值上是明显大于婴幼儿组的，然而这个平均差异程度对于一组平均年龄在 80 多岁老人来说，又的确算是很小的一个差异了。

那么，究竟是否可以用标准差这个绝对的离散趋势指标对不同组数据的离散程度进行比较呢？这要分为两种情况：一是当各组数据的数量水平（即取值水平，一般可以用算术均值来衡量）相差无几时，我们可以用标准差来衡量各组数据的离散程度；二是当各组数据的数量水平存在一定差异时，则标准差这个绝对的离散趋势指标就不再适合用来衡量各组数据的离散程度了。那么在这种数据环境下，什么样的统计指标才适合用来衡量这种数量水平存在差异的不同数据组的离散程度呢？它就是本节所要介绍的离散系数。

离散系数也称为变异系数（coefficient of variation），它是一组数据的标准差与其相应的平均数之比。其计算公式为

$$V_\mathrm{p} = \frac{\sigma}{\mu} \text{ 或 } V_\mathrm{S} = \frac{S}{\bar{x}} \tag{3-19}$$

式中：$V_\mathrm{p}$、$V_\mathrm{S}$ 分别代表总体和样本数据的离散系数；$\mu$、$\bar{x}$ 分别代表总体和样本数据的均值；$\sigma$、$S$ 分别为总体和样本数据的标准差。

公式（3-19）的前者是总体离散系数，后者是样本离散系数。可见，不同数据组之间的离散程度的比较，一方面与各自数据组的标准差大小有关，另一方面还与数据组自身的数量水平有关。因此，离散系数被称为相对的离散趋势指标，而上节介绍的标准差被称为绝对的离散趋势指标。两者都有各自的适用环境。计算出来的离散系数越大，说明数据组的离散程度也越大；反之，算出来的离散系数越小，说明数据组的离散程度也越小。

现在，我们用式（3-19）对上例中的婴幼儿组和老人组的年龄数据离散系数进行计算，分别得出婴幼儿组的离散系数为 0.316，老人组的离散系数为 0.038。可见，在标准差指标上远小于老人组的婴幼儿组，其年龄数据的实际离散程度却远高于老人组。这就是离散系数的作用。

【例 3-10】某地随机抽取了一群 20 岁的男青年和女青年，测量了他们的体重，分别得到他们的体重均值和标准差。

男青年：$S$=4.265（kg）

女青年：$S$=3.985（kg）

比较男女青年的体重差异，显然，直接从标准差看，男青年的标准差大。但男青年的体重通常比女青年的体重要重，故不能轻易地说男青年之间的体重差异比女青年要大。这时我们就应该计算和比较两组数据的离散系数。

男青年：$V_S = \dfrac{S}{\bar{x}} = \dfrac{4.265}{55.69} = 7.67\%$

女青年：$V_S = \dfrac{S}{\bar{x}} = \dfrac{3.985}{48.52} = 8.21\%$

从上述计算的离散系数看，女青年体重的差异程度要大于男青年体重的差异程度。

为了加深学习者对本章前两节所介绍内容的理解和记忆，在此我们做个简单的提示性小结：作为离散趋势指标的极差、方差、标准差、离散系数，在一定程度上能够反应均值的代表性好坏；而异众比率能够反应众数的代表性好坏；四分位差能够反应中位数的代表性好坏。例如：消费者给同类产品的两个品牌打分，即便统计出来两个品牌的均分是相同的，然而这两个均分的代表性也未必相同，因为还需要考虑两者在离散程度上的差异性。

# 3.3 测度数据分布的偏度与峰度

集中趋势和离散趋势是测量数据分布的两个重要维度，然而要全面了解数据的分布特征，仅仅了解这两个维度是不够的。我们还需要了解一组数据其分布的具体形状如何，例如，是否对称、是否有偏斜、偏斜的方向与程度如何，以及该组数据是呈扁平分布还是尖峰分布、扁平或尖峰的程度如何，以此来进一步掌握该组数据的分布特征。

## 3.3.1 偏态及其测度

"偏态"(Skewness)一词是由统计学家皮尔逊(K·Pearson)于1895年首次提出的,它是对数据分布对称性的测度,测度偏态的统计量是偏态系数(coefficient of skewness),记作 SK。偏态系数的计算方法不止一种,这里只介绍比较常用的几个公式。

分组数据的绝对偏态系数公式和相对偏态系数公式:

$$SK = \frac{\sum_{i=1}^{k}(x_i - \bar{x})^3 f_i}{\sum_{i=1}^{k} f_i} \quad (3-20)$$

$$SK = \frac{\sum_{i=1}^{k}(x_i - \bar{x})^3 f_i}{\sum f_i \cdot S^3} \quad (3-21)$$

未分组数据的绝对偏态系数公式和相对偏态系数公式:

$$SK = \frac{\sum_{i=1}^{n}(x_i - \bar{x})^3}{n} \quad (3-22)$$

$$SK = \frac{\sum_{i=1}^{n}(x_i - \bar{x})^3}{n \cdot S^3} \quad (3-23)$$

式中:$S^3$ 表示样本标准差的三次方。

当数据组呈对称分布时,正负三次离差相互抵消,则 SK=0;当数据分布不对称时,正负三次离差不能相互抵消,就形成了或正或负的偏态系数 SK。当 SK 为正值时,表示正离差数值较大,可以判断为正偏或右偏;反之,当 SK 为负值时,表示负离差数值较大,可以判断为负偏或左偏。对于相对偏态系数公式而言,计算出来的 SK 绝对值越大,表明数据分布的偏斜程度就越大。

【例 3-11】已知我国 1997 年农村居民家庭按纯收入分组的有关数据(见表 3-4),计算偏态系数。

表 3-4　农村居民家庭纯收入数据偏态及峰度计算表

| 按纯收入分组（百元） | 组中值 $x_i$ | 户数比重 $f_i$（%） | $(x_i-\bar{x})^3 f_i$ | $(x_i-\bar{x})^4 f_i$ |
|---|---|---|---|---|
| 5 以下 | 2.5 | 2.28 | -154.64 | 2927.15 |
| 5～10 | 7.5 | 12.45 | -336.46 | 4686.51 |
| 10～15 | 12.5 | 20.35 | -144.87 | 1293.53 |
| 15～20 | 17.5 | 19.52 | -11.84 | 46.52 |
| 20～25 | 22.5 | 14.93 | 0.18 | 0.20 |
| 25～30 | 27.5 | 10.35 | 23.16 | 140.60 |
| 30～35 | 32.5 | 6.56 | 89.02 | 985.49 |
| 35～40 | 37.5 | 4.13 | 171.43 | 2755.00 |
| 40～45 | 42.5 | 2.68 | 250.72 | 5282.94 |
| 45～50 | 47.5 | 1.81 | 320.74 | 8361.98 |
| 50 以上 | 52.5 | 4.94 | 1481.81 | 46041.33 |
| 合计 | — | 100 | 1689.25 | 72521.25 |

将计算结果 $\bar{x} \approx 21.429$，$S \approx 12.089$ 代入式（3-21），得

$$\mathrm{SK} = \frac{\sum_{i=1}^{k}(x_i-\bar{x})^3 f_i}{\sum f_i \cdot S^3} = \frac{\sum_{i=1}^{11}(x_i-21.429)^3 f_i}{100\% \times 12.089^3} = 0.956$$

由计算结果可以看出，偏态系数为正值，而且数值不小。说明农村居民家庭纯收入的分布为右偏分布，即收入较少的家庭为多数，而收入较高的家庭是少数，且特别高收入的家庭越来越少。

## 3.3.2　峰态及其测度

"峰态"（Kurtosis）一词也是由统计学家皮尔逊于 1950 年首次提出的。它是对一组数据其分布平峰或尖峰程度的测度。测度峰态的统计量是峰态系数（coefficient of kurtosis），记做 $K$。

峰态通常是与标准正态分布相比较而言的。如果一组数据服从标准正态分布，则峰态系数的值为 0；若峰态系数不等于 0，则表明数据分布比标准正态分布更平或更尖，通常称为平峰分布或尖峰分布，如图 3-3 所示。

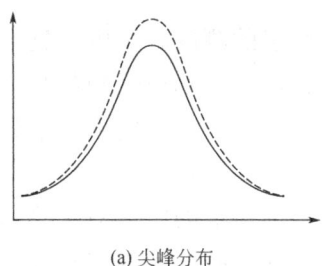

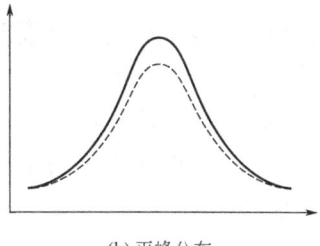

(a) 尖峰分布　　　　　　　　　　(b) 平峰分布

图 3-3　尖峰分布与平峰分布示意图

相对峰度系数公式的两种形式分别如下：

$$K = \frac{\sum_{i=1}^{k}(x_i - \bar{x})^4 f_i}{\sum f_i \cdot S^4} \qquad (3-24)$$

$$K = \frac{\sum_{i=1}^{k}(x_i - \bar{x})^4 f_i}{\sum f_i \cdot S^4} - 3 \qquad (3-25)$$

式中：$S^4$ 表示样本标准差的四次方。

需要注意的是，上述公式（3-25）的计算结果其比较的标准为 0，即标准正态分布的峰度系数。用这种公式计算出来的结果，当 $K>0$ 时，数据分布为尖峰；当 $K<0$ 时，数据分布为平峰。

【例 3-12】根据表 3-4 中的数据，计算农村居民家庭纯收入分布的峰度系数。

**解**：根据表 3-4 的计算结果，代入公式（3-21），得

$$K = \frac{\sum_{i=1}^{k}(x_i - \bar{x})^4 f_i}{\sum f_i \cdot S^4} - 3 = \frac{72521.25}{100\% \times (12.089)^4} - 3 = 0.4$$

由于 $K=0.4>0$，说明我国农村居民家庭纯收入的分布为尖峰分布。

# 本章小结

本章介绍了最基础的统计分析方法——描述统计。它是从四个不同的角度对收集整理好的数据资料进行描述性的分析研究，包括：集中趋势的测度、

离散趋势的测度、偏斜程度的测度和尖峰程度的测度。其中，集中趋势的测度里重点阐述了数据分布的众数、中位数、均值、几何平均数几个最常用的集中趋势指标的计算方法与应用；而离散趋势的测度里则介绍了数据分布的极差、四分位差、异众比率、方差、标准差、离散系数等一系列离散趋势指标的计算方法与应用，教学或学习的重点在使用最为广泛的方差和标准差两个指标；随后在全章的后半部分，介绍了数据分布的偏度和峰度的测度方法与相应的计算指标，以进一步描述和确定一组数据分布的偏斜与尖峰的形态与程度。

# 第4章

# 概率与概率分布

# 引例

一家保险公司欲推出一款针对某种事故的新型保险产品。按照保单设计，投保人每年需缴纳 200 元保费，若投保人在保险期内遭遇事故，则保险公司赔付保单受益人 10000 元。假设该种事故的发生率为 0.018，保险公司预计有 10000 人投保，则保险公司一年内在该款保险产品的经营中亏损的可能性大吗？加入保险公司希望将该款保险产品在一年内亏本的概率控制在 1/10000，则至少要有多少位投保人才能使保险公司达到设定的经营目标？

在实际生活中，人们常常会遇到上述决策问题。这类决策的特点是结果不确定，决策需要在充分了解各种结果出现的可能性之后才能做出决定。本章将介绍可能性的度量——概率以及几种常见的概率分布。概率除了可以帮助人们对不确定性问题进行决策之外，还是推断统计方法的基础。

在前面的章节中，我们介绍了数据的收集、整理和描述统计的一些基本方法。通过对统计数据的整理和描述，可以使我们对客观事物概貌有一个初步的了解。然而，简单的描述方法只能对统计数据实现粗浅的利用，它与从统计数据中挖掘出规律性的东西相差甚远。因为这种描述和整理没有超出已有数据的范围，而统计数据中隐含着非常多的重要信息，要想有效地充分利用统计数据，需要运用推断统计的方法。

推断统计就是在搜集、整理观测样本数据的基础上,对有关总体做出推断,其特点是根据随机性的观测样本数据以及问题的条件和假定,对未知的事物总体做出的以概率形式表述的推断。推断统计的理论和方法在我国通常被认为是概率论和数理统计的内容。本章主要介绍概率与概率分布的基础知识。

## 4.1 概率基础

### 4.1.1 随机事件与概率

#### 4.1.1.1 随机事件的几个基本概念

在自然界中和社会经济现象中,存在着很多不确定的事件。例如,第二天是否会下雨;投掷一枚硬币,可能出现正面向上也有可能出现正面向下;一种新的消费品在市场上有可能获得成功也有可能失败。在统计学中,把这些不确定的事件称为随机事件,随机事件是概率论中的一个基本概念,为了说明它,先谈一下什么是试验和事件。

在同一组条件下,对某事物或现象所进行的观察或实验叫做试验,把观察或试验的结果叫做事件。

(1)随机事件(random event)。在同一组条件下,每次试验可能出现也可能不出现的事件,被称作随机事件,也叫偶然事件。例如,随意抛掷一枚骰子(一个质地均匀、样式对称的正六面体,六面分别刻有 1,2,3,4,5,6 六个数字)就是一次试验。骰子落地,可能出现 1 点,2 点,……,6 点,或为奇数点、偶数点、点数大于 4 等都是一个事件,而且这些事件都是在一次试验中可能出现也可能不出现的。

(2)必然事件(certain event)。在同一组条件下,每次试验一定出现的事件。

(3)不可能事件(impossible event)。在同一组条件下,每次试验一定不出现的事件。

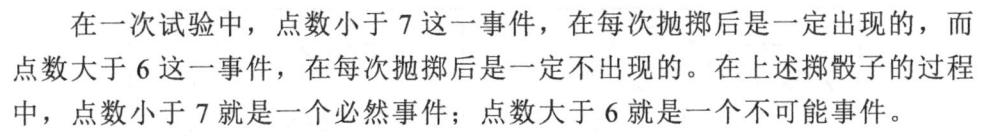

在一次试验中，点数小于 7 这一事件，在每次抛掷后是一定出现的，而点数大于 6 这一事件，在每次抛掷后是一定不出现的。在上述掷骰子的过程中，点数小于 7 就是一个必然事件；点数大于 6 就是一个不可能事件。

概率论研究的往往是随机事件，并把必然事件和不可能事件包括在随机事件内，作为两个极端情况来看待。

随机事件简称为事件，用大写字母 $A$、$B$、$C$ 等表示；必然事件用 $\Omega$ 表示，不可能事件用 $\Phi$ 表示。

如果一个事件不能分解成两个或更多个事件，则这个事件称为基本事件（elementary event）或简单事件，它是一项试验最基本的结果。例如，抛一枚均匀硬币，"出现正面"和"出现反面"都是简单事件。反之，如果一个事件可以被分解成两个或更多个事件，则这个事件称为复合事件（compound event）。掷一枚骰子"出现点数 3"是一个基本事件，但事件"出现的点数小于 3"则不是简单事件，因为它可以分解成"出现点数 1"和"出现点数 2"两个事件的组合，所以它是一个复合事件。

在一项试验中，可以罗列出试验的所有可能结果（即简单事件），把一项试验中所有可能结果的全体定义为样本空间（sample space），用符号 S 表示。样本空间是试验中所有可能结果的集合，它显然是一个必然事件。

### 4.1.1.2　事件之间的关系

为了阐述复合事件概率的计算规则，我们首先应该搞清楚复合事件之间的相互关系，下面对一些表示方法加以说明。

设事件 $A$、$B$ 是样本空间 $S$ 的两个复合事件。我们用 $A+B$ 或 $A \cup B$ 表示 $A$ 与 $B$ 的合并事件（union of events），它指的是在试验中 $A$ 或 $B$ 至少有一个出现，即

$$A + B = \{S\text{中所有组成}A\text{或}B\text{的基本事件}\}$$

我们用 $AB$ 或 $A \cap B$ 表示 $A$ 与 $B$ 的交叉事件（joint of events），它是指在试验中 $A$ 和 $B$ 能同时出现的事件，即

$$AB = \{S\text{中所有属于}A\text{同时又属于}B\text{的基本事件}\}$$

可见，$A+B$ 与 $AB$ 是两个不同的事件（见图 4-1）。

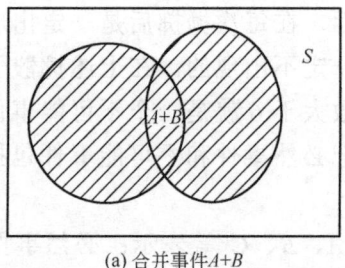

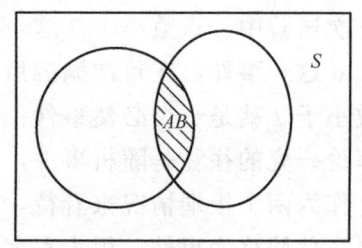

(a) 合并事件 A+B　　　　(b) 交叉事件 AB

图 4-1　合并事件与交叉事件的图形演示

【例 4.1】某所大学下设两个学院，工商管理学院和经济学院，全校共有 5000 名在校生，两个学院的学生人数分布详见表 4-1。

表 4-1　某大学在校生分布情况表

| 学生性别 | 工商管理学院（名） | 经济学院（名） |
|---|---|---|
| 男生 | 2500 | 1600 |
| 女生 | 500 | 400 |

这里样本空间 $S$={全体学生}，设事件 $A$ 表示工商管理学院全体学生，$C$ 表示全校男生。则事件 $A+C$ 表示全校除经济学院女生以外的全部 4600 名学生。事件 $AC$ 表示工商管理学院的全部男学生 2500 名。

如果两个事件不可能同时出现，那么称这两个事件是互不相容事件（mutually exclusive events），如图 4-2 所示。在例 4.1 中，如果用 $B$ 表示经济学院的全体女学生，那么事件 $A$ 与 $B$ 是互不相容事件，因为我们不可能抽到一名学生既是工商管理学院又是经济学院的女学生。

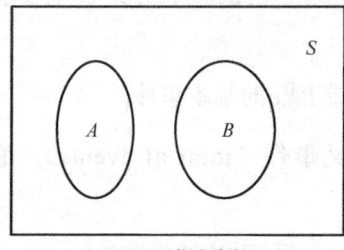

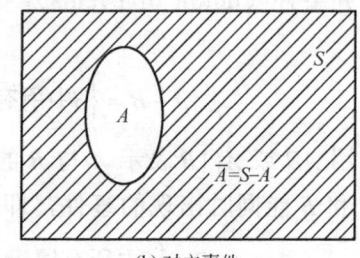

(a) 互不相容事件　　　　(b) 对立事件

图 4-2　互不相容事件与对立事件的图形演示

事件 $A$ 的对立事件用 $\bar{A}$ 表示，即

$$\bar{A} = \{S\text{中所有不属于}A\text{的基本事件}\}$$

可见，$A$ 与 $\overline{A}$ 是互不相容，而且 $A+\overline{A}=S$，如图 4-2（b）中所示。在例 4-1 中，$A$ 的对立事件是 $\overline{A}=${经济学院全体学生}。

#### 4.1.1.3 事件的概率

概率是度量随机事件中某种结果发生的可能性大小的数量指标。用 0 与 1 之间的数值来表明事件 $A$ 在随机试验中出现的可能性大小，通常记 $P(A)$。这样的数值叫做事件 $A$ 的概率。

基于对概率的不同解释，概率的定义有所不同，主要有古典概率、统计概率和主观概率三种。

**1. 古典概率**

概率理论在它的早期阶段是和赌博游戏紧密关联的。在赌博游戏中，人们开始研究其中的规律，并逐渐形成了以下的古典概率定义。古典概率有两个形式特点：

（1）全集（样本空间）中基本事件的个数是有限的。如抛掷硬币的试验中，只能出现"正面朝上"或"反面朝上"两种结果；

（2）各个基本事件发生的可能性被认为是相等的。如掷硬币，出现正面或反面的机会被认为是相等的，均为 1/2。

即概率的古典定义是，如果某一随机试验的结果有限，而且各个结果出现的可能性相等，则某一事件 $A$ 发生的概率为该事件所包含的基本事件个数 $m$ 与其样本空间中所包含的基本事件总数 $n$ 的比值，记为

$$P(A)=\frac{\text{事件 } A \text{ 所包含的基本事件个数}}{\text{样本空间所含的基本事件总数}}=\frac{m}{n} \qquad (4-1)$$

【例 4-2】某服装厂所属三个部门的职工人数如表 4-2，从该公司中随机抽取 1 个，问：职工为男性的概率。

表 4-2　某服装厂员工分布情况

| 部门 | 男（人） | 女（人） | 合计（人） |
|---|---|---|---|
| 采购部 | 40 | 50 | 90 |
| 制造部 | 60 | 20 | 80 |
| 业务部 | 50 | 70 | 120 |
| 合计 | 150 | 140 | 290 |

用 $A$ 表示"抽中职工为男性"这一事件；$m$ 为全公司男职工的集合；$n$ 为全公司职工的集合。

$$P(A) = \frac{m}{n} = \frac{150}{290} = \frac{15}{29}$$

2. 统计概率

古典概率局限在随机试验只有有限个可能结果的范围内，而现实生活里很多问题的样本空间中基本事件的个数是无限或未知的，或各种基本事件彼此发生的可能性并不都相等，从而无法满足古典概型的特点。例如，研究某地区的年降雨量等。因此，人们又提出了根据重复试验中某一事件发生的频率来确定其概率的方法，即概率的统计定义。

统计概率又被称为相对频数概率（relative frequency probability），它是利用过去历史上同类事物发生的稳定的频率作为该事件发生的概率。它的计算公式为

$$P(A) = \frac{A事件出现的次数}{重复试验次数} = \frac{a}{b} \qquad (4-2)$$

例如，测量一位射击手每次击中目标的概率，每次可能出现的结果只有"成功"和"失败"两种结果。按照上面相对频数概率的定义，我们可以让射击手重复射击 100 次，即做 100 次试验，其中 95 次击中，则可以用 95/100=0.95 作为这个射击手每次击中概率的一个估计值。可见，统计概率是用事件发生的相对频数作为事件可能发生的概率估计值。另外，使用相对频数作为概率的估计值是有波动的，它与试验次数多少有关。试验次数越少，该频率越不稳定；而试验次数越多，该频数越会趋于一个稳定的数值，即这位射击手每次击中的概率。

3. 主观概率

有些实际问题中，试验是不能重复的。例如，你投资开设一家餐馆，要预测这家餐馆生存 5 年的概率，但不可能重复地将这家餐馆开很多次。类似这种情况，人们根据所掌握的信息提出一个概率值来表达自己对某一陈述的相信程度。这种概率叫主观方法概率，简称主观概率（subjective probability）。

与之对应的是前文已经介绍过的那两种客观概率，它们完全取决于对客观条件的理论分析或是大量重复试验的事实，不以个人的意志为转移。而对

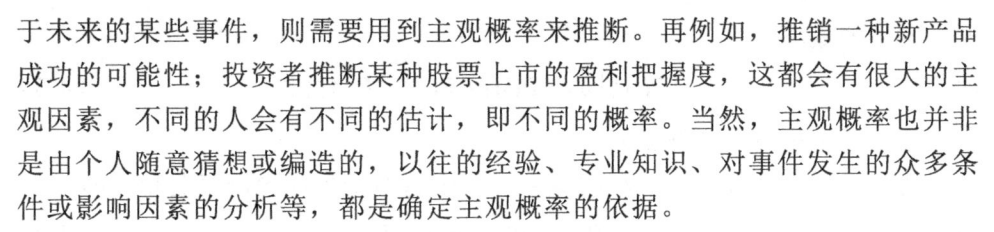

于未来的某些事件,则需要用到主观概率来推断。再例如,推销一种新产品成功的可能性;投资者推断某种股票上市的盈利把握度,这都会有很大的主观因素,不同的人会有不同的估计,即不同的概率。当然,主观概率也并非是由个人随意猜想或编造的,以往的经验、专业知识、对事件发生的众多条件或影响因素的分析等,都是确定主观概率的依据。

现实生活中,概率的应用是复杂的,有时是两种概率的综合。例如,银行对某位客户未来能否按时归还贷款这一不确定性的判断。一方面,银行掌握部分该客户过去归还贷款的信用记录,可以计算其还款的统计概率;另一方面,要靠银行针对该客户的全方位信息进行综合分析评估以得出其还款的主观概率。两者结合,银行才能就此对该客户这次是否会还款做出综合推断。主观概率在现代统计理论中得到广泛的应用,特别是在统计决策理论中。

## 4.1.2 概率的性质及运算

### 4.1.2.1 概率的基本性质

为了能够正确地计算概率,必须了解概率的基本性质。它有如下几条基本性质:

(1) 非负性,对于任一随机事件 $A$,$P(A) \geqslant 0$;

(2) 规范性,一个事件的概率的取值范围在 0 到 1 之间,即对于任意事件,$0 \leqslant P(A) \leqslant 1$;必然事件的概率等于 1,不可能事件的概率等于 0,即 $P(\Omega)=1$,$P(\Phi)=0$;

(3) 可加性,若 $A$ 与 $B$ 互斥,则 $P(A \cup B) = P(A) + P(B)$

此性质可以推广到多个两两互斥的随机事件 $A_1, A_2, \cdots, A_n$,则

$$P(A_1 \cup A_2 \cup \cdots \cup A_n) = P(A_1) + P(A_2) + \cdots + P(A_n)$$

### 4.1.2.2 概率的运算

1. 加法公式

(1) 一般的加法公式

任意两个事件和(并)的概率,等于两个事件概率的和再减去两个事件

同时发生的概率。

即
$$P(A \cup B) = P(A) + P(B) - P(A \cap B) \tag{4-3}$$

（2）互斥事件的加法公式

两个互斥事件 $A$ 与 $B$ 之和的概率，等于这两个事件的概率之和，即
$$P(A \cup B) = P(A) + P(B) \tag{4-4}$$

如果事件 $A_1, A_2, \cdots, A_n$ 之间两两互斥，则：
$$P(A_1 \cup A_2 \cup \cdots \cup A_n) = P(A_1) + P(A_2) + \cdots + P(A_n)$$

上面的两个加法公式统称为概率的加法法则，式（4-4）可以看做式（4-3）的特例。如果 $A$ 与 $B$ 互斥，则 $P(A \cap B) = 0$。式（4-3）就和式（4-4）一样了。

另外，对 $A$ 和 $\bar{A}$ 两个事件来说，由于 $A \cup \bar{A} = \Omega$，且 $A$ 与 $\bar{A}$ 互斥，$P(\Omega) = 1$，

所以 $P(A \cup \bar{A}) = P(\Omega) = 1$，

即 $P(A) + P(\bar{A}) = 1$

从而 $P(A) = 1 - P(\bar{A})$

或 $P(\bar{A}) = 1 - P(A)$

【例4-3】设某地有甲、乙两种报纸，该地成年人中有20%读甲报纸，16%读乙报纸，8%两种报纸都读，问：成年人中至少读一种报纸的人占多大比例？

解：设 $A$ = {读甲报纸}，$B$ = {读乙报纸}，$C$ = {至少读一种报纸}，则：
$$P(C) = P(A \cup B) = P(A) + P(B) - P(A \cap B)$$

由题意可知：
$$P(A) = 0.2, \quad P(B) = 0.16, \quad P(A \cap B) = 0.08$$

于是有：
$$P(C) = 0.2 + 0.16 - 0.08 = 0.28$$

即有28%的成年人至少读一种报纸。

【例4.4】某钢铁公司所属企业职工人数如表 4-3 所示。从该公司随机抽取一名职工，计算该职工为炼钢厂或轧钢厂职工的概率。

表 4-3 某钢铁公司所属企业职工人数　　　　（单位：人）

| 工厂 | 男职工 | 女职工 | 合计 |
|---|---|---|---|
| 炼铁厂 | 4400 | 1800 | 6200 |
| 炼钢厂 | 3200 | 1600 | 4800 |
| 轧钢厂 | 900 | 600 | 1500 |
| 合计 | 8500 | 4000 | 12500 |

**解**：用 $A$ 表示"抽中的为炼钢厂职工"这一事件，$B$ 表示"抽中的为轧钢厂职工"这一事件，则随机抽取一人为炼钢厂或轧钢厂职工的事件为互斥事件 $A$ 与 $B$ 的和，其发生的概率为

$$P(A \cup B) = P(A) + P(B) = \frac{4800}{12500} + \frac{1500}{12500} = 0.504$$

即随机抽取一名职工，该职工为炼钢厂或轧钢厂职工的概率为 0.504。

2. 条件概率与独立事件

（1）条件概率

大家知道，每一个随机事件都是在一定的条件下进行的，而这里要讨论的条件概率，则是当试验结果的部分信息已知（即在原随机试验的条件下，再加上一些附加信息），例如，当某一事件 $B$ 已经发生时，求事件 $A$ 发生的概率，称这种概率为事件 $B$ 发生条件下事件 $A$ 发生的条件概率（conditional probability），记为 $P(A|B)$。

由于增加了新的条件（附加信息），一般来说，$P(A|B) \neq P(A)$。

条件概率的计算公式为

$$P(A|B) = \frac{P(AB)}{P(B)} \tag{4-5}$$

【**例 4-5**】在肝癌普查中发现，某地区的自然人群中，每 100000 人内，平均有 40 人患原发性肝癌，有 34 人甲胎球蛋白含量高，有 32 人既患原发性肝癌同时又甲胎球蛋白含量高。求某人在已知甲胎球蛋白含量高的条件下患原发性肝癌的概率。

**解**：记 $A$ = "患原发性肝癌"，$B$ = "甲胎球蛋白含量高"

$$P(B) = \frac{34}{100000}, \quad P(AB) = \frac{32}{100000}$$

$$P(A|B) = \frac{P(AB)}{P(B)} = \frac{32}{34} \approx 0.9418$$

（2）乘法公式

对条件概率公式做数学处理可得到概率的乘法公式：设 $A$ 与 $B$ 是任意两个事件，且 $P(A)>0$，$P(B)>0$，则：

$$P(AB) = P(B)P(A|B) \text{ 和 } P(AB) = P(A)P(B|A) \tag{4-6}$$

（3）独立事件（乘法公式的特殊形式）

在条件概率的计算公式 $P(A|B)=\dfrac{P(AB)}{P(B)}$ 中，若 $P(A|B)=P(A)$，则可以得到

$$P(AB)=P(A)\cdot P(B) \tag{4-7}$$

上式即为两个独立事件之积（同时发生）的概率，等于两个事件的概率之积。也就是说，若事件 $A$ 与 $B$ 独立，则有：$P(AB)=P(A)\cdot P(B)$。推广到两两独立的事件，则有：

$$P(A_1 A_2 \cdots A_n)=P(A_1)\,P(A_2)\cdots P(A_n) \tag{4-8}$$

**【例4-6】** 已知有甲、乙两批稻谷种子，发芽率分别为0.8和0.7，在这两批种子中任意各抽取一粒。试求：（1）这两粒种子都能发芽的概率；（2）至少有一粒种子能发芽的概率；（3）恰好有一粒种子能发芽的概率。

**解**：设 $A$ 表示"从甲批种子抽取的一粒能发芽"，$B$ 表示"从乙批种子抽取的一粒能发芽"。则有：

$$P(A)=0.8 \quad P(\bar{A})=0.2$$

$$P(B)=0.7 \quad P(\bar{B})=0.3$$

又因为 $A$、$B$ 相互独立，且 $A$、$B$ 可以同时出现，是相容事件，故所求概率分别为

$$P(AB)=P(A)\cdot P(B)=0.8\times 0.7=0.56$$

$$P(A\cup B)=P(A)+P(B)-P(AB)=0.8+0.7-0.56=0.94$$

$$P(A\bar{B}\cup \bar{A}B)=P(A\bar{B})+P(\bar{A}B)$$

$$=P(A)\,P(\bar{B})+P(\bar{A})\,P(B)$$

$$=0.8\times 0.3+0.2\times 0.7=0.38$$

要注意，不要把事件的独立与事件的不相容混为一谈。独立性是指两个事件的发生互不影响；而互不相容是指两个事件不能同时发生。

#### 4.1.2.3 全概率公式及贝叶斯公式

有些事件比较复杂，单用加法定理或乘法定理是无法完成其概率计算的，而全概率公式和贝叶斯公式就是用于计算这种复杂事件的概率，它们实质上

是加法公式和乘法公式的综合运用和推广。

1. 全概率公式

设 $n$ 个事件 $A_1, A_2, \cdots, A_n$ 两两互斥，并有 $A_1 + A_2 + \cdots + A_n = \Omega$，说明 $n$ 个事件两两互斥没有交集，并且构成了整个样本空间，满足这两个条件的事件组称为一个完备事件组。

若 $P(A_i) > 0$（$i = 1, 2, \cdots, n$），则对任意事件 $B$，有：

$$P(B) = \sum_{i=1}^{n} P(B|A_i) P(A_i) \tag{4-9}$$

把事件 $A_1, A_2, \cdots, A_n$ 看作引起事件 $B$ 发生的所有可能原因，或者是导致事件 $B$ 发生的所有可能情况，把各种原因（或条件下）的事件 $B$ 发生的概率相加，即为事件 $B$ 的概率。

**【例 4-7】** 某工厂生产甲、乙、丙三种产品，各种产品的次品率分别为 4%、6%、7%，各种产品的数量分别占总数量的 30%、20%、50%，将三种产品组合在一起，计算任取一个是次品的概率。

**解：** 设事件 $A_1$ 表示"产品为甲"，事件 $A_2$ 表示"产品为乙"，事件 $A_3$ 表示"产品为丙"，事件 $B$ 表示"产品为次品"。根据全概率公式，有：

$$\begin{aligned} P(B) &= \sum_{i=1}^{3} P(B|A_i) P(A_i) \\ &= P(B|A_1)P(A_1) + P(B|A_2)P(A_2) + P(B|A_3)P(A_3) \\ &= 4\% \times 30\% + 6\% \times 20\% + 7\% \times 50\% \\ &= 5.9\% \end{aligned}$$

2. 贝叶斯公式

贝叶斯公式与全概率公式要解决的问题正好相反，它是在条件概率的基础上寻找事件发生的原因（或事件是在什么条件下发生的）。

设 $n$ 个事件 $A_1, A_2, \cdots, A_n$ 两两互斥，并有 $A_1 + A_2 + \cdots + A_n = \Omega$，则：

$$P(A_i|B) = \frac{P(A_i B)}{P(B)}$$

进一步为

$$P(A_i|B) = \frac{P(B|A_i)P(A_i)}{\sum_{i=1}^{n} P(B|A_i)P(A_i)} \tag{4-10}$$

这就是贝叶斯公式,它是基于事件 $B$ 已经发生的情形下,推导事件 $A$ 发生的概率。

贝叶斯公式首先由英国统计学家(Bayes)给出,在其去世后的 1763 年才发表。该公式是在观察到事件 $B$ 已发生的条件下,寻找导致 $A$ 发生的每个原因 $A_i$ 的概率。$P(A_i)$ 和 $P(A_i|B)$ 分别称为原因 $A_i$ 的验前概率(prior probability)和验后概率(posterior probability)。在实际问题中有很多应用,它可以帮助人们确定引起事件 $B$ 发生的最可能的原因。

贝叶斯公式可以看作是立足于结果去推导原因,所以贝叶斯公式也称作逆概率公式。

【例 4-8】某工厂生产甲、乙、丙三种产品,各种产品的次品率分别为 4%、6%、7%,各种产品的数量分别占总数量的 30%、20%、50%,将三种产品组合在一起,若任取一个是次品,分别求该次品是甲、乙、丙产品的概率。

**解**:设事件 $A_1$ 表示"产品为甲",事件 $A_2$ 表示"产品为乙",事件 $A_3$ 表示"产品为丙",事件 $B$ 表示"产品为次品"。先根据全概率公式,得出 $P(B)=5.9\%$

根据贝叶斯公式,有:

$$P(A_1|B) = \frac{P(B|A_1)P(A_1)}{P(B)} = \frac{4\% \times 30\%}{5.9\%} = 20.34\%$$

$$P(A_2|B) = \frac{P(B|A_2)P(A_2)}{P(B)} = \frac{6\% \times 20\%}{5.9\%} = 20.34\%$$

$$P(A_3|B) = \frac{P(B|A_3)P(A_3)}{P(B)} = \frac{7\% \times 50\%}{5.9\%} = 59.32\%$$

所以,该次品为丙产品的概率较大,达到了 59.32%。

本例中的 $P(A_i)$($i=1,2,3$)是事件"任取一个是次品"发生之前事件 $A_i$ 发生的概率,是由以往数据分析得到的,故称为验前概率。$P(A_i|B)$($i=1,2,3$)是事件"取到一个是次品($B$)"发生之后事件 $A_i$ 发生的概率,它是获得新信息(即事件 $B$ 发生)之后再重新加以修正的概率,故称 $P(A_i|B)$ 为验后概率。

## 4.2 随机变量及其概率分布

### 4.2.1 随机变量

#### 4.2.1.1 引进随机变量的意义

通过对随机事件及其概率的讨论,我们对随机现象的统计规律有了初步的认识。但是一个随机现象常常涉及很多随机事件,如果孤立地去研究某个事件,则很难对随机现象的整体有所了解。为此我们引进随机变量的概念,这样就能非常方便地研究随机现象各可能结果,以及各可能结果能多大的概率发生(即概率分布)等问题。

#### 4.2.1.2 随机变量的定义

现实生活中,有些随机现象的实验结果(事件)可以直接用数量表示,例如,掷骰子出现的点数、质量检验时出现次品的件数、某人在公交汽车站候车的时间等。还有一些随机现象的实验结果可以间接用数量来表示,例如抛一枚硬币的可能结果为"正面朝上"或"反面朝上",我们可以用"0""1"分别表示"正面朝上"和"反面朝上"。可见,我们总可以建立起随机事件和数量之间的对应关系,即可将事件(空间中的每个样本点)用数轴上的一个点来表示,于是随机变量可以这样定义:

设随机试验的样本空间为 $\Omega$,对于每个属于 $\Omega$ 的样本点(事件 $\omega$)总有一个实数 $X(\omega)$ 与之对应,则称实值函数 $X(\omega)$ 为随机变量,简记为 $X$、$Y$、$Z$ 等。

#### 4.2.1.3 随机变量的分类

根据随机变量取值的不同,可以将其分为离散型随机变量和连续型随机变量两种。

只能取有限个或可数无穷个数值的随机变量,称为离散型随机变量(discrete random variable)。可以取一个或多个区间中任何值的随机变量,称为连续型随机变量(continuous random variable)。

为便于理解，可以将随机变量的取值设想为数轴上的点，每一个试验结果对应一个点。如果一个随机变量仅限于取数轴上有限个或可列个孤立的点，那么它就是离散型的；如果一个随机变量是在数轴上的一个或多个区间内取任何值，那么它就是连续型的。

## 4.2.2 离散型随机变量的概率分布

### 4.2.2.1 离散型随机变量的表示方法

离散型随机变量的概率分布，是指将离散型随机变量 $X$ 的所有可能取值 $x_1, x_2, \cdots, x_k, \cdots$ 及其相应的概率 $P(x_1), P(x_2), \cdots, P(x_k), \cdots$ 分布的描述，如表 4-4 所示。

表 4-4 概率分布表

| 变量 $X$ | $x_1$ | $x_2$ | … | $x_k$ |
|---|---|---|---|---|
| 概率 $P$ | $P(x_1)$ | $P(x_2)$ | … | $P(x_k)$ |

其中 $X$ 为随机变量，$P$ 表示概率，也可表示为

$$P(x = x_k) = P_k \quad (k = 1, 2, \cdots, n)$$

概率分布具有以下性质：

（1）$\sum_{i=1}^{n} P(x_i) = 1 \geq 0$

（2）$\sum_{i=1}^{n} P(x_i) = 1$，其中，$i = 1, 2, \cdots, k, \cdots, n$。

【例 4-9】某旅游公司汽车队根据过去的记录，每天出租汽车辆数的概率如下表 4-5。

表 4-5 某旅游公司出租汽车车辆数及其概率

| 出租汽车辆数 $x$（辆） | 3 | 4 | 5 | 6 | 7 | 8 | 合计 |
|---|---|---|---|---|---|---|---|
| 概率 $P(x)$ | 0.08 | 0.20 | 0.30 | 0.22 | 0.14 | 0.06 | 1 |

### 4.2.2.2 离散型随机变量的数学期望和方差

虽然概率分布全面反映了随机变量所有可能取值的概率分布情况，但还

需要知道以概率分布为模型的随机变量 $X$ 取值的数学期望和方差，以便更全面地掌握随机变量分布的特征。

离散型随机变量 $X$ 的数学期望（expected value）是 $X$ 所有可能取值 $x_i$（$i=1,2,\cdots$）与其相应的概率 $p_i$（$i=1,2,\cdots$）乘积之和，用 $\mu$ 或 $E(X)$ 表示，即

$$\mu = E(X) = \sum_i x_i p_i \tag{4-11}$$

数学期望又称均值，它实质上是随机变量所有可能取值的一个加权平均，其权数就是取值的概率。

离散型随机变量 X 的方差等于 $(x_i - \mu)^2$ 与其相应概率 $p_i$ 的乘积之和，用 $\sigma^2$ 或 $D(X)$ 表示，即

$$\sigma^2 = D(X) = \sum_i (x_i - \mu)^2 p_i \tag{4-12}$$

随机变量 $X$ 的标准差等于其方差的算术平方根，用 $\sigma$ 或 $\sqrt{D(X)}$ 表示。

方差（或标准差）反映了随机变量 $X$ 取值的离散程度。由于标准差的单位与随机变量的单位相同，相对于方差更易于解释，所以对实际问题的分析常使用标准差。

#### 4.2.2.3 几种离散型随机变量的概率分布

**1. 二项分布**

每次实验只有两种可能结果的随机试验简单而常见，如产品是否合格、性别是男还是女、企业年盈利是否在 100 万元以上。这类试验称之为伯努利试验。如果将伯努利试验独立地重复进行 $n$ 次，则该实验称为 $n$ 重伯努利试验。具体来说，$n$ 重伯努利试验满足以下条件：

（1）一次试验只有两种可能结果，通常用"成功"代表我们所关心的结果，与此相反的结果则为"失败"；

（2）每次试验中"成功"的概率都是 $p$，"失败"的概率为（$1-p$）；

（3）$n$ 次试验相互独立，即每次试验的结果都不受其他各次实验结果的影响。

在 $n$ 重伯努利试验中，"成功"的次数 $X$ 是一个随机变量，其概率分布为

$$P(X=k) = C_n^k p^k q^{n-k} \quad (k=0,\ 1,2,\cdots,n) \tag{4-13}$$

我们称 $X$ 服从参数为 $n$、$p$ 的二项分布，记为 $X \sim B(n, p)$。

二项分布的数学期望和方差分别为：$E(X) = \mu = np$，$D(X) = \sigma^2 = np(1-p)$。

二项分布实际上是一个分布族，参数 $n$、$p$ 的值不同，就有不同的分布。特别地，当 $n=1$ 时，二项分布中的"成功次数"只能取值 0 或 1，即有：

$$P(X = k) = p^k (1-p)^{1-k} \qquad (4-14)$$

此时二项分布就成了两点分布，也称为 0-1 分布。其数学期望和方差分别为

$$E(X) = \mu = p, \quad D(X) = \sigma^2 = p(1-p)$$

【例 4-10】已知某厂某产品不合格率为 0.2，现从一批产品中随机抽取 6 件，试求下列事件的概率：

（1）恰有 4 件不合格；

（2）至多有 3 件不合格；

（3）至少有 1 件不合格。

解：因为该题研究的是不合格率，可设 $X$ 为不合格件数，$P$ 为不合格率，显然，随机变量服从二项分布。则有：

（1）$P(X = 4) = C_6^4 \times 0.2^4 \times 0.8^2 = 15 \times 0.0016 \times 0.64 = 0.0154$

（2）$P(X \leqslant 3) = \sum_{i=1}^{3} P(X = i)$

$= C_6^0 \times 0.2^0 \times 0.8^6 + C_6^1 \times 0.2^1 \times 0.8^5 + C_6^2 \times 0.2^2 \times 0.8^4 + C_6^3 \times 0.2^3 \times 0.8^3$

$= 0.09830$

（3）$P(X \geqslant 1) = 1 - P(X = 0) = 1 - C_6^0 \times 0.2^0 \times 0.8^6 = 0.7379$

2. 泊松分布

如果离散性随机变量 $X$ 的概率分布为：

$$P\{X = k\} = \frac{\lambda^k}{k!} e^{-\lambda} \quad (k = 0, 1, 2, \cdots, \lambda > 0) \qquad (4-15)$$

则称 $X$ 服从泊松分布，记为 $X \sim P(\lambda)$。其中 $e = 2.71828$（即自然对数的底）。

泊松分布的参数正是其数学期望和方差，即 $E(X) = D(X) = \lambda$。当 $\lambda$ 很小时，泊松分布呈偏态，并随着 $\lambda$ 增大而趋于对称。当 $\lambda$ 为整数时，$\lambda$ 和 $(\lambda-1)$ 是最可能值。

泊松分布通常作为稀有事件（小概率事件）发生次数 $X$ 的概率分布模型。

在现实世界中，很多随机现象服从泊松分布。例如，一定时间段内某个繁忙的十字路口发生交通事故的次数，一定时间段内某电话交换台接到的电话呼叫次数，一匹布上发现的疵点数，显微镜下在某区域发现的微生物数等。这些服从泊松分布的现象主要具有以下几个共同特征：

（1）在任意两个很小的时间或空间区间内事件发生次数是相互独立的；

（2）各区间内事件发生次数只与区间长度成比例，与区间起点无关；

（3）在一段充分小的区间内事件发生两次或两次以上的概率可以忽略不计，换言之，在一段充分小的区间内事件至多出现一次。

当我们所研究的现象满足以上条件时，在一段时间或空间内事件发生的次数就是一个服从泊松分布的随机变量。

【例 4-11】经验表明，某单位财务处的出纳窗口周一上午平均每 5min 有 2.5 名顾客到达。假定周一上午到达该窗口的顾客服从泊松分布。试计算：

（1）周一上午某 5min 内恰好有 6 名顾客到达的概率；

（2）周一上午某 5min 内顾客人数少于 2 人的概率。

**解**：依题意可知，周一上午每 5min 内到达该窗口的顾客数服从泊松分布，即 $X \sim Poisson(2.5)$，因此有：

（1）周一上午某 5min 内恰好有 6 名顾客的概率为

$$P(X=6) = \frac{e^{-2.5} 2.5^6}{6!} = 0.028$$

（2）周一上午某 5 分钟顾客少于 2 人的概率为

$$P(X<2) = P(X=0) + P(X=1) = \frac{e^{-2.5} 2.5^0}{0!} + \frac{e^{-2.5} 2.5^1}{1!} = 0.287$$

泊松分布的一个重要应用就是二项分布的近似计算。当二项分布的样本容量 $n$ 很大，而 $p$ 值很小时，即成功为罕见事件，可以用泊松分布来近似二项分布。其中，$\lambda = np$。经验表明，当 $n>50$，$np<5$ 时，用泊松分布近似二项分布的效果比较好。

3. 超几何分布

二项分布适用于独立重复试验，但在实际中不重复抽样的应用比重复抽样更为普遍，如果对有限总体进行不重复抽样（无放回抽样）。那么试验独立性的条件就不成立，样本中"成功"次数就不是服从二项分布，而是服从超几何分布。

在一个有 $N$ 个单位的有限总体中,有 $M$ 个单位具有某种特质。用不重复抽样方法从总体中抽取 $n$ 个单位,那么样本中具有某种特征的单位数 $X$ 服从超几何分布,记为 $X \sim H(n,N,M)$,其概率分布为

$$P(X=k)=\frac{C_M^k C_{N-M}^{n-k}}{C_N^n} \quad [k=0,1,2,\cdots,\min(M,n)] \quad (4\text{-}16)$$

超几何分布数学期望和方差分别为:

$$E(x)=\mu=np, \quad D(x)=\sigma^2=np(1-p)\frac{N-n}{N-1}$$

当 $N$ 很大而 $n$ 相对很小时,超几何分布趋向于 $p=M/N$ 的二项分布。因为 $N$ 很大时,每次抽取的样品即使不放回,对其后各次抽取中"成功"(抽到具有某种特征的个体)的概率的影响很微弱,可以忽略。

【例 4-12】一批产品 100 件,其中有 5 件次品,从中随机抽取 10 件,求其中有 2 件次品的概率。

**解**:分析可知该题符合超几何分布,其中 $N$=100,$M$=5,$n$=10,$k$=2

$$P(X=2)=\frac{C_5^2 \cdot C_{95}^8}{C_{100}^{10}}=0.07$$

当产品数 $N$ 很大时,$n$ 相对于 $N$ 很小时,在相同条件下,两次抽到同一产品的概率很小,我们有理由认为从总产品中抽取一个以后,对 $P$ 值没有影响,因此可以用二项分布公式近似计算,其中 $P=\dfrac{M}{N}$。

## 4.2.3 连续型随机变量的概率分布

### 4.2.3.1 概率密度函数和分布函数

对于一个离散型随机变量,可以计算其某一特定取值的概率;而对一个连续型随机变量,讨论某特定取值的概率既没有意义也是不可能的(因为它取任何一个特定值的概率都等于 0),必须在某一取值区间内考虑相应的概率问题。连续型概率分布是用于刻画连续型随机变量在不同范围内取值的概率大小的,通过概率密度函数进行描述。

由于连续型随机变量 $X$ 的取值充满一个区间,不能一一列出,所以只能

用累计概率分布函数（简称分布函数） $F(z) = P(X \leq z)$ 来描述总体的概率分布情况。其积分形式为：

$$F(z) = \int_{-\infty}^{z} f(x) \, dx \quad (-\infty < z < +\infty) \tag{4-17}$$

式中：$f(x)$ 为 $x$ 的概率密度函数，其性质为：

（1）$f(x) \geq 0$，即密度函数 $f(x)$ 为非负函数；

（2）$\int_{-\infty}^{+\infty} f(x) \, dx = 1$，即曲线 $f(x)$ 与 $x$ 所包围的全部面积等于1。

由于 $x$ 是一个具有连续分布的随机变量，它的分布函数 $F(x)$ 存在导数，而且 $F'(x) = f(x)$。根据导数的定义有：

$$f(x) = \lim_{\Delta x \to 0} \frac{F(x + \Delta x) - F(x)}{\Delta x} = \lim_{\Delta x \to 0} \frac{P(x \leq X(x + \Delta x))}{\Delta x}$$

由此可见，$f(x)$ 是随机变量 $X$ 在点 $x$ 上的概率密度，所以称其为概率密度函数。

在实际应用中，常把连续型随机变量 $X$ 的概率密度函数 $f(x)$ 和累计概率分布函数 $F(x)$，统称为随机变量 $X$ 的概率分布。

连续型随机变量 $X$ 在某个值域区间 $(a,b)$ 或 $[a,b]$ 内取值的概率，等于概率密度函数 $f(x)$ 的曲线与 $x$ 轴以及由 $x$ 轴上 $a$ 和 $b$ 两点引出的两条垂线所围成的面积，见图4-3，也就是求解如下的积分：

$$P(a \leq x \leq b) = \int_{a}^{b} f(x) \, dx = F(b) - F(a) \tag{4-18}$$

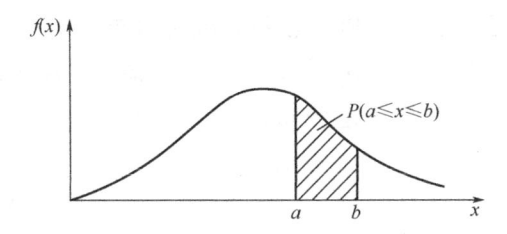

图 4-3 阴影部分显示的面积

如图4-3所示，$f(x)$ 在 $X$ 的整个值域上的积分为1，也就是说，整个概率密度函数 $f(x)$ 曲线下阴影部分的面积等于1。

### （二）连续型随机变量的数学期望和方差公式

设 $X$ 为连续型随机变量，其概率密度函数为 $f(x)$，则 $X$ 的数学期望为

$$E(X) = \int_{-\infty}^{\infty} xf(x)\,dx \tag{4-19}$$

方差为：

$$D(X) = E\{[X-E(X)]^2\} = \int_{-\infty}^{\infty}[X-E(X)]^2 f(x)\,dx \tag{4-20}$$

#### 4.2.3.3 几种连续型随机变量的概率分布

**1. 正态分布**

正态分布是一种连续型随机变量的概率分布，是统计理论中最重要最常用的分布，原因有以下几点：

（1）许多随机现象可以用正态分布描述或近似描述，例如：产品在自动包装线上的实际包装重量与要求的标准重量总是会有误差，这种误差与测量误差类似，也是正态变量。

（2）在一定条件下，许多随机变量的叠加都可用正态分布近似地表示。

（3）从正态分布可导出其他一些有用的分布，如统计中常用的三大分布：$x^2$ 分布、$t$ 分布和 $F$ 分布都是从正态分布导出的。

正态分布的概率密度函数为

$$f(x) = \frac{1}{\sqrt{2\pi\sigma^2}} e^{-\frac{1}{2\sigma^2}(x-u)^2} \quad (-\infty < x < +\infty) \tag{4-21}$$

式中：$\mu$ 为随机变量 $x$ 的期望值；$\sigma$ 是它的标准差。这两个参数决定了正态分布的形状，通常记为 $X \sim N(\mu,\sigma^2)$，其图形如图 4-4 所示。因此，若已知期望与方差，就可以确定一个正态分布。

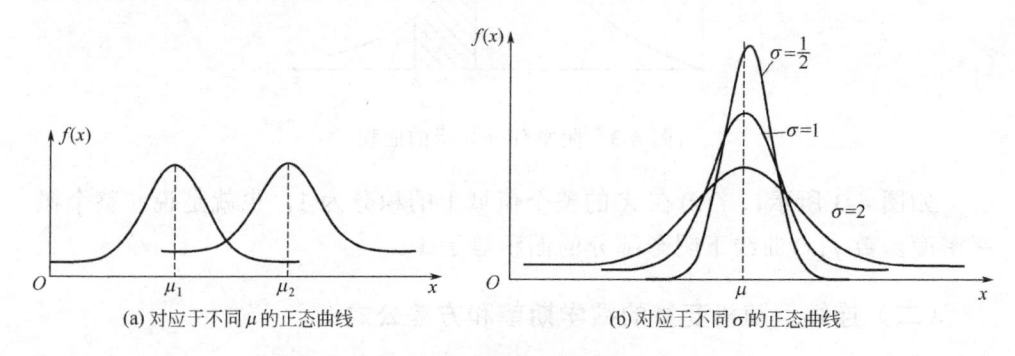

(a) 对应于不同 $\mu$ 的正态曲线
(b) 对应于不同 $\sigma$ 的正态曲线

图 4-4　对应于 $\mu$ 和 $\sigma$ 不同取值的正态曲线

一般来说，正态分布的密度曲线是以 $\mu$ 为中心，两边对称的形状。方差越大，密度曲线的峰度越低；方差越小，密度曲线的峰度越高。而期望的大小并不影响正态分布曲线的形状，只是中心位置平移而已。

**2. 标准正态分布**

由于正态分布是一个分布族，对于每一个服从正态分布的随机变量，要通过其分布函数计算其概率是十分繁琐的。所以我们能通过一定的变量代换处理将一般的正态分布转变成另一种分布，这会大大简化概率的计算。这就是下面将要介绍的标准正态分布。

如果某随机变量服从均值为 0、标准差为 1 的正态分布，则称该随机变量服从标准正态分布。记为 $X \sim N(0,1)$。

标准正态分布的概率密度函数用 $\varphi(x)$ 表示为

$$\varphi(x) = \frac{1}{\sqrt{2\pi}} e^{-\frac{1}{2}x^2} \quad (-\infty < x < +\infty) \tag{4-22}$$

由此我们可以将任何一个服从一般正态分布的随机变量 $X \sim N(\mu, \sigma^2)$ 转换成标准正态分布 $N(0,1)$，转换公式为：

$$z = \frac{X - \mu}{\sigma} \tag{4-23}$$

一般地，对于服从标准正态分布的随机变量 $z$，其累计概率分布函数 $F(z) = P(x \leq z)$ 通常写成 $\Phi(z)$，则标准正态变量在任何一个区间上的概率可表示为：

$$P(a \leq z \leq b) = \Phi(b) - \Phi(a) \tag{4-24}$$

$$P(|z| \leq a) = 2\Phi(a) - 1 \tag{4-25}$$

同样，对于服从一般正态分布的随机变量 $X$，取值在某一区间上的概率都可以通过标准正态分布求得。

$$P(a \leq X \leq b) = \Phi\left(\frac{b-\mu}{\sigma}\right) - \Phi\left(\frac{a-\mu}{\sigma}\right) \tag{4-26}$$

$$P(X \leq a) = \Phi\left(\frac{a-\mu}{\sigma}\right) \tag{4-27}$$

**【例 4-13】** 某厂生产一批小型装置，其寿命 $X$ 服从均值为 10，标准差为 2（单位：年）的正态分布。（1）求整批小型装置的寿命大于 9 年的比率；（2）求整批小型装置中寿命介于 9~11 年的比率；（3）如果工厂规定在保用年限期间遇有故障可免费换新，将要求免费换新的比率定为3%，求保用年限。

解：$X \sim N(10, 2^2)$

（1）$P(X > 9) = P\left(\dfrac{X-10}{2} > \dfrac{9-10}{2}\right) = P(Z > -0.5)$
$= 1 - \Phi(0.5) = 30.85\%$

（2）$P(9 \leqslant X \leqslant 11) = P\left(\dfrac{9-10}{2} \leqslant \dfrac{X-10}{2} \leqslant \dfrac{11-10}{2}\right)$
$= P(-0.5 \leqslant Z \leqslant 0.5) = 2\Phi(0.5) - 1 = 38.3\%$

（3）设保用年限为 $x$，则

$$P(X \leqslant x) = P\left(Z \leqslant \dfrac{x-10}{2}\right) = 1 - \Phi\left(\dfrac{x-10}{2}\right) = 3\%$$

即 $\Phi\left(\dfrac{x-10}{2}\right) = 97\%$

查正态分布表得 $\Phi(1.88) = 97\%$

所以，$-\dfrac{x-10}{2} = 1.88$，

故 $x = 10 - 2 \times 1.88 \approx 6$（年）

即工厂应将保用年限定为6年。

## 3．指数分布

指数分布是用于描述等待某一特定事件发生所需时间的一种连续型概率分布。例如某些产品的寿命，两辆汽车先后到达某加油站的间隔时间，某人接到一次拨错号码的电话所等待的时间，等等。这些随机变量通常可以认为只取非负值，因而常用近似地服从指数分布来描述这些变量。

如果 $X$ 具有密度函数

$$f(x) = \begin{cases} \lambda e^{-\lambda x} & (x \geqslant 0, \lambda > 0) \\ 0 & (x < 0) \end{cases} \quad (4\text{-}28)$$

称 $X$ 服从参数 $\lambda$ 的指数分布，记为 $X \sim E(\lambda)$。其分布函数为：

$$F(x) = \begin{cases} 1 - e^{-\lambda x} & (x \geqslant 0) \\ 0 & (x < 0) \end{cases} \quad (4\text{-}29)$$

根据期望和方差的定义，可以得到：

$$E(X) = \frac{1}{\lambda}, \quad D(X) = \frac{1}{\lambda^2}$$

**4. 均匀分布**

如果随机变量 $X$ 只在区间 $[a,b]$ 内取值，且其具有如下的概率密度函数：

$$f(x) = \begin{cases} \dfrac{1}{b-a} & (a \leqslant x \leqslant b) \\ 0 & (其他) \end{cases} \quad (4\text{-}30)$$

则称 $X$ 服从区间 $[a,b]$ 上的均匀分布，记作 $X \sim U[a,b]$。其分布函数为：

$$F(x) = \begin{cases} 0 & x < a \\ \dfrac{x-a}{b-a} & a \leqslant x < b \\ 1 & x \geqslant b \end{cases} \quad (4\text{-}31)$$

概率密度函数 $f(x)$ 和分布函数 $F(x)$ 的图形分别如图 4-5 所示。

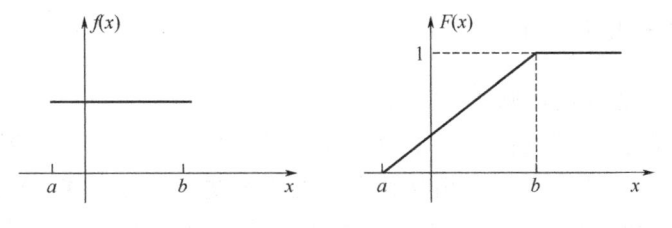

图 4-5　$f(x)$ 和 $F(x)$ 的图形

对于连续型和离散型随机变量应注意以下两点：

（1）概率密度函数 $f(x)$ 一般是针对连续型随机变量而言，是其累计概率分布函数 $F(x)$ 的导数。

（2）离散型随机变量也存在累计概率分布函数，但没有概率密度一说；所谓离散型随机变量的概率函数，例如，二项分布、泊松分布的概率公式，是指离散变量的具体取值所对应的概率。

**【例 4-14】** 根据统计，在 2005—2010 年，某公司的主营业务收入在 3 亿～10 亿元。假定主营业务收入服从均匀分布。试写出该公司主营业务收入的概率密度函数，并计算 2011 年的主营业务收入处于 7 亿～8 亿元的　概率。

**解：** 已知 $a=3$，$b=10$，则该公司的主营业务收入 $X$ 的概率密度函数为

$$f(x) = \begin{cases} \dfrac{1}{7} & x \in (3,10) \\ 0 & 其他 \end{cases}$$

2011年的主营业务收入处于7亿~8亿元的概率为

$$P(7 \leqslant X \leqslant 8) = F(8) - F(7) = \frac{8-3}{7} - \frac{7-3}{7} = \frac{1}{7}$$

#### 4.2.3.4 随机变量的数学期望与方差的数学性质

**1. 数学期望值的数学性质**

（1）设 $C$ 是常数，则 $E(C)=C$；
（2）设 $X$ 是一个随机变量，$C$ 是常数，则有 $E(CX)=CE(X)$；
（3）设 $X$、$Y$ 是任意两个随机变量，则有 $E(X+Y)=E(X)+E(Y)$；
（4）设 $X$、$Y$ 是任意两个相互独立的随机变量，则有 $E(XY)=E(X)+E(Y)$。

**2. 方差的数学性质**

（1）设 $C$ 是常数，则 $D(C)=0$；
（2）设 $X$ 是一个随机变量，$C$ 是常数，则有 $D(CX)=C^2D(X)$，$D(X+C)=D(X)$；
（3）设 $X$、$Y$ 是任意两个相互独立的随机变量，则有 $D(X+Y)=D(X)+D(Y)$。这个性质可推广到任意有限多个相互独立的随机变量的情况。

## 4.3　大数定律与中心极限定理

　　大数定律和中心极限定理揭示了随机现象的重要统计规律，是概率论的重要基本理论，也是推断统计的重要理论基础。用大数定律和中心极限定理能够解释很多实际现象，其中包括为什么独立重复试验中事件发生的频率具有稳定性，为什么很多实际问题中出现的随机变量服从正态分布或近似地服从正态分布。

## 4.3.1 大数定律和中心极限定理

### 4.3.1.1 大数定律

迄今为止，人们已发现很多大数定律（law of large numbers）。概率论中一切关于大量随机现象平均结果的稳定性的定理统称为大数定律，简单地说，就是大量数目的随机变量所呈现出的规律。这里仅介绍对后面的推断统计具有重要理论意义的两个大数定律。

（1）独立同分布大数定律

设 $X_1, X_2, \cdots, X_i$ 是独立同分布的随机变量序列，且存在有限的数学期望 $E(X_i)=\mu$ 和方差 $D(X_i)=\sigma^2$（$i=1,2,\cdots,n$），则对任意小的正数 $\varepsilon$，有

$$\lim_{n\to\infty} P\left\{\left|\frac{1}{n}\sum_{i=1}^{n} X_i - \mu\right| < \varepsilon\right\} = 1 \tag{4-32}$$

该大数定律表明，当 $n$ 充分大时，相互独立且服从同一分布的一系列随机变量取值的算术平均数 $\frac{1}{n}\sum_{i=1}^{n} X_i$ 与其数学期望 $\mu$ 的偏差任意小的概率接近于 1。该定理给出了平均值具有稳定性的科学描述，从而为使用样本均值去估计总体均值（数学期望）提供了理论依据。

（2）伯努利大数定律

设 $m$ 是 $n$ 次独立重复实验（$n$ 重伯努利试验）中事件 $A$ 发生的次数，$P$ 是每次试验中事件 $A$ 发生的概率，则对任意的 $\varepsilon>0$，有

$$\lim_{n\to\infty} P\left\{\left|\frac{m}{n} - P\right| < \varepsilon\right\} = 1 \text{或} \lim_{n\to\infty} P\left\{\left|\frac{m}{n} - P\right| > \varepsilon\right\} = 0 \tag{4-33}$$

伯努利大数定律表明，当重复实验次数 $n$ 充分大时，事件 $A$ 发生的频率 $\frac{m}{n}$ 依概率收敛于事件 $A$ 发生的概率，该定律以严格的数字形式阐明了频率具有稳定性，提供了用频率估计概率的理论依据。

大数定律告诉我们，当 $n\to\infty$ 时，样本均值趋近于总体均值，频率趋近于概率，但是怎样确定样本均值与总体均值之差在某一范围内的概率呢？事件发生的频率与其概率之间的差异在某一范围内的可能性又有多大呢？解答这类问题的是中心极限定理。

4.3.1.2 中心极限定理

中心极限定理是阐述大量随机变量之和的极限分布是正态分布的一系列定理的总称。一般来说，如果一个随机变量是由大量相互独立的随机因素的影响所造成，而每个因素的作用又很微小，那么这一随机变量趋于正态分布。这里只介绍最简单但也是最实用的两个中心极限定理。

（1）独立同分布中心极限定理（也称列维-林德伯格定理）

设 $X_1, X_2, \cdots, X_n$ 是独立同分布的随机变量序列，且存在有限的数学期望 $E(X_i) = \mu$ 和方差 $D(X_i) = \sigma^2$（i=1,2,$\cdots$,n），那么当 $n \to \infty$ 时，

$$\sum_{i=1}^{n} X_i \sim N(n\mu, n\sigma^2) \text{ 或 } \overline{X} \sim N(\mu, \sigma^2/n) \quad (4\text{-}34)$$

上述理论表明：独立同分布的随机变量序列不管服从什么分布，其 $n$ 项总和的分布趋近于正态分布。具体表述就是：不管总体服从何种分布，只要其数学期望和方差存在，对这一总体进行重复抽样时，当样本量 $n$ 充分大，$\sum X_i$ 或 $\overline{X}$ 就趋近于正态分布。这一中心极限定理为总体均值的抽样推断奠定了理论基础。

（2）棣莫弗—拉普拉斯中心极限定理

设随机变量 $X$ 服从二项分布 $B(n,p)$，那么当 $n \to \infty$ 时，$X$ 渐进服从均值为 $np$、方差为 $np(1-p)$ 的正态分布，即

$$X \sim N(np, np(1-p)) \text{ 或 } \frac{X - np}{\sqrt{np(1-p)}} \sim N(0,1) \quad (4\text{-}35)$$

上述定理表明：当 $n$ 很大，$np$ 和 $np(1-p)$ 也都不太小时，二项分布可以用正态分布去近似。这为近似计算二项分布的概率提供了一种简便方法。

## 4.3.2 中心极限定理的应用

在实际调查与推断中，总体什么分布通常都是未知的。有了中心极限定理，只要随机样本的样本容量足够大（通常 $n \geq 30$），就可以利用正态分布的性质进行各种统计推断。下面用例子介绍中心极限定理的广泛应用。

【例 4-15】某酒店电梯中质量标志注明最大载重为 18 人，1350kg。假定已知该酒店游客及其携带行李的平均重量为 70kg，标准差为 6kg。试问随机进入电梯 18 人，总重量超重的概率是多少？

**解**：根据条件已知：$\mu=70$，$\sigma=6$，$n=18$，电梯载重的最大平均重量为 $\frac{1350}{18}=75(\text{kg})$。按照题意，要计算的是随机的任意 18 人平均重量超过 75kg 的概率。用数学公式表达，即计算 $P(\bar{x} \geq 75)$ 的概率。要计算这一概率，又已知人的体重服从正态分布，就可以根据中心极限定理将均值 $\bar{x}$ 的抽样分布概率的计算转换成标准正态变量 $z$ 值概率的计算，即

$$z = \frac{\bar{x}-\mu_{\bar{x}}}{\sigma_{\bar{x}}} = \frac{\bar{x}-\mu}{\sigma/\sqrt{n}} = \frac{75-70}{6/\sqrt{18}} \approx 3.5355$$

就有：

$$P(\bar{x} \geq 75) = P\left(\frac{\bar{x}-\mu}{\sigma_{\bar{x}}} \geq \frac{75-70}{6/\sqrt{18}}\right) = P(z \geq 3.5355) \approx 0.0002$$

如果电梯的载重量真能达到标明的质量标准，则这个电梯的质量是相当不错的。如果随机进入 18 人的话，超重的概率只有 0.0002。

**【例 4-16】** 某车间有 200 台车床，在生产期间由于需要检修、调换刀具、变换位置及调换工件等常需停车。设车床的开工率为 0.6，并设每台车床的工作是相互独立的，且在开工时需电力 1 千瓦。问应至少供应多少瓦电才能以 99.9%的概率保证该车间不会因供电不足而影响生产？

**解**：设 $X$ 表示在某时刻工作着的车床数，则 $X \sim b(200,0.6)$，因每台车床开工时需电力 1 千瓦，所以实际处于工作中的车床数即为供电的千瓦数，问题归结为：求最小的 $N$，使得 $P(X \leq N) \geq 0.999$。

由题意，近似有 $\frac{X-200 \times 0.6}{\sqrt{200 \times 0.6 \times 0.4}} \sim N(0,1)$，于是

$$P\{X \leq N\} = P\left\{\frac{X-200 \times 0.6}{\sqrt{200 \times 0.6 \times 0.4}} \leq \frac{N-200 \times 0.6}{\sqrt{48}}\right\}$$
$$= \Phi\left(\frac{N-120}{\sqrt{48}}\right)$$

欲使 $\Phi\left(\frac{N-120}{\sqrt{48}}\right) \geq 0.999$，查表得 $\frac{N-120}{\sqrt{48}} \geq 3.1$，从中解得 $N \geq 141.5$。应至少供应 142 千瓦电力，才能以 99.9%的概率保证该车间不会因供电不足而影响生产。

## 本章小结

本章先介绍了有关概率的基本概念和基础知识,接着介绍了离散型和连续型随机变量各自的概率分布,最后介绍了著名的大数定律和中心极限定理的内容。在离散型随机变量的概率分布介绍中,本章具体阐述了二项分布、两点分布、泊松分布、超几何分布这几种离散型随机变量概率分布的特征规律和计算公式,并逐一举例说明其实际应用;而在连续型随机变量的概率分布介绍中,本章具体阐述了正态分布、标准正态分布、指数分布和均匀分布这几种连续型随机变量概率分布的特征规律和计算公式,同样逐一举例说明其实际应用。在章末对大数定律与中心极限定理的介绍中,分别点明了各自在统计学中存在的重要意义并以例析的方式论述了其应用价值。

# 第5章

# 抽样与抽样分布

## 引例

　　1936年，在当时非常流行的《文摘》杂志给美国选民邮寄了1000万份调查表。问卷询问选民哪位总统候选人更受人欢迎，是时任总统的民主党的罗斯福（F.D.Roosevslt），还是堪萨斯州州长共和党兰登（Alfred Landon）。从1916年以来，《文摘》杂志在每次选举前都预测出了总统选举的获胜者。在调查表回收前，《文摘》自豪地说，"当最后的数据统计出来并检查完成后，假设过去的成功经验可以当做判断标准，这个国家将知晓4000万张选票中实际赞成票的比率，我们的误差在1%以内"（1936年8月22日）。《文摘》收回了240万份问卷，数据分析结果表明，兰登将获得57%的选票而获胜，罗斯福只获得43%的选票。而刚刚成立的盖洛普研究所仅从美国选民中随机抽取2000多名选民，预测罗斯福会得到54%的选票并获胜。真实的选举结果是罗斯福获得了压倒多数的62%的选票，而兰登只得到38%的选票。虽然盖洛普的预测也有误差，但他们预测的结果是对的，并且抽取的样本容量与《文摘》相比少得让人不能相信。也就是从这次总统大选开始，盖洛普开始崛起，并且总是用1000~1500人的样本快速、准确地对此后每届总统选举进行了预测，平均误差在2%之内。

　　本章的探讨中我们将对《文摘》为什么会失败进行分析并找出原因。（注：

①《文摘》当年从诸如电话号码簿、俱乐部会员一览表、杂志订阅和汽车注册这样的来源得到它的抽样框；②1936年，美国由于经济政策的分歧在政治上发生分裂——共和党人一般比民主党人更富裕，现在也一样；③对它的民意测验，《文摘》依靠自愿回答。）

我们知道，统计学既是一门认识论科学，又是一门方法论科学。统计学研究的目的是揭示某现象总体的数量特征。如果我们已经掌握了研究对象的所有资料，那就可以直接计算总体的数量指标了。然而事实上由于各种因素和条件的限制，我们往往只能从总体中抽取一个样本来研究，并且结合抽样分布原理来完成对总体相应参数的估计与推断，这就是推断统计学。其中的抽样分布原理是指一套揭示样本统计量与总体相应参数之间关系的理论。那么，什么是样本统计量？什么又是抽样分布呢？本章将对涉及抽样及抽样分布的相关知识进行系统的介绍，这些知识将作为后面学习参数估计和假设检验的重要理论基础。

## 5.1 抽样调查中的基本概念

### 5.1.1 总体与样本

#### 5.1.1.1 总体

总体，是指所要研究对象的全体，它是由所研究范围内具有某种共同性质的全部单位所组成的集合体。其中，构成总体的每一个单位称为个体。例如，要研究某城市居民的年龄结构，则该市的全体市民就构成一个总体，该市的每个市民为一个总体单位；若研究某行业员工的薪酬水平，则该行业所有员工构成总体，该行业的每个员工为一个总体单位。总体单位的总数称为总体容量，一般用 $N$ 表示。

分析一个总体常常可运用多个总体指标，它们从不同角度反映了总体分布的基本状况和主要特征。在抽样估计中，用来反应总体数量特征的指标称为总体指标，也叫做总体参数。特别地，对于一个问题来说，总体是唯一确

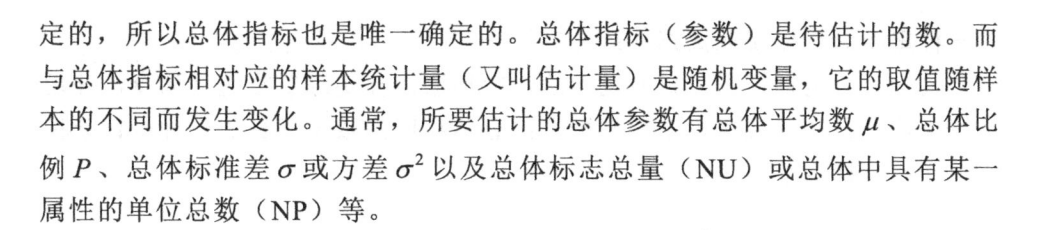

定的，所以总体指标也是唯一确定的。总体指标（参数）是待估计的数。而与总体指标相对应的样本统计量（又叫估计量）是随机变量，它的取值随样本的不同而发生变化。通常，所要估计的总体参数有总体平均数 $\mu$、总体比例 $P$、总体标准差 $\sigma$ 或方差 $\sigma^2$ 以及总体标志总量（NU）或总体中具有某一属性的单位总数（NP）等。

#### 5.1.1.2 样本

从总体中抽取的部分总体单位所构成的整体，称为该总体的一个样本。样本所包含的总体单位个数称为样本容量，一般用 $n$ 表示。在实际的抽样调查中，人们通常把 $n \geqslant 30$ 的样本称为大样本，而把 $n < 30$ 的样本称为小样本。

对于某一既定的总体，由于样本抽样的方式方法不同，样本容量也可大可小，因而样本是不确定的、可变的。抽样的目的就是用样本代表总体，用样本的特征去估计总体的特征。但是由于样本的抽取具有随机性且只是总体的一部分，因此，样本的内部构成与总体的内部构成总是具有一定的差异，样本不能完全代表总体。也就是说，抽样估计是存在一定的代表性误差的，样本对总体的代表性越大，则其代表性误差越小。抽样与抽样估计所要研究的内容正是如何从整体中抽取样本，如何估计和控制代表性误差以及如何通过样本的特征去推断总体的特征。

样本指标，又称样本统计量或估计量，是根据样本计算分析而得，用以估计和推断相应的总体指标。常用的样本统计量有样本平均数 $\bar{X}$、样本比例（也称样本乘数 $P$）、样本标准差 $S$ 或样本方差 $S^2$ 以及它们的函数。样本统计量不含未知参数，它是随样本不同而不同的随机变量。因而，抽取不同的样本，得到样本统计量的具体取值是不尽相同的。

## 5.1.2 抽样调查

在日常生活中以及在做科学研究的时候，我们对一个事物的认识和看法，常常是通过对样本的观测形成的。统计学根据实验或观测数据来研究自然界中的随机现象，对研究对象的客观规律进行合理的估计和判断。因此"数据"在统计学研究中尤为重要。通常来说，我们收集数据的一般方法不外乎两种：一种是通过自己的调查、收集、整理，获得直接的一手数据；另一种是通过查看客户档案、统计出版物、学术刊物等获得间接数据。其中，抽样调查就是一种重要的直接获取数据的统计方法。

抽样调查是指依据随机原则从总体中抽取部分实际数据进行调查,并运用概率估计方法,根据样本数据推算出总体相应的数量指标的一种统计分析方法,它包括概率抽样与非概率抽样。

#### 5.1.2.1 概率抽样

概率抽样也叫随机抽样,是根据一个已知的概率来抽取的样本单位,每个总体单位能否入样是完全随机的。概率抽样包括简单随机抽样、分层抽样(分类抽样)、整群抽样和系统抽样(等距或等间隔抽样)等。一般的抽样推断都是建立在概率抽样基础上的。

简单随机抽样,也称纯随机抽样,指在总体中抽取 $n$ 个单位作为样本时,要使得每一个总体单位都有相同的机会(概率)被抽中。它是抽样调查中应用最广泛的方法之一,也是最基本的抽样方法之一。简单随机抽样可分为重复抽样和不重复抽样。在重复抽样中,每次抽中的单位加以计量后仍放回总体,因此样本中的单位可能不止一次被抽中。在不重复抽样中,抽中的单位不再放回总体,因此样本中的单位不会被重复抽中。

分层抽样,也称分类抽样,指在抽样之前先将总体的单位划分成若干层(类),然后从各个层中抽取一定数量的单位组成一个样本。在分层(类)时,应使层内各单位的差异尽可能小,使层与层之间的差异尽可能大,这便可以提高估计的精度。如图 5-1 所示,将调查的总体 1000000 人先按照学历分为四层,即大专或以上、高中或中专、初中和小学或以下,并统计出各层的人数占比,分别为 18%、35%、30%和 17%。然后再从各层中按 1/1000 的比例分别抽取 180 人、350 人、300 人和 170 人构成容量为 1000 的样本。

整群抽样,也称聚类抽样,指在抽样前先将总体划分成若干群,然后再以群作为调查单位从中抽取部分群,进而对抽中的各个群中所包含的所有个体单位进行调查或观察。例如,如图 5-2 所示,总体为 5000 人,在抽样前先将总体分为 124 个班级的群体,然后在这 124 个小群体中抽出 10 个群体作为样本,其样本容量为 400 人。整群抽样时,群内各单位比较集中,对样本进行调查比较方便,节约费用。整群抽样的缺点是往往由于不同群之间的差异较大,由此而引起的抽样误差往往大于简单随机抽样。

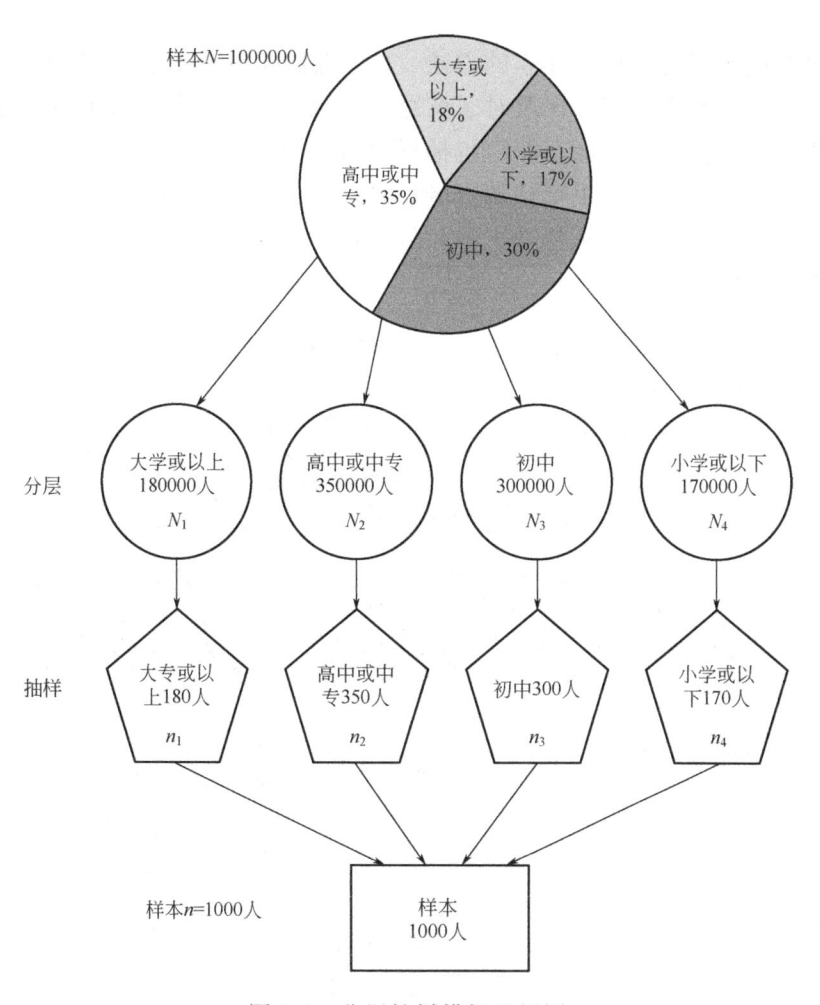

图 5-1 分层抽样模拟示例图

系统抽样，也称等距抽样或机械抽样，指在抽样中先将总体各单位按照某种顺序排列，并按某种规则确定一个随机起点，然后每隔一定的间隔抽取一个单位，直至抽取 $n$ 个单位形成一个样本。系统抽样的优点在于当样本量很大时，只需要确定出抽样的随机起点和间隔就可以抽出样本，而不必逐个随机抽选，较随机抽样而言，简单易行。此外，系统抽样的样本在总体中的分布一般也比较均匀，其抽样误差通常要小于简单随机抽样。

#### 5.1.2.2 非概率抽样

非概率抽样也称非随机抽样，是指调查者从研究目的出发，根据自己的经验和主观判断进行抽取样本的方法。非随机抽样包括重点调查、典型调查、配额抽样、方便调查等。在及时了解总体大致情况、总结经验教训、进行大规模调查前的试点等方面，非随机抽样具有随机抽样无法取代的优越性。但是由于非随机抽样的结果受到调查者的经验和主观判断的影响，容易出现倾向性误差；此外，非随机抽样不能计算和控制其抽样误差，无法说明调查结果的可靠程度。

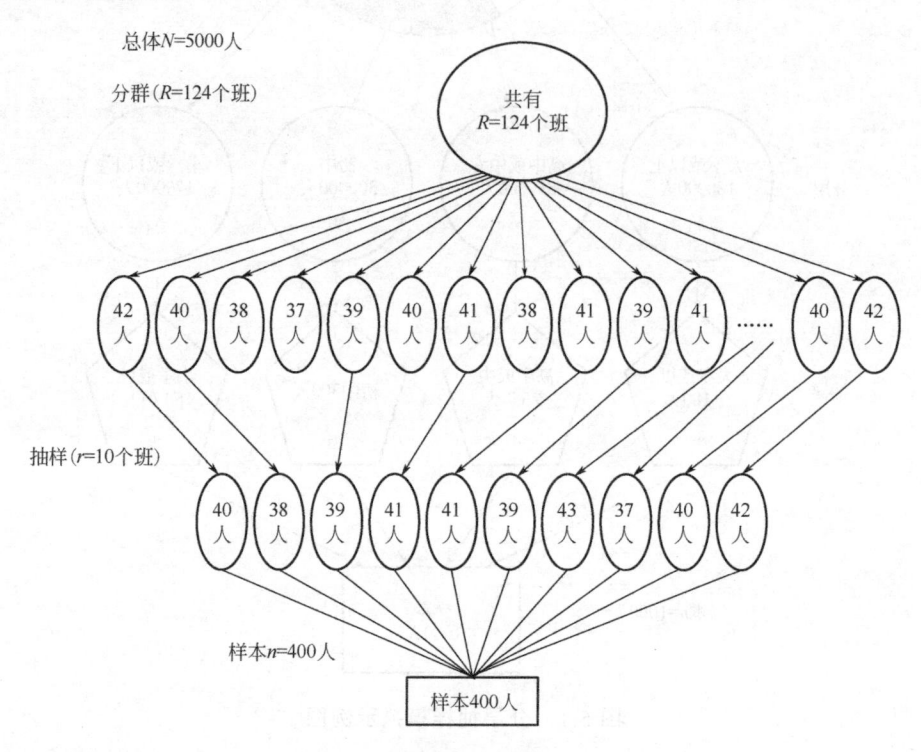

图 5-2　整群抽样模拟示例图

通过上文对概率抽样与非概率抽样的介绍，我们可以分析《文摘》杂志和盖洛普研究所在数据统计分析结果上为什么会存在如此大的差距。首先，《文摘》杂志选取的 1000 万份调查对象信息主要来源于电话号码簿、俱乐部会员一览表、杂志订阅和汽车注册等这样的选民。而这类选民属美国社会的中上阶层，政治阵营以共和党为主，这样就导致了该调查在抽样环节的严重系统偏差，它属于非等概率抽样，在抽样框中的每一个样本被抽中的概率并不均等。因此，虽然样本量巨大，但并不属于等概率随机抽样。用这样的样本来推及总体其结果肯定会出现严重的问题。正如本章引例中所述，《文摘》

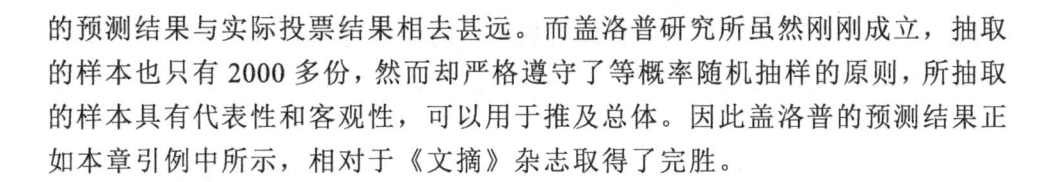

的预测结果与实际投票结果相去甚远。而盖洛普研究所虽然刚刚成立，抽取的样本也只有2000多份，然而却严格遵守了等概率随机抽样的原则，所抽取的样本具有代表性和客观性，可以用于推及总体。因此盖洛普的预测结果正如本章引例中所示，相对于《文摘》杂志取得了完胜。

## 5.1.3 误差问题

统计调查的误差指的是调查所得结果与真实值之间的误差，这是个贯穿于整个统计活动的重要问题。从原始数据的收集、整理，到样本信息的提取以及对总体的推断估计，在这整个过程的实现中都存在或多或少的误差。这些误差的来源有登记性误差和代表性误差两大类，如图5-3所示。

```
                ┌ 登记性误差：任何一种统计调查都可能产生该类误差
                │
                │        ┌ 系统误差/系统偏差/非等概率抽样误差：指非
                │        │ 随机因素引起的样本代表性不足，不能用于总
                │        │ 体参数的估计。例如，重复抽样、遗漏抽样、      ┐
                │        │ 具有主观倾向性的抽样(重点调查、典型调查、     ├ 可尽量避免(非抽样误差)
                │        │ 配额调查、方便调查等)等方式引起的样本代      ┘
                │        │ 表性不足
                └ 代表性误差
                         │ 随机误差/偶然性误差/(等概率)抽样误差：指随
                         │ 机(偶然性)因素引起的样本代表性不足，可以
                         │ 用于总体参数的估计。例如，简单随机抽样、    ── 不可避免(抽样误差)
                         │ 分层抽样、整群抽样、等间隔抽样等方式引起
                         └ 的样本代表性不足
```

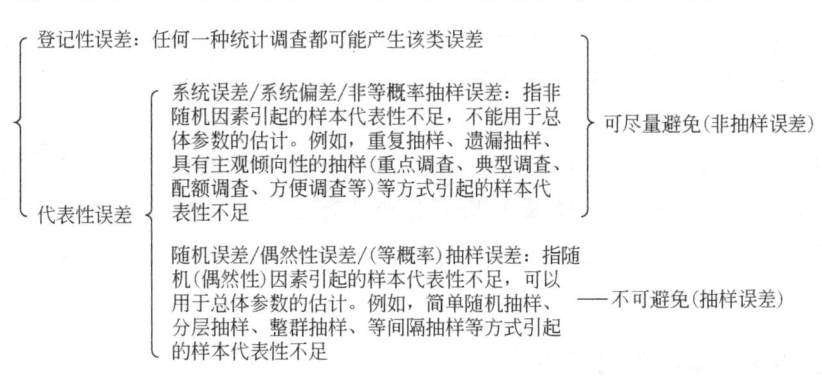

图 5-3 误差来源分类

登记性误差是指在登记调查单位有关资料的过程中由于记录错误，有意虚报、瞒报，以及对调查项目的意义不明确或理解不正确而造成的误差。登记性误差是任何一种统计调查都可能产生的误差，一般而言，调查的范围越大，所产生登记性误差的可能性也就越大。

代表性误差是利用样本推断总体时，由于样本结构与总体不一致、样本只是总体的一部分而不能完全代表总体时产生的误差。代表性误差可分为系统误差和随机误差两种。系统误差，又称系统误差、系统偏差、非等概率抽样误差，指由于非随机因素引起的代表性不足，不能用于总体参数的估计。例如，重复抽样、遗漏抽样和具有主观倾向性的重点调查、典型调查、配额调查、方便调查等方式引起的样本代表性不足。随机误差，又称偶然性误差、

（等概率）抽样误差，是由于随机或者偶然性的因素引起的代表性不足产生的误差。例如，简单随机抽样、分层抽样、整群抽样、等间隔抽样等方式引起的样本代表性不足。

其中，随机误差是不可避免的误差，是抽样误差，虽不可避免，却是可控的。一般而言，样本容量越大，对总体的代表性也就越好，抽样误差就越小。而非抽样误差则是除抽样误差之外的由于调查过程中某些环节工作失误造成的，是可以避免的误差。登记性误差和非随机因素引起的样本代表性不足而产生的误差，则属于可以尽量避免的非抽样误差。

实际应用中，关于抽样误差，有三个密切相关而又相互区别的概念，即实际抽样误差、抽样平均误差、抽样极限误差。

#### 5.1.3.1 实际抽样误差

实际抽样误差是指某一具体样本的样本估计值 $\hat{\theta}$ 与总体参数 $\theta$ 的真实值之间的离差 $(\hat{\theta}-\theta)$。由于总体参数 $\theta$ 是未知的，因此每次抽样的实际误差是无法计算的。

由于样本是随机抽取的，所以样本估计量和实际抽样误差都是随样本不同而不同的随机变量。但就某个既定的抽样方案而言，样本估计量的所有可能取值总有一定的分布规律，它们与总体的离差即抽样误差也就有一定的规律可循。

#### 5.1.3.2 抽样平均误差

对于既定的总体和样本容量，样本估计量是以相应总体参数为分布中心的，即所有可能的样本估计值分布在总体参数周围，因此，样本估计量的标准差实际上反映的是所有可能样本的估计值与总体参数的平均差异程度。所以，统计学上把样本估计量 $\hat{\theta}$ 的标准差定义为抽样平均误差，记为 $\sigma(\hat{\theta})$。

抽样平均误差可衡量样本对总体的代表性大小。一般来说，样本估计值与总体参数之间的抽样误差越小，样本对总体的代表性越大。

与抽样平均误差具有同样作用的另一概念是抽样方差。方差即标准差的平方。因此，抽样方差也就是样本估计量的标准差平方，即抽样平均误差的平方。估计量 $\hat{\theta}$ 的抽样方差记为 $V(\hat{\theta})$。

#### 5.1.3.3 抽样极限误差

抽样极限误差是指一定概率下抽样误差的可能范围，也称允许误差，用 $\Delta$

表示抽样极限误差，这一概念可以表现为如下不等式：

在一定概率下，$|\hat{\theta}-\theta| \leqslant \Delta_{\hat{\theta}}$

上式表示：在一定概率下可认为样本估计量 $\hat{\theta}$ 与相应的总体参数 $\theta$ 的误差绝对不超过 $\Delta_{\hat{\theta}}$。用 $\Delta_{\bar{x}}$、$\Delta_p$ 分别表示平均数和比例的抽样极限误差，则在一定概率下，有：

$$|\bar{x}-\mu| \leqslant \Delta_{\bar{x}}；|p-P| \leqslant \Delta_p$$

抽样极限误差是抽样误差的可能范围而非完全肯定的范围。因此，这个可能范围的大小是与这一估计的概率紧密联系的。在抽样估计中，这个概率叫置信度，又称可靠度、可信程度、把握程度或概率保证程度等，用 $1-\alpha$ 表示。显然，在其他条件不变的情况下，抽样极限误差越大，相应的置信度也越大。

与抽样极限误差相关的两个概念是抽样误差和概率估计精度：

抽样误差率=（抽样极限误差/估计量）×100%

抽样估计精度=100%-抽样误差率

抽样估计时，我们总是希望估计的误差尽可能小（即估计精度尽可能高）并且估计的置信度也尽可能大。但事实上这两者往往是矛盾的。在其他条件不变的前提下，提高估计的置信度，会增大允许误差（使估计精度降低）；缩小允许误差（提高估计的精度），则会降低估计的置信度。可见，抽样估计时并不能只顾提高估计的置信度或只顾缩小允许误差。若误差范围太大，则估计精度太低，这时尽管估计的置信度接近或等于 100%，抽样估计本身也会失去意义；反之，若置信度太低，尽管估计精度很高，但因错误估计的可能性太大，估计结果也无多大作用。所以实际中应根据具体情况，可先确定一个合理的把握程度再求相应的允许误差，或先确定一个允许误差范围再求相应的把握程度。

# 5.2 抽样分布

为了简便地说明问题，若无特别说明，我们下面只讨论可重复的简单随机抽样。从 $N$ 个单位中任意抽取容量为 $n$ 的样本 $x_1, x_2, \cdots, x_n$，使每个可能样本被抽中的概率相等的一种抽样方式或方法，称为简单随机抽样，它满足 2 个条件：（1） $x_1, x_2, \cdots, x_n$ 相互独立；（2）每个 $x_n$ 都与总体 $X$ 同分布。

## 5.2.1 抽样分布的概念

从总体中抽取容量为 $n$ 的随机样本（即一组随机样本 $X_1, X_2, \cdots, X_n$）的函数，记做 $\theta(X_1, X_2, \cdots, X_n)$，称为样本统计量 $\theta$。样本统计量是一种随机变量，它有若干可能取值，每个可能取值都有一定的可能性（即概率），样本统计量 $\theta(X_1, X_2, \cdots, X_n)$ 的概率分布叫做抽样分布。

以样本均值 $\bar{x}$ 的抽样分布为例：某总体共有 $N$ 个单位，从中随机抽取一组容量为 $n$ 的样本，共有 $C_N^n$ 种不同抽法，从而可以得到 $C_N^n$ 组不尽相同的样本平均数 $\bar{x}$。以 $C_N^n$ 组样本均值为横坐标，以各样本均值取值的频率为纵坐标建立平面直角坐标系，所得图像即为样本均值抽样分布的概率密度函数图像。同理，可得样本比例 $p$ 和样本标准差 $S$ 的抽样分布图。而对于抽样分布，同样可以计算其均值、方差、标准差等来反映该分布的特征。

从总体中抽取全部可能的样本来构造统计量的抽样分布，在现实中一般很难做到。从统计意义上讲，寻求抽样分布的方法主要有两种：小样本精确方法和大样本渐进方法。因此抽样分布也分为精确分布和渐进分布两大类。

#### 5.2.1.1 精确分布

当总体的分布类型已知时，如果对任一自然数 $n$ 都能导出其统计量分布明显的表达式（概率密度函数），所得的分布即为精确分布，这种方法称为精确方法。它对样本容量 $n$ 较小的推断统计问题特别有用，故称为小样本方法。目前，精确分布大多是在正态总体条件下得到的。如 $\chi^2$ 分布、$t$ 分布、$F$ 分布都属于精确抽样分布。

1. $\chi^2$ 分布

$\chi^2$ 分布是由阿贝（Abbe）于 1863 年首先提出，后来由海尔墨特（Hermert）和卡尔·皮尔逊分别于 1875 年和 1900 年推导出来的。

设 $x_1, x_2, \cdots, x_n$ 是独立同分布的随机变量，且服从标准正态分布，即 $x_i \sim N(0,1)$，则随机变量 $\chi^2 = \sum_{i=1}^{n} x_i^2$ 的分布称作自由度为 $n$ 的 $\chi^2$ 分布，记为 $\chi^2(n)$。

不同自由度下 $\chi^2$ 分布的概率密度曲线如图 5-4 所示。

需要注意的是，$\chi^2$ 的变量值始终为正，且图形形状取决于其自由度的大小，通常为不对称的右偏分布，但随着自由度的增大逐渐趋于对称，当 $n\to\infty$ 时，$\chi^2$ 分布无限趋近于正态分布。

## 2. t 分布

t 分布也称学生式分布，是高赛特（Gosset）于 1908 年在一篇以"Student"为笔名的论文中首次提出的。

设随机变量 $X$ 与 $Y$ 相互独立，而且 $X \sim N(0,1)$，$Y \sim \chi^2(n)$，则称随机变量 $t = \dfrac{X}{\sqrt{Y/n}}$ 服从自由度为 $n$ 的 t 分布，记作 $t(n)$。t 分布的密度曲线如图 5-5 所示，它随 n 取值不同而对应相应的曲线。

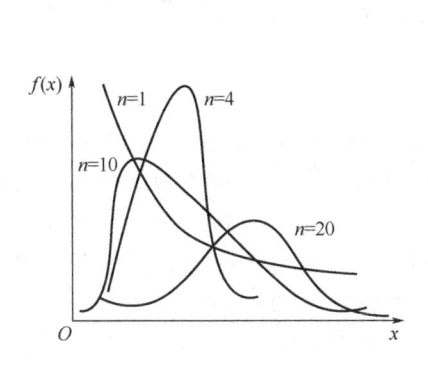

图 5-4　不同自由度的 $\chi^2$ 分布　　　　图 5-5　t 分布的分布曲线

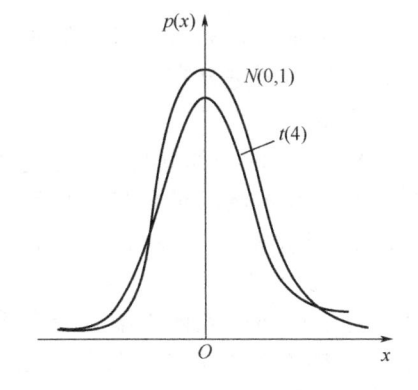

t 分布的密度函数是一个偶函数，是类似于正态分布的一种对称分布。它通常要比正态分布平坦和分散，其图形关于 $t=0$ 对称。当 $n\to\infty$ 时，t 分布趋近于标准正态分布。一般当 $n \geqslant 30$ 时，t 分布可用标准正态分布近似。

## 3. F 分布

F 分布是由英国统计学家费希尔（Fisher）提出，并以其姓氏的第一个字母来命名的。设随机变量 $U$ 和 $V$ 相互独立，且分别服从自由度为 $n_1$ 和 $n_2$ 的 $\chi^2$ 分布，则

$$F = \frac{U/n_1}{V/n_2}$$

称 $F$ 为服从自由度 $n_1$ 和 $n_2$ 的 $F$ 分布，记为 $F \sim F(n_1, n_2)$。$F$ 分布的形状如图 5-6 所示。

由图可以看出，$F$ 分布的曲线随自由度 $n_1$、$n_2$ 的取值不同而对应相应的曲线，但 $F$ 分布不以正态分布为其极限分布，它总是一个右偏分布。

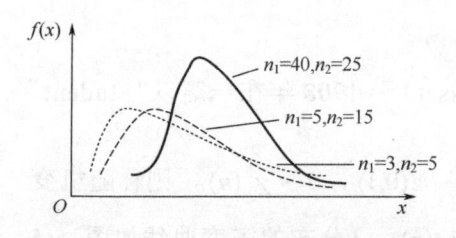

图 5-6　不同自由度的 $F$ 分布

#### 5.2.1.2　渐进分布

但在大多数情况下，精确抽样分布不易求出或因其表达式过于复杂而难以应用，这时，人们借助于极限定理，寻求在样本容量 $n$ 无限增大时统计量的极限分布。这种方法称为大样本方法，其分布称为渐进分布。

注意：

1. 样本的一部分统计量是可以根据其总体的分布形式（一般为正态分布）而推导出其精确的抽样分布形式的，它们是一族样本量为 $n(n=1,2,3,\cdots)$ 的分布，如 $\chi^2$ 分布，$t$ 分布，$F$ 分布。这些精确的抽样分布对于大小样本同样适用。之所以被称作小样本精确分布，其意思是"适用于小样本的统计推断的"，是相对于后面的大样本渐进分布不适用于小样本而言的。

2. 样本的很多统计量是无法推导出其精确的抽样分布形式的。然而当样本容量 $n \to \infty$ 时，根据中心极限定理，可以用正态分布作为其渐进分布形式，因此被称作大样本渐进分布，意思为"适用于大样本的抽样分布形式"。

### 5.2.2　样本统计量的抽样分布

#### 5.2.2.1　来自单个总体样本统计量的抽样分布

1. 样本均值的抽样分布

样本均值抽样分布的形式与原有总体的分布形式、总体方差是否已知以及样本量 $n$ 的大小这几个因素有关。具体的分布形式见表 5-1 中列示的几种情况。

如表中Ⅱ里的大样本情况和Ⅲ里的大样本情况所列示,不论原总体是否服从正态分布,只要样本量n足够大(通常是$n \geq 30$),则样本均值$\bar{x}$的抽样分布都将趋于正态分布。这种正态分布的数学期望为原总体均值$\mu$,方差为原总体方差$\sigma^2$的1/n。这就是统计上著名的独立同分布中心极限定理。这一定理可以表述为:从均值为$\mu$、方差为$\sigma^2$的总体中,抽取容量为n的随机样本,当n充分大时(通常要求$n \geq 30$),样本均值$\bar{x}$的抽样分布近似服从均值为$\mu$、方差为$\sigma^2/n$的正态分布,见表5-1。

表5-1 不同情况下样本均值抽样分布表

| 情况类别 | 总体 | 总体$\sigma^2$ | 样本量n | 样本均值$\bar{x}$服从的分布 |
|---|---|---|---|---|
| Ⅰ | 正态 | 已知 | 无论大小 | 正态 |
| Ⅱ | 正态 | 未知(存在,用样本$S^2$代替) | 足够大 | 正态 |
| | | | 非足够大 | 其标准化值服从自由度$(n-1)$的t分布 |
| Ⅲ | 任何 | 已知/未知(存在,用样本$S^2$代替) | 足够大 | 正态 |
| | | | 非足够大 | 未知 |

值得注意的是,上表中,多数情况下样本均值$\bar{x}$服从正态分布,其标准化值$\dfrac{\bar{x}-\mu}{\sigma/\sqrt{n}}$服从标准正态分布;只有Ⅱ里的小样本情况并未说明样本均值$\bar{x}$服从什么分布,只知道其均值为$\mu$,方差为$\sigma^2/n$($\sigma^2$未知用$s^2$代替),其标准化值$\dfrac{\bar{x}-\mu}{s/\sqrt{n}}$服从自由度为$(n-1)$的t分布。

2. 样本比例的抽样分布

所谓比例是指总体(或样本)中具有某种属性的单位与全部单位总数之比。例如:一个班级的学生按性别分为男、女两类,男生人数与全班总人数之比就是比例,女生人数与全班人数之比也是一个比例。对于一个具有N个单位的总体而言,具有某种属性的单位个数为$N_0$,具有另一种属性单位个数为$N_1$。将具有某种属性的单位与全部单位总数之比称为总体比例,用$\pi$表示,则有$\pi = \dfrac{N_0}{N}$,而具有另一种属性的单位数与全部单位数之比则为$\dfrac{N_1}{N} = 1 - \pi$。

相应的样本比例用 $p$ 表示，同样有 $p=\dfrac{n_0}{n},\dfrac{n_1}{n}=1-p$。

在总体中选取容量为 $n$ 的样本时，由样本比例 $p$ 的所有可能取值形成的概率分布称为样本比例的抽样分布。当样本量很大时，样本比例 $p$ 的抽样分布可用正态分布近似。对于一个具体的样本比例 $p$，若 $np\geqslant 5$ 且 $n(1-p)\geqslant 5$，就可以认为样本量足够大。

二项分布 $X\sim B(n,p)$ 中，随机变量 $X$ 的均值 $\mu=np$，方差 $\sigma^2=npq(p+q=1)$。在两点分布中，随机变量 $X$ 的均值 $\mu=p$，方差 $\sigma^2=pq$。当二项分布中的实验次数 $n\to\infty$ 时，根据拉普拉斯中心极限定理，随机变量 $X$ 近似服从均值为 $np$、方差为 $npq$ 的正态分布，即 $X\sim N(p,npq)$。

从服从二项分布的总体中随机抽取容量为 $n$ 的样本，在大样本条件下（$np\geqslant 5$ 且 $nq\geqslant 5$，注：此约束并非绝对条件，仅为统计结果，一般规律），样本比例近似服从正态分布，即：$p=x/n\sim N(p,pq/n)$

3. 样本方差的抽样分布

要用样本方差 $S^2$ 去推断总体的方差 $\sigma^2$，必须知道样本方差的抽样分布。从总体中随机抽取容量为 $n$ 的样本时，样本方差所有可能取值形成的概率分布，被称作样本方差的抽样分布。

根据抽样分布的理论及统计证明可推出：对于来自正态总体的简单随机样本，含有样本方差的统计量 $\dfrac{(n-1)s^2}{\sigma^2}$ 服从自由度为 $(n-1)$ 的 $\chi^2$ 分布，即

$$\chi^2=\dfrac{(n-1)s^2}{\sigma^2}\sim\chi^2(n-1)$$

#### 5.2.2.2　来自两个总体样本统计量的抽样分布

1. 来自两个总体的独立样本均值之差的抽样分布

设两个总体的均值分别为 $\mu_1$，$\mu_2$，在两个总体中分别抽取 $n_1$，$n_2$ 个随机样本，其样本均值分别为 $\overline{x_1},\overline{x_2}$。我们考虑如下两种情况：

（1）两个总体无论是否服从正态分布，也无论两方差是否已知，只要是两个独立大样本，其均值之差便服从正态分布，即 $(\overline{x_1}-\overline{x_2})\sim N\left(\mu_1-\mu_2,\dfrac{\sigma_1^2}{n_1}+\dfrac{\sigma_2^2}{n_2}\right)$；

（2）只有当两个总体为正态分布，总体 $\sigma_1^2$、$\sigma_2^2$ 已知时，两个独立小样本

的均值之差才服从正态分布，即 $(x_1 - x_2) \sim N\left(\mu_1 - \mu_2, \dfrac{\sigma_1^2}{n_1} + \dfrac{\sigma_2^2}{n_2}\right)$。

2. 来自两个总体的样本比例之差的抽样分布

对于两个总体的样本比例之差的抽样分布，我们只考虑一种情况：两个总体均为二项分布，分别来自这两个总体的两个独立大样本，其比例之差近似服从正态分布，即 $(p_1 - p_2) \sim N\left(\pi_1 - \pi_2, \dfrac{\pi_1(1-\pi_1)}{n_1} + \dfrac{\pi_2(1-\pi_2)}{n_2}\right)$。

3. 来自两个总体的样本方差之比的抽样分布

在实际生活中，两个总体方差比的问题比较常见，我们用 $F$ 分布来构造它的抽样分布形式。当两个总体均为正态分布，下述这个含有两个独立样本方差比的统计量将服从 $F$ 分布，即 $\dfrac{s_1^2 \sigma_2^2}{s_2^2 \sigma_1^2} \sim F(n_1 - 1, n_2 - 1)$。

## 5.2.3 不重复抽样的修正系数

在重复抽样中，同一总体单位有可能被重复抽中，而采用不重复抽样，同一总体单位不可能被重复抽中。因此，在抽取的样本量相同的前提下，与重复抽样相比，不重复抽样所得的样本对总体的代表性更大，其样本结构与总体结构会更近似，所以抽样误差会较小。

前面所讲的抽样分布和抽样平均误差的计算公式，都是针对重复抽样的情况而言的。而不重复抽样的修正系数，实际上是对抽样分布的方差（即样本统计量的方差，也叫标准误的平方）进行系数修正。

可证明，采用不重复抽样时，平均数和比例的抽样平均误差应为：

$$\sigma(\bar{x}) = \sqrt{\dfrac{\sigma^2}{n}\left(\dfrac{N-n}{N-1}\right)} \approx \sqrt{\dfrac{\sigma^2}{n}\left(1 - \dfrac{n}{N}\right)}$$

$$\sigma(p) = \sqrt{\dfrac{P(1-P)}{n}\left(\dfrac{N-n}{N-1}\right)} \approx \sqrt{\dfrac{P(1-P)}{n}\left(1 - \dfrac{n}{N}\right)}$$

可见，不重复抽样的抽样平均误差公式比重复抽样的相应公式多了一个

系数 $\sqrt{\dfrac{N-n}{N-1}}$，这个系数称为不重复抽样修正系数。

### 5.2.3.1 总体 N 为极大（无限总体）的情况

当总体 N 为极大值时，则 $n/N$ 是个很小的值，修正系数 $\approx 1$，那么重复与不重复抽样的抽样平均误差（此处指样本均值或比例的标准差）计算公式均为

$$\sigma(\bar{x})=\sqrt{V(\bar{x})}=\sqrt{\dfrac{\sigma^2}{n}}=\dfrac{\sigma}{\sqrt{n}},\ \sigma(p)=\sqrt{V(p)}=\sqrt{\dfrac{P(1-P)}{n}}$$

### 5.2.3.2 总体 N 为有限的情况

1. 当 $n/N \leqslant 5\%$ 时

此时，$n/N$ 依然是个很小的值，修正系数 $\approx 1$。因此，重复与不重复抽样的抽样平均误差公式仍然是：

$$\sigma(\bar{x})=\sqrt{V(\bar{x})}=\sqrt{\dfrac{\sigma^2}{n}}=\dfrac{\sigma}{\sqrt{n}},\ \sigma(p)=\sqrt{V(p)}=\sqrt{\dfrac{P(1-P)}{n}}$$

2. 当 $n/N > 5\%$ 时

重复抽样的平均误差公式仍然是：

$$\sigma(\bar{x})=\sqrt{V(\bar{x})}=\sqrt{\dfrac{\sigma^2}{n}}=\dfrac{\sigma}{\sqrt{n}},\ \sigma(p)=\sqrt{V(p)}=\sqrt{\dfrac{P(1-P)}{n}}$$

此时，$n/N$ 不再是很小的值，因此不重复抽样不能被忽略，那么不重复抽样的抽样平均误差公式则为

$$\sigma(\bar{x})=\sqrt{\dfrac{\sigma^2}{n}\left(\dfrac{N-n}{N-1}\right)}\approx\sqrt{\dfrac{\sigma^2}{n}\left(1-\dfrac{n}{N}\right)}$$

$$\sigma(p)=\sqrt{\dfrac{P(1-P)}{n}\left(\dfrac{N-n}{N-1}\right)}\approx\sqrt{\dfrac{P(1-P)}{n}\left(1-\dfrac{n}{N}\right)}$$

# 本章小结

本章介绍了与抽样相关的基础知识以及抽样分布的基本理论，后者是学习的重点。在抽样分布的理论介绍中，将寻求抽样分布类型的方法分为两大类，即小样本精确方法和大样本渐进方法两种。由前者而发现了 $x^2$ 分布、$t$ 分布、$F$ 分布这几种具有精确概率密度函数的抽样分布类型，对于大小样本两种情况下的统计推断问题均适用；后者则是指因为有些情况下难于获得精确的概率密度函数而在大样本时将正态分布作为一个近似的抽样分布类型来完成统计推断工作。继而本章具体探讨了与上述那些抽样分布类型相对应的一系列样本统计量的抽样分布问题。章末讨论了在不重复抽样情况下的修正系数问题。

# 第6章 参数估计

## 引例

了解中国人民大学（简称：人大）本科生日常收入和消费的主要状况，以便为学校的助学政策提供参考。我们对该校在校本科生生活费收支状况进行了调查。调查的目标总体为人大四个年级在校的本科生，样本抽取为每个年级随机抽取男、女生各30人。调查完成后，对回收上来的132份有效问卷进行数据的录入、整理及描述统计分析，得到该样本的月生活费平均水平为528.79元，并且通过后面我们将要学到的参数估计的推断方法可推断，我们有95%的把握认为该校本科生总体的月生活费平均水平在520.79～554.31元。

那么上述结果是怎样得出的呢？它的含义又是什么？本章将以抽样分布为基础，讨论参数估计的基本方法。从总体参数类型的角度，我们将参数估计的问题划分为两大部分来讨论，分别是来自一个总体的参数估计问题和来自两个总体的参数估计问题。在本章的最后，我们会讨论参数估计中样本容量的确定问题。

## 6.1 参数估计的基本原理

### 6.1.1 估计量与估计值

在很多统计问题中，如果我们掌握了研究对象总体中所有个体单位的数据，那么只需要做一些简单的统计描述，我们就可以得到有关总体某方面的数量特征，比如总体均值等。然而现实情况却比较复杂，有些现象的范围比较广，不可能对总体中的每个个体都进行测定，或者，有些总体中个体数很多，不可能、也没有必要一一进行测定。因此就需要我们选择合适的抽样方法来抽取一组对总体有代表性的样本，再依据该样本的信息来推断总体某方面的数量特征或规律性，我们把这一类型的统计推断叫做参数估计（parameter estimation）。

总体参数（parameter of population）是指研究对象总体某方面的数量特征。一个总体可以有多个参数，从不同方面反映总体的综合数量特征。在参数估计中，总体参数通常是未知，是需要我们去推断估计的一个常数。用于估计总体参数样本的函数称为统计量或估计量，用符号 $\hat{\theta}$ 表示。例如，样本均值 $\bar{x}$、样本比率 $p$、样本方差 $s^2$ 等，都是用来推断总体相应参数样本的函数。将样本数据代入统计量公式而算出的具体数值称为统计值或估计值。

通常，我们用样本均值估计总体均值，用样本比率估计总体比率，用样本方差估计总体方差。即

$$\bar{x} = \hat{\mu}, \quad p = \hat{\pi}, \quad s^2 = \hat{\sigma}^2$$

总体指标上方的"∧"表示总体指标的估计量。因此上式表示，样本均值、样本比率和样本方差分别是总体均值、总体比率和总体方差的估计量。如果从总体中随机抽取一个样本 $x_1, \cdots, x_n$，由此算出的样本均值、样本比率和样本方差的具体数值就分别是总体均值、总体比率和总体方差的估计值。然而同一个样本估计量的取值会随所抽取样本的不同而不同，所以样本估计量 $\hat{\theta}$ 又是一个随着抽取样本的不同而变化的随机变量。

## 6.1.2 评价估计量的标准

在参数估计中，用来估计总体某参数的样本估计量不止一个选择。例如，可以用样本均值来估计总体均值，也可以用中位数来估计总体均值。那么，哪个估计量更好呢？

我们知道，估计量的取值是随抽取的样本不同而不同的随机变量。因此要判断一个估计量的好坏，仅从某一次抽样结果来衡量是不可靠的，而应从多次抽样中，看这种估计量是否在某种意义上最接近参数的真值。那么，究竟哪种估计量的估计效果最好？这就需要有一定的评价标准。统计学家给出了下面三个最常用的评价指标。

1. 无偏性（unbiasedness）

无偏性是指估计量抽样分布的数学期望等于被估计的总体参数，即 $E(\hat{\theta}) = \theta$，则称 $\hat{\theta}$ 为 $\theta$ 的无偏估计量。也就是说，虽然每一次的样本估计值和总体参数值之间都可能有误差，但所有样本估计值的均值应该等于总体参数真值。我们熟悉的几个统计量 $\bar{x}$、$p$、$s^2$ 就分别是相应总体参数 $\mu$、$\pi$、$\sigma^2$ 的无偏估计量，即 $E(\bar{x}) = \mu$、$E(p) = \pi$、$E(s^2) = \sigma^2$。图 6-1 分别展示了估计量无偏和有偏的两种情形。

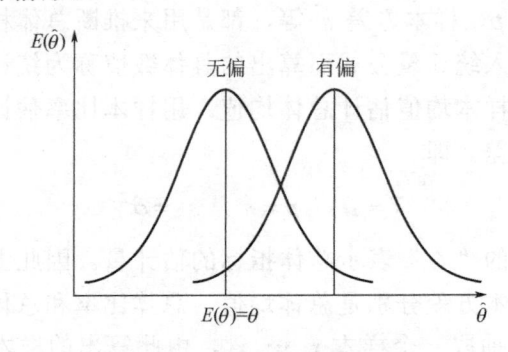

图 6-1 无偏估计和有偏估计

2. 有效性（efficiency）

在考察估计量是否优良的时候，除了无偏性以外，还需要考虑的是估计量与总体参数真值之间的离散程度。对同一总体参数的两个无偏估计量来说，方差越小的估计量越有效。例如：$x_i$ 和 $\bar{x}$ 都是 $\mu$ 的无偏估计量，即 $E(x_i)=\mu$，$E(\bar{x})=\mu$；然而这两个估计量各自的方差却不同，即 $D(x_i)=\sigma^2$，$D(\bar{x})=\dfrac{\sigma^2}{n}$。显然 $D(x_i)>D(\bar{x})$，所以相对 $x_i$ 来说 $\bar{x}$ 是 $\mu$ 的更有效估计量。图 6-2 展示了两个无偏估计量 $\theta_1$、$\theta_2$ 的抽样分布，显然 $\theta_1$ 的方差比 $\theta_2$ 的方差小，因此 $\theta_1$ 相对于 $\theta_2$ 是一个更有效的估计量。

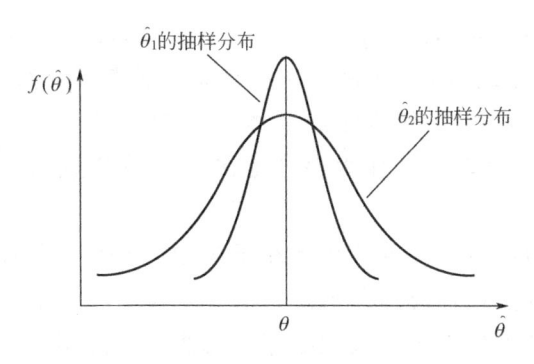

图 6-2 两个无偏估计量的抽样分布

### 3. 一致性（consistency）

无偏性和有效性是在样本容量固定的条件下提出的，而一致性则是在样本容量发生变化的情况下提出的。一致性是指随着样本容量的增加，估计量的值在概率意义上越来越接近于总体参数真值。例如，如图 6-3 所示，随着样本容量的不断增加，样本估计量 $\bar{x}$ 的抽样分布标准差 $\sigma_{\bar{x}}$ 也越来越小，那么这一估计量会比小样本时有更大的可能性接近于总体参数 $\mu$。我们把符合以上规律特点的样本估计量称为是总体参数的一致估计量。图 6-3 展示了一致性的直观意义。

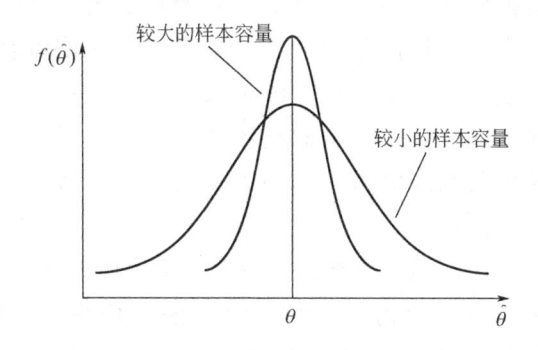

图 6-3 同一个样本估计量在不同样本容量下的抽样分布

## 6.1.3 点估计

点估计（point estimator）也叫定值估计，是将样本估计量的值直接作为总体参数的估计值。当已知一个样本的观察值时，便可得到总体参数的一个估计值。也就是说，我们可以用某个样本的均值 $\bar{x}$ 直接作为相应总体均值 $\mu$ 的点估计值，用某个样本比率 $p$ 直接作为相应总体比率 $\pi$ 的点估计值，用某个样本方差 $s^2$ 直接作为相应总体方差 $\sigma^2$ 的估计值等。例如，我们以一个班学生的数学平均分（80分）作为年级全体学生的数学平均分的估计值，以某样本田地的秧苗成活率92%作为整个地区秧苗总体成活率的估计值，这就是点估计法。

用点估计值估计总体参数的优点在于简便、易行、原理直观。在抽样容量较大时，用该方法估计总体参数是具有一定参考价值的，因此在实际工作中被广泛使用。其主要依据是大数定律的思想，因此用小样本来做这种点估计则参考性不强。然而点估计法也有明显的不足之处，既没有把样本统计量抽样分布的信息考虑进去，也无法计算抽样估计的误差。因此，要解决这些问题，就需要采用我们后面即将重点介绍的区间估计的方法。

## 6.1.4 区间估计

点估计法的优点在于简便、易行、原理直观，而缺点是没有提供关于估计精度的任何信息。希望能够给出估计的精度这一想法推动了区间估计法的产生。区间估计是抽样估计的主要方法，它能够给出估计的精度，也能够说明估计结果的把握程度。然而区间估计法是有自身的使用前提的，通常需要掌握以下三方面信息才可以使用该方法来估计总体参数：一是样本统计量的点观测值，二是样本统计量所服从的具体分布形式，三是样本统计量与总体参数之间存在的某种关系或联系。掌握了以上三方面信息，我们就可以对总体相应参数进行区间估计了。

下面就以对总体均值这一参数进行区间估计为例，具体阐述区间估计法的基本原理和相关概念。目前，我们已经掌握的信息有：样本均值的某估计值 $\bar{x}$，样本均值这一统计量所服从的分布类型（假设为正态分布），在样本均值的抽样分布图中这一统计量与总体相应参数 $\mu$ 之间的关系。当然，α的水平是预先设定的（假设α=0.05）。现在，我们要以一定的把握程度估计出总体相应参数μ所在的取值区间。样本均值$\bar{x}$的抽样分布情况如图 6-4 所示。

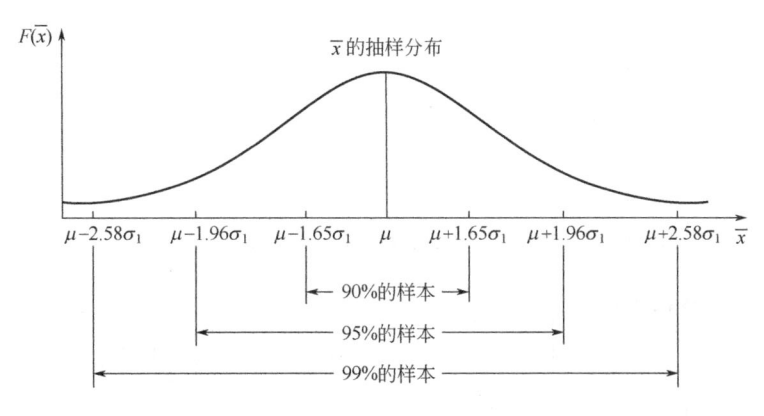

图 6-4 样本均值的抽样分布图

由图 6-4 中样本均值$\bar{x}$的抽样分布情况可知，有 95％的样本均值$\bar{x}$落在总体参数μ左边或右边 1.96 个$\sigma/\sqrt{n}$范围内。根据概率的统计定义可知，对于任何一个样本$\bar{x}$，都有 95％的可能性落在μ左边或右边 1.96 个$\sigma/\sqrt{n}$范围内。这就意味着，相应地，总体参数μ也有 95％的可能性处在该样本$\bar{x}$左边或右边 1.96 个$\sigma/\sqrt{n}$范围内。这就是我们利用样本的某估计值$\bar{x}$对总体参数μ所在的置信区间进行的估计。

上述有关总体均值μ的区间估计原理的阐述过程可用图 6-5 来概括；另外，此图同时还揭示了点估计法与区间估计法两者之间的区别与联系。

则由上述分析与图示可知，据已知条件对总体参数μ进行区间估计的结果是：以 95％的把握程度估计出的μ所在的置信区间为$\left(\bar{x}-1.96\dfrac{\sigma}{\sqrt{n}}, \bar{x}+1.96\dfrac{\sigma}{\sqrt{n}}\right)$。

综上，在区间估计中，由样本统计量构造的关于总体参数的估计区间，称为置信区间（confidence interval）。置信区间的最小值称为置信下限，最大值称为置信上限。其中的 1.96 叫做置信度系数（confidence coefficient），置信度系数是与置信度相对应的。而置信度（confidence level）则是依据所研究问题的需要而预先设定的。如前文所述，置信度可以理解为：该置信区间$\left(\bar{x}-1.96\dfrac{\sigma}{\sqrt{n}}, \bar{x}+1.96\dfrac{\sigma}{\sqrt{n}}\right)$中包含总体参数μ的可能性。而其中的$\sigma/\sqrt{n}$叫做抽样平均误差，它是样本估计量所服从的抽样分布的标准差，又叫实际抽样误差的平均水平。$1.96\sigma/\sqrt{n}$ 被称为允许误差，又叫抽样极限误差，在抽样平均误差 $\sigma/\sqrt{n}$ 确定的情况下，它受置信度的影响。可以这样理解，允许误差反应了一个置信区间的误差水平，预先设定的置信度高，则该误差范围就大，估计精度相对就低；反之，置信度低，则该误差范围就小，估计精度相应就高。

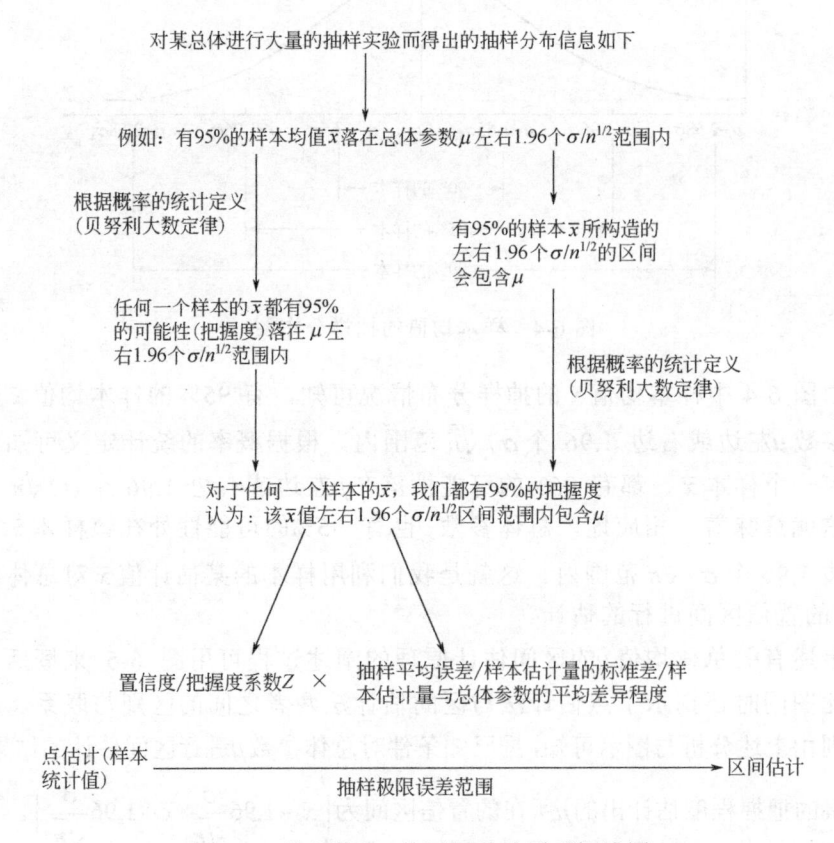

图 6-5　总体均值 $\mu$ 的区间估计原理阐述图

有关置信区间的概念可用图 6-6 来表示。

图 6-6　置信区间示意图

## 6.2 一个总体参数的区间估计

### 6.2.1 总体均值的区间估计

在对总体均值进行区间估计时，需要考虑以下几个因素：总体的分布形式、总体方差是否已知、样本量的大小。因为在这几个因素相互组合的不同情况下，即实际应用时的不同数据环境下，样本统计量$\bar{x}$所服从的抽样分布形式是不同的（见表 5-1），而具体的抽样分布形式又是对总体均值进行区间估计的重要依据。

下面就把涉及到样本均值$\bar{x}$所服从的抽样分布形式划分为两大类，即正态分布和 $t$ 分布，针对每一类来具体介绍在该数据环境下如何对总体均值进行区间估计的方法，并辅以实际例题解析。

（1）在下述 3 种数据环境下，样本均值$\bar{x}$都服从正态分布。这 3 种情况分别为：

情况 1：总体服从正态分布，总体方差已知，样本量无论大小，样本$\bar{x}$服从正态分布。（对应表 5-1 中情况Ⅰ）

情况 2：总体服从正态分布，总体方差未知，大样本情况下，样本$\bar{x}$服从正态分布。（对应表 5-1 中情况Ⅱ中的第一种情况）

情况 3：总体分布形式未知，大样本情况下，样本$\bar{x}$服从正态分布。（对应表 5-1 中情况Ⅲ中的第一种情况）

以上 3 种数据环境下，均用以下方法来对总体均值进行区间估计。

样本均值经过标准化以后的随机变量服从标准正态分布，即

$$Z = \frac{\bar{x} - u}{\sigma / \sqrt{n}} \sim N(0,1) \tag{6-1}$$

根据 6.1.4 节中对区间估计原理所做的阐述和说明，可以构造出总体均值$\mu$在（1-$\alpha$）置信水平下的区间为

$$\bar{x} \pm z_{\alpha/2} \frac{\sigma}{\sqrt{n}} \tag{6-2}$$

式中：$\bar{x} \pm z_{\alpha/2}\frac{\sigma}{\sqrt{n}}$ 称为置信下限，$\bar{x} \pm z_{\alpha/2}\frac{\sigma}{\sqrt{n}}$ 称为置信上限；$1-\alpha$ 称为置信水平，$z_{\alpha/2}$ 是置信度系数；$z_{\alpha/2}\frac{\sigma}{\sqrt{n}}$ 是允许误差，也称为估计误差或误差范围。

由上可见，总体均值的置信区间由两部分组成，点估计值和体现估计精度的允许误差水平。

在情况 2 中，总体方差 $\sigma^2$ 未知，在大样本条件下，$\sigma^2$ 可以用样本方差 $s^2$ 代替，这时总体均值 $\mu$ 在 $(1-\alpha)$ 置信水平下的置信区间为

$$\bar{x} \pm z_{\alpha/2}\frac{s}{\sqrt{n}} \tag{6-3}$$

【例 6-1】某企业从长期的实践得知，其产品直径 $X$ 是一正态随机变量，服从方差为 0.0025 的正态分布。从某日产品中随机抽取 6 个，测得其直径分别为 14.8 厘米、15.3 厘米、15.1 厘米、15 厘米、14.7 厘米、15.1 厘米。置信水平为 95%，试求该产品直径的均值的置信区间。

解：已知 $\sigma = \sqrt{0.0025} = 0.05$，$n=6$，置信水平为 $1-\alpha=0.95$，查正态分布表得 $z_{\alpha/2} = z_{0.975} = 1.96$。

根据样本数据计算的样本均值为 $\bar{x} = \frac{\sum_{i=1}^{n} x_i}{n} = \frac{90}{6} = 15$，抽样平均误差为

$$\sigma(\bar{x}) = \frac{\sigma}{\sqrt{n}} = \frac{0.05}{\sqrt{6}} \approx 0.02$$

根据公式（6-2）得：$\bar{x} \pm z_{\alpha/2}\frac{\sigma}{\sqrt{n}} = 15 \pm 1.96 \times 0.02 = 15 \pm 0.0392$。

即（14.96，15.04），也就是说该产品直径的均值 95% 的置信区间为 14.96~15.04 厘米。

【例 6-2】某企业某日采用重复抽样从中随机抽取工人 100 人，调查他们的当日产量，样本人均产量为 35 件，产量的样本标准差为 4.5 件，试建立人均产量 95.45% 的置信区间。

解：已知，$n=100$，$\bar{x}=35$，$s=4.5$，$1-\alpha=95.45\%$，$z_{\alpha/2}=2$。由于总体方差未知，但为大样本，可用样本方差来代替总体方差。

根据公式（6-3）得

$$\bar{x} \pm z_{\alpha/2}\frac{s}{\sqrt{n}} = 35 \pm 2 \times \frac{4.5}{\sqrt{100}} = 35 \pm 0.9$$

即（34.1，35.9），也就是说总体人均产量的95.45%的置信区间为34.1～35.9件。

（2）当总体服从正态分布，总体方差未知，小样本情况下，样本均值$\bar{x}$的标准化值服从$t$分布。（对应表5-1中情况Ⅱ）在这种数据环境下，用以下方法来对总体均值进行区间估计。

用样本方差$s^2$代替总体方差$\sigma^2$，随机变量

$$t = \frac{\bar{x} - \mu}{s/\sqrt{n}} \sim t(n-1) \qquad (6\text{-}4)$$

根据式（6-6）以及$t$分布的特征，我们可以建立起总体均值$\mu$在（$1-\alpha$）置信度下的置信区间为

$$\bar{x} \pm t_{\alpha/2} \frac{s}{\sqrt{n}} \qquad (6\text{-}5)$$

式中$t_{\alpha/2}$是自由度为（$n-1$）时，$t$分布中上侧面积为$\alpha/2$时的$t$值，该值可通过$t$分布表查得。

**【例6-3】** 某商场从一批袋装食品中随机抽取10袋，测得每袋重量分别为789克、780克、794克、762克、802克、813克、770克、785克、810克、806克，要求以95%的把握程度，估计这批食品的平均每袋重量的区间范围。

**解**：根据抽样结果计算得

$$\bar{x} = \frac{\sum_{i=1}^{n} x_i}{n} = \frac{7911}{10} = 791.1 \text{（克）}$$

$$s = \sqrt{\frac{\sum_{i=1}^{n}(x_i - \bar{x})^2}{n-1}} = \sqrt{\frac{2642.9}{10-1}} = 17.136 \text{（克）}$$

根据$\alpha=0.05$查$t$分布表得$t_{\alpha/2}(n-1) = t_{0.025}(9) = 2.2622$，由公式（6-5）得这批食品平均每袋重量的95%的置信区间为

$$\bar{x} \pm t_{\alpha/2} \frac{s}{\sqrt{n}} = 791.1 \pm 2.2622 \times \frac{17.136}{\sqrt{10}} = 791.1 \pm 12.26$$

即（778.84,803.36），也就是说这批食品平均每袋重量95%的置信区间为778.84～803.36克。

## 6.2.2 总体比率的区间估计

在许多实际问题中，经常需要估计总体中具有某种特征的个体占总体全部个体数的比例。例如，产品的合格率为多少，一批种子的发芽率为多少等。我们称总体中具有某种特征的个体占总体全部个体数的比例称为总体比率，记为$\pi$。若在容量为$N$的总体中，具有某种特征的个体数量为$M$，则定义总体比率为

$$\pi = \frac{M}{N} \tag{6-6}$$

根据样本比率$p$的抽样分布知识可知，当样本量足够大时，样本比率$p$近似服从正态分布。$p$的数学期望等于总体比率$\pi$，即$E(p)=\pi$；$p$的方差$\sigma_p^2 = \frac{\pi(1-\pi)}{n}$。样本比率$p$经标准化后的随机变量服从标准正态分布，即

$$z = \frac{p - \pi}{\sqrt{\frac{\pi(1-\pi)}{n}}} \sim N(0,1) \tag{6-7}$$

与总体均值的区间估计类似，在样本比率$p$的基础上加减允许误差水平$z_{\alpha/2}\sigma_p$，即得总体比率$\pi$在（$1-\alpha$）置信水平下的置信区间

$$p \pm z_{\alpha/2}\sqrt{\frac{\pi(1-\pi)}{n}} \tag{6-8}$$

式中：（$1-\alpha$）称为置信水平；$z_{\alpha/2}$是标准正态分布上侧面积为$\frac{\alpha}{2}$时的$Z$值；$z_{\alpha/2}\sqrt{\frac{\pi(1-\pi)}{n}}$是估计总体比率时的允许误差。这就是说，总体比率的置信区间由两部分组成：点估计值和描述估计量精度的±值，这个±值称为允许误差。

**【例 6-4】** 在持信用卡的人群中调查了 1230 位顾客，发现有 415 位定期利用公司的邮购服务，试用 99%置信度估计在持信用卡人群总体中该比率的置信区间。

**解**：已知 $n=1230$，$m=415$，则根据抽样结果计算的样本比率为 $p = \frac{415}{1230} = 34\%$

又知 $\alpha=0.01$，则可查得置信度系数 $z_{\alpha/2}=2.58$

由于是大样本，故将已知条件代入公式（6-8），得

$$p \pm z_{\alpha/2}\sqrt{\frac{\pi(1-\pi)}{n}} = 34\% \pm 2.58 \times \sqrt{\frac{34\%(1-34\%)}{1230}} = 34\% \pm 3.483\%$$

即（30.517%，37.483%）。也就是说，我们在 99% 的置信水平下估计出，持信用卡顾客总体中定期利用公司邮购服务的比率为 30.517%～37.483%。

## 6.2.3 总体方差的区间估计

这里只讨论小样本情况下对正态总体方差的估计问题。我们用 $\chi^2$ 分布来构造含有总体方差的统计量所在的置信区间，如图 6-7 所示。

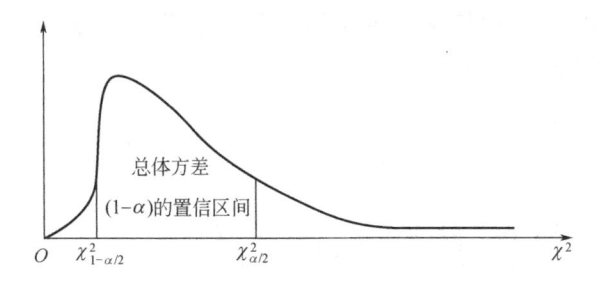

图 6-7 自由度为（$n-1$）的 $\chi^2$ 分布

由 $\chi^2$ 分布的定义可以推导出，含有样本方差 $s^2$ 和总体方差 $\sigma^2$ 的统计量 $\frac{(n-1)s^2}{\sigma^2}$ 服从自由度为（$n-1$）的 $X^2$ 分布，即 $\frac{(n-1)s^2}{\sigma^2} \sim X^2(n-1)$。在置信度为（$1-\alpha$）水平下，

$$\chi^2_{1-\alpha/2} \leqslant \frac{(n-1)s^2}{\sigma^2} \leqslant \chi^2_{\alpha/2} \tag{6-9}$$

由上式可得总体方差 $\sigma^2$ 的估计区间，即

$$\frac{(n-1)s^2}{\chi^2_{\alpha/2}} \leqslant \sigma^2 \leqslant \frac{(n-1)s^2}{\chi^2_{1-\alpha/2}} \tag{6-10}$$

【例 6-5】从自动机床加工的同类零件中抽取 16 件，测得长度为（单位：mm）

12.15　12.22　12.01　12.28　12.09　12.16　12.03　12.01

12.06　12.13　12.07　12.11　12.08　12.01　12.03　12.06

假设零件长度服从正态分布，以95%的置信水平建立该零件长度标准差的置信区间。

**解：** 已知 $n=16$，则根据样本数据计算的样本标准差为

$$s^2 = \frac{\sum_{i=1}^{n}(x_i - \bar{x})^2}{n-1} = \frac{0.0761}{15} = 0.005$$

又知 $\alpha=0.05$，自由度 $n-1=16-1=15$，则可查 $\chi^2$ 分布表得，$\chi^2_{\alpha/2}(n-1) = \chi^2_{0.025}(15) = 27.488$，$\chi^2_{1-\alpha/2}(n-1) = \chi^2_{0.975}(15) = 6.262$

由于是小样本，故将已知条件代入公式（6-10），得

$$\frac{(16-1)\times 0.005}{27.488} \leqslant \sigma^2 \leqslant \frac{(16-1)\times 0.005}{6.262}$$

即 $0.0027 \leqslant \sigma^2 \leqslant 0.0120$。相应地，总体标准差的置信区间则为：$0.052 \leqslant \sigma \leqslant 0.101$。也就是说，该自动机床加工的零件总体长度标准差95%的置信区间为 $0.052\sim 0.101$mm。

# 6.3 两个总体参数的区间估计

## 6.3.1 两个总体均值之差的区间估计

实际生产生活中，经常遇到两个总体均值的比较问题，例如比较两个城市的居民平均收入，比较两个学校的学生学习成绩等。其本质就是对总体均值之差这一参数进行区间估计。而其中又分为两大类情况，即独立样本和匹配样本两大类，每一类情况下再细分为大样本和小样本两种来分别讨论。

### 6.3.1.1 独立样本

设两总体均值分别为 $\mu_1$ 和 $\mu_2$，从两个总体中分别抽取容量为 $n_1$ 和 $n_2$ 的两个随机样本，其样本均值分别为 $\bar{x}_1$ 和 $\bar{x}_2$，估计两个总体均值差的估计量显

然是 ($\bar{x}_1 - \bar{x}_2$)。上述这种两个样本是从两个总体中分别独立抽取的情况，我们称为独立样本（independent sample）。下面就讨论在独立样本情况下两总体均值的区间估计问题。

（1）大样本的估计方法

由抽样分布的知识可知，两个大样本均值之差（$\bar{x}_1 - \bar{x}_2$）服从均值为 ($\mu_1 - \mu_2$)、方差为 $\frac{s_1^2}{n_1} + \frac{s_2^2}{n_2}$ 的正态分布。由此，两个大样本均值之差经标准化后则服从标准正态分布，即

$$z = \frac{(\bar{x}_1 - \bar{x}_2) - (\mu_1 - \mu_2)}{\sqrt{\frac{\sigma_1^2}{n_1} + \frac{\sigma_2^2}{n_2}}} \sim N(0,1) \tag{6-11}$$

当两个总体的方差 $\sigma_1^2$ 和 $\sigma_2^2$ 都已知时，两个总体均值之差 ($\mu_1 - \mu_2$) 在 ($1-\alpha$) 置信水平下的置信区间为

$$(\bar{x}_1 - \bar{x}_2) \pm z_{\alpha/2} \sqrt{\frac{\sigma_1^2}{n_1} + \frac{\sigma_2^2}{n_2}} \tag{6-12}$$

当两个总体的方差 $\sigma_1^2$ 和 $\sigma_2^2$ 未知时，可用两个样本方差 $s_1^2$ 和 $s_2^2$ 代替。这时两总体均值之差 ($\mu_1 - \mu_2$) 在（$1-\alpha$）置信水平下的置信区间为

$$(\bar{x}_1 - \bar{x}_2) \pm z_{\alpha/2} \sqrt{\frac{s_1^2}{n_1} + \frac{s_2^2}{n_2}} \tag{6-13}$$

**【例 6-6】** 一个银行负责人想知道储户存入两家银行的金额，他从两家银行各抽取了一个由 35 个储户组成的随机样本，样本均值如下：银行 A 为 4800 元，银行 B 为 3500 元。设已知两个总体服从方差分别为 2500 元和 3600 元的正态分布，试求两家银行存款金额均值差的置信区间，置信度为 95%。

**解**：根据公式（6-13）得

$$(\bar{x}_1 - \bar{x}_2) \pm z_{\alpha/2} \sqrt{\frac{\sigma_1^2}{n_1} + \frac{\sigma_2^2}{n_2}} = (4800 - 3500) \pm 1.96 \times \sqrt{\frac{2500}{35} + \frac{3600}{35}} = 1300 \pm 25.85$$

即（1274.15，1325.85），也就是说两家银行的储户存款金额均值之差 95% 的置信区间为 1274.15～1325.85 元。

**（2）小样本的估计方法**

假定两总体都服从正态分布，两个样本都是小样本时，两总体均值之差的区间估计问题又分为以下几种情况来讨论。

① 当两个总体方差 $\sigma_1^2$ 和 $\sigma_2^2$ 已知时，无论样本量大小，均可用式（6-12）建立两个总体均值之差的置信区间。

② 当两个总体的方差 $\sigma_1^2$ 和 $\sigma_2^2$ 未知但相等时，则需用两个样本的方差 $s_1^2$ 和 $s_2^2$ 来估计。并且这时需要将两个样本的数据组合在一起，以计算出总体方差的合并估计量，用 $s_p^2$ 表示，计算公式为

$$s_p^2 = \frac{(n_1-1)s_1^2 + (n_2-1)s_2^2}{n_1+n_2-2} \tag{6-14}$$

这种情况下，两个小样本均值之差经标准化后服从自由度为（$n_1+n_2-2$）的 $t$ 分布，即

$$t = \frac{(\bar{x}_1 - \bar{x}_2) - (\mu_1 - \mu_2)}{s_p\sqrt{\frac{1}{n_1}+\frac{1}{n_2}}} \sim t(n_1-n_2-2) \tag{6-15}$$

因此，两个总体均值之差 $(\mu_1-\mu_2)$ 在（$1-\alpha$）置信水平下的置信区间为

$$(\bar{x}_1 - \bar{x}_2) \pm t_{\alpha/2}(n_1+n_2-2)\sqrt{s_p^2\left(\frac{1}{n_1}+\frac{1}{n_2}\right)} \tag{6-16}$$

**【例 6-7】** 为估计两种方法组装产品所需时间的差异，分别对两种不同的组装方法各随机安排 12 个工人，已知使用方法（1）和方法（2）所需时间的平均数和样本方差分别为 $\bar{x}_1 = 32.5$，$s_1^2 = 15.996$；$\bar{x}_2 = 28.8$，$s_2^2 = 19.358$。假定两种方法组装产品的时间服从正态分布，方差未知但相等。试以 95% 的置信水平建立两种方法组装产品所需平均时间差值的置信区间。

**解**：总体方差的合并估计量为

$$s_p^2 = \frac{(n_1-1)s_1^2 + (n_2-1)s_2^2}{n_1+n_2-2} = \frac{(12-1)\times 15.996 + (12-1)\times 19.358}{12+12-2} = 17.677$$

根据 $\alpha=0.05$ 和自由度（12+12-2）=22，查 $t$ 分布表得 $t_{0.05/2}(22) = 2.074$。

两个总体均值之差（$\mu_1-\mu_2$）在 95% 置信水平下的置信区间为

$$(\bar{x}_1 - \bar{x}_2) \pm t_{\alpha/2}(n_1+n_2-2)\sqrt{s_p^2\left(\frac{1}{n_1}+\frac{1}{n_2}\right)}$$

$$= (32.5 - 28.8) \pm 2.074 \times \sqrt{17.677 \times \left(\frac{1}{12}+\frac{1}{12}\right)}$$

$$= 3.7 \pm 3.56$$

即（0.14，7.26），也就是说，两种方法组装产品所需平均时间之差95%的置信区间为 0.14～7.26 分钟。

③ 当两个总体的方差 $\sigma_1^2$ 和 $\sigma_2^2$ 未知且不相等时，两个小样本均值之差经标准化后近似服从自由度为 $v$ 的 $t$ 分布。自由度 $v$ 的计算公式为

$$v = \frac{\left(\dfrac{s_1^2}{n_1} + \dfrac{s_2^2}{n_2}\right)^2}{\dfrac{(s_1^2/n_1)^2}{n_1-1} + \dfrac{(s_2^2/n_2)^2}{n_2-1}} \tag{6-17}$$

两个总体均值之差在 $(1-\alpha)$ 置信水平下的置信区间为

$$(\bar{x}_1 - \bar{x}_2) \pm t_{\alpha/2}(v)\sqrt{\frac{s_1^2}{n_1} + \frac{s_2^2}{n_2}} \tag{6-18}$$

**【例 6-8】** 为估计两种方法组装产品所需时间的差异，分别对两种不同的组装方法随机安排工人。第一种方法安排 12 个工人，第二种方法安排 8 个工人，即 $n_1=12$，$n_2=8$。已知使用方法（1）和方法（2）所需时间的平均数和方差分别为 $\bar{x}_1=32.5$，$s_1^2=15.996$,；$\bar{x}_2=27.875$，$s_2^2=23.014$。假定两种方法组装产品的时间服从正态分布，方差未知且不相等。试以 95% 的置信水平建立两种方法组装产品所需平均时间差值的置信区间。

**解：** 根据所给数据计算的自由度为

$$v = \frac{\left(\dfrac{15.996}{12} + \dfrac{23.014}{8}\right)^2}{\dfrac{(15.996/12)^2}{12-1} + \dfrac{(23.014/8)^2}{8-1}} = 13.188 \approx 13$$

查 $t$ 分布表得 $t_{0.05/2}(13) = 2.160$。两个总体均值之差 $(\mu_1 - \mu_2)$ 在 $(1-\alpha)$ 置信水平下的置信区间为

$$(\bar{x}_1 - \bar{x}_2) \pm t_{\alpha/2}(v)\sqrt{\frac{s_1^2}{n_1} + \frac{s_2^2}{n_2}}$$

$$= (32.5 - 27.875) \pm 2.160 \times \sqrt{\frac{15.996}{12} + \frac{23.014}{8}}$$

$$= 4.625 \pm 4.433$$

即（0.192，9.058），两种方法组装产品所需平均时间之差 95% 的置信区间为 0.192～9.058 分钟。

### 6.3.1.2 匹配样本

用独立样本来估计两总体均值之差时存在着一定的弊端。比如，在例 6.7 中对每种方法随机指派 12 个工人时，偶尔可能会使技术比较差的 12 个工人指定给方法（1），而技术较好的 12 个工人指定给方法（2）。这种不均匀的指派，可能会掩盖两种方法组装产品所需时间的真正差异。

为解决这一问题，可以使用匹配样本（matched sample），即一个样本中的数据与另一个样本中的数据相对应。比如，先指定 12 个工人用方法（1）组装产品，然后让这 12 个工人用方法（2）组装产品，这样得到的两组组装产品的数据就是匹配数据。匹配样本可以消除由于样本指定的不均匀造成的两个方法组装时间上的差异。

（1）在大样本情况下，两个总体均值之差 $\mu_d = \mu_1 - \mu_2$ 在（$1-\alpha$）置信水平下的置信区间为

$$\bar{d} \pm z_{\alpha/2} \frac{\sigma_d}{\sqrt{n}} \tag{6-19}$$

式中：$d$ 表示两个匹配样本对应数据的差值；$\bar{d}$ 表示各差值的均值；$\sigma_d$ 表示各差值的标准差。当总体的 $\sigma_d$ 未知时，可用样本差值 $d$ 的标准差 $s_d$ 来代替。

（2）在小样本情况下，假定两个总体各观测值的配对差服从正态分布。两个总体均值之差 $\mu_d = \mu_1 - \mu_2$ 在（$1-\alpha$）置信水平下的置信区间为

$$\bar{d} \pm t_{\alpha/2}(n-1) \frac{s_d}{\sqrt{n}} \tag{6-20}$$

【例 6-9】由 10 名学生组成一个随机样本，让他们分别采用 A 和 B 两套试卷进行测试，结果如表 6-1 所示。

表 6-1　10 名学生两套试卷的得分　（单位：分）

| 学生编号 | 试卷 A | 试卷 B | 差值 $d$ |
| --- | --- | --- | --- |
| 1 | 78 | 71 | 7 |
| 2 | 63 | 44 | 19 |
| 3 | 72 | 61 | 11 |
| 4 | 89 | 84 | 5 |
| 5 | 91 | 74 | 17 |
| 6 | 49 | 51 | -2 |

续表

| 学生编号 | 试卷 A | 试卷 B | 差值 $d$ |
| --- | --- | --- | --- |
| 7 | 68 | 55 | 13 |
| 8 | 76 | 60 | 16 |
| 9 | 85 | 77 | 8 |
| 10 | 55 | 39 | 16 |

试建立 95%置信水平下两种试卷平均分数之差 $\mu_d = \mu_1 - \mu_2$ 的置信区间。

**解**：根据表 6-1 中的数据计算得

$$\bar{d} = \frac{\sum_{i=1}^{n} d_i}{n_d} = \frac{110}{10} = 11, \quad s_d = \sqrt{\frac{\sum_{i=1}^{n}(d_i - \bar{d})^2}{n_d - 1}} = 6.53$$

自由度为（10-1）=9，查 $t$ 分布表得 $t_{\frac{0.05}{2}}(9) = 2.262$。

根据公式（6-20），得两种试卷分数之差 $\mu_d = \mu_1 - \mu_2$ 95%的置信区间为

$$\bar{d} \pm t_{\alpha/2}(n-1) \frac{s_d}{\sqrt{n}} = 11 \pm 2.262 \times \frac{6.53}{\sqrt{10}} = 11 \pm 4.67$$

即（6.33，15.67），两种试卷所产生的分数之差 95%的置信区间为 6.33～15.67 分。

## 6.3.2 两个总体比率之差的区间估计

在社会经济问题中，经常需要对两个总体某比率之差进行推断分析。例如，两种产品合格率的比较等。

根据抽样分布知识可知，从两个二项总体中分别抽出相互独立的两个大样本，则这两个样本比率之差这一统计量服从正态分布。由此可知，我们将该统计量标准化后，其标准化值将服从标准正态分布，即

$$z = \frac{(p_1 - p_2) - (\pi_1 - \pi_2)}{\sqrt{\frac{\pi_1(1-\pi_1)}{n_1} + \frac{\pi_2(1-\pi_2)}{n_2}}} \sim N(0,1) \qquad (6-21)$$

由于这里要推断的就是 $p_1$ 和 $p_2$ 之差，$p_1$ 与 $p_2$ 为未知，因此我们用 $p_1$、$p_2$ 替代。由此建立起两总体比率之差 $(p_1 - p_2)$ 在（$1-\alpha$）置信水平下的置信

区间为

$$(p_1-p_2)\pm z_{\alpha/2}\sqrt{\frac{p_1(1-p_1)}{n_1}+\frac{p_2(1-p_2)}{n_2}} \qquad (6-22)$$

**【例 6-10】** 饮料公司对其所做的报纸广告在两个城市的效果进行了比较。它们从两个城市中分别随机地调查了 1000 个成年人，其中看过广告的比率分别为 0.18 和 0.14。试求两城市成年人中看过广告的比率之差的 95%的置信区间。

**解**：两城市看过广告的比率分别为 $p_1=0.18$，$p_2=0.14$。

当 $\alpha=0.05$ 时，$z_{\alpha/2}=1.96$。

因此，置信区间为

$$(p_1-p_2)\pm z_{\alpha/2}\sqrt{\frac{p_1(1-p_1)}{n_1}+\frac{p_2(1-p_2)}{n_2}}$$

$$=(0.18-0.14)\pm 1.96\times\sqrt{\frac{0.18(1-0.18)}{1000}+\frac{0.14(1-0.14)}{1000}}$$

$$=0.04\pm 0.0321$$

即（0.79%，7.21%），也就是说，两城市成年人中看过该广告的比例之差 95%的置信区间为 0.79%～7.21%。

## 6.3.3 两个总体方差比的区间估计

在实际应用中经常会遇到比较两个总体方差的问题。如我们需要比较两种设备的精度，比较两个工艺过程的稳定性等，这些都可以转化成对两个总体方差的比较问题。

我们用 $F$ 分布来构造两总体方差比的置信区间。由 $F$ 分布定义可推导出，含有两总方差比 $s_1^2/s_2^2$ 的统计量 $\dfrac{s_1^2/\sigma_1^2}{s_2^2/\sigma_2^2}$ 服从自由度为 $(n_1-1, n_2-1)$ 的 $F$ 分布，如图 6-8 所示，即

$$\frac{s_1^2/\sigma_1^2}{s_2^2/\sigma_2^2}=\frac{s_1^2\sigma_2^2}{s_2^2\sigma_1^2} \qquad (6-23)$$

第6章 参数估计

[图示：F分布曲线，标注含有两总体方差比的统计量(1-α)的置信区间，横轴标注 $F_{(1-\alpha/2)}$ 和 $F_{\alpha/2}$]

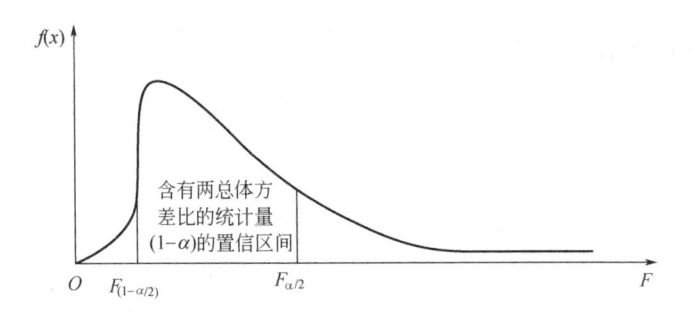

图 6-8 含有两总体方差比的统计量 $\dfrac{s_1^2/\sigma_1^2}{s_1^2/\sigma_2^2}$ 的抽样分布

则上述统计量在（1-α/2）水平下的置信区间为

$$F_{(1-\alpha/2)} \leqslant \frac{s_1^2/\sigma_1^2}{s_1^2/\sigma_2^2} \leqslant F_{\alpha/2} \tag{6-24}$$

由此，可以推出两总体方差比 $\sigma_1^2/\sigma_2^2$ 在 1-α 置信水平下的置信区间为

$$\frac{s_1^2/s_2^2}{F_{\alpha/2}} \leqslant \frac{\sigma_1^2}{\sigma_2^2} \leqslant \frac{s_1^2/s_2^2}{F_{1-\alpha/2}} \tag{6-25}$$

式中：$F_{\alpha/2}$ 和 $F_{1-\alpha/2}$ 为分子自由度为（$n_1-1$）和分母自由度为（$n_2-2$）的 $F$ 分布上侧面积为 $(\alpha/2)$ 和 $(1-\alpha/2)$ 的分位数。由于 $F$ 分布表中只给出面积较小的上分位数，我们可利用下面的关系求得 $F_{1-\alpha/2}$ 的分位数值：

$$F_{1-\alpha}(n_1, n_2) = \frac{1}{F_\alpha(n_2, n_1)} \tag{6-26}$$

式中：$n_1$ 表示第一自由度；$n_2$ 表示第二自由度。

**【例 6-11】** 为了研究两条生产线所生产的产品在杂质变异程度上的差异，分别从两条生产线生产的产品中各随机抽取了 25 个样品，它们的均值和样本方差为：$\bar{X}_1=3.2$，$\bar{X}_2=3.0$，$s_1^2=1.04$，$s_2^2=0.51$。试求两条生产线生产的产品其杂质方差比 90%的置信区间。

**解**：根据自由度 $n_1$=25-1=24 和 $n_2$=25-1=24，查 $F$ 分布表得

$$F_{\alpha/2}(24,24) = F_{0.05}(24,24) = 1.98$$

根据公式（6-26）得

$$F_{1-\alpha/2}(24,24) = F_{0.95}(24,24) = \frac{1}{1.98} = 0.505$$

根据公式（6-25）得

$$\frac{1.04/0.51}{1.98} \leqslant \frac{\sigma_1^2}{\sigma_2^2} \leqslant \frac{1.04/0.51}{0.505}$$

即 $1.03 \leqslant \dfrac{\sigma_1^2}{\sigma_2^2} \leqslant 4.00$，也就是说，两条生产线生产的两批产品杂质的90%的置信区间为 1.03～4.00。

## 6.4 抽样容量的确定

对社会经济现象进行各种抽样调查以推断总体参数的置信区间时，存在一个抽样量多少的问题。样本量的多少与对抽样误差的要求和调查费用都有着直接的关系。如果抽样量过大，虽然做到了抽样误差很小，然而调查的工作量会增大、投入的时间和经费会较多，不能很好地体现出抽样调查的优越性。反之，如果抽样量过少，虽然投入的时间、经费都会变少，但抽样误差会较大，那么这种抽样推断就会失去意义。因此，抽样推断中一个重要的讨论内容就是如何确定必要的抽样量。

所谓必要的抽样量，是指为了保证抽样误差不超过允许范围而至少应该从总体中抽取的样本数量。基于这一定义，可根据允许误差的公式来确定出必要的抽样量。

### 6.4.1 估计总体均值时样本量的确定

前面已经介绍了总体均值置信区间的推断方法，在重复抽样或无限总体抽样条件下，允许误差水平为

$$E = z_{\alpha/2} \frac{\sigma}{\sqrt{n}} \tag{6-27}$$

其中，$z_{\alpha/2}$ 的值是由问题研究中预先设定的置信水平 $(1-\alpha)$ 决定，总体标准差 $\sigma$ 是给定的，允许误差水平 $E$ 也是问题研究中预先设定的。由此可以推导出计算必要样本量的公式：

$$n = \frac{z_{\alpha/2}^2 \sigma^2}{E^2} \qquad (6\text{-}28)$$

注意，在实际应用中如果 σ 值未知，可以用样本的标准差 s 作为 σ 的估计值。另外，由公式（6-28）计算出的样本量不一定是整数，通常取成较大的整数，即把小数点后面的数值一律进位成整数。

【例 6-12】一家塑料公司想估计其产品的平均抗拉强度，要求以 95%的置信度使估计值在真值附近 1 公斤/平方厘米的范围内。问该公司应抽多少个样品？经验表明，$\sigma^2$ 的估计值可取 12.25。

**解**：已知 $\sigma^2$=12.25，E=1，又知 $\alpha = 0.05$，则可查得置信度系数 $z_{\alpha/2}$=1.96 根据公式（6-28）得：

$$n = \frac{z_{\alpha/2}^2 \sigma^2}{E^2} = \frac{1.96^2 \times 12.25}{1^2} = 47.06 \approx 48$$

即该公司至少应抽取 48 个样品才能保证允许误差在 1 公斤/平方厘米范围内。

## 6.4.2 估计总体比率时样本量的确定

与估计总体均值时样本量的确定方法类似，在重复抽样或无限总体抽样条件下，允许误差水平为

$$E = z_{\alpha/2} \sqrt{\frac{\pi(1-\pi)}{n}} \qquad (6\text{-}29)$$

其中 $z_{\alpha/2}$ 的值是由问题研究中预先设定的置信水平（1-α）决定，总体比率 π 是固定的，允许误差水平 E 也是问题研究中预先设定的，由此可以推导出计算必要样本量的公式：

$$n = \frac{z_{\alpha/2}^2 \pi(1-\pi)}{E^2} \qquad (6\text{-}30)$$

注意：在实际应用中，如果 π 的值未知，可以用类似的样本比率来代替；如果知道多个样本比率 p 的值，通常取使 p(1-p) 值最大的样本比率值代入。

【例 6-13】一家市场调查公司想估计某地区有彩色电视机的家庭所占的比重。要求允许误差为 0.05，置信度为 95%，问应该抽取多大容量的样本？公司调查人员认为实际比重为 20%。

**解**：已知 $\pi=20\%$，$E=0.05$，又知 $\alpha=0.05$，则可查得置信度系数 $z_{\alpha/2}=1.96$。根据公式（6-30），得

$$n=\frac{z_{\alpha/2}^2\pi(1-\pi)}{E^2}=\frac{1.96^2\times 0.2\times(1-0.2)}{0.05^2}=245.9\approx 246$$

即该市场调查公司应至少抽取 246 户才能保证允许误差水平在 0.05 以内。

# 本章小结

本章介绍了对总体参数进行估计的基本原理以及总体各种参数的区间估计问题。参数估计就是利用样本提供的信息来对总体参数的取值或其取值范围进行推断的一种统计方法。具体分为点估计法和区间估计法两种，本章介绍的重点在后者。在对总体的不同参数进行区间估计的讨论中，分为一个总体参数和两个总体参数的区间估计问题两种情况。本章先介绍了一个总体的均值、比率以及方差这几个参数的区间估计方法；而后对两个总体的参数估计问题，本章介绍了两个总体均值之差、比率之差和方差之比这几个参数的区间估计方法。最后讨论了样本容量的确定问题。

# 第7章 假设检验

## 引例

当问起健康的成年人体温是多少时,多数人的回答是36.5℃,这似乎已经成了一种共识。表7-1是一个研究人员测量的50个健康成年人的体温数据。

表7-1　调查数据　　　　　　　　　　　　　　　　（单位：℃）

| 37.1 | 36.9 | 36.9 | 37.1 | 36.4 |
| --- | --- | --- | --- | --- |
| 36.9 | 36.6 | 36.2 | 36.7 | 36.9 |
| 37.6 | 36.7 | 37.3 | 36.9 | 36.4 |
| 36.1 | 37.1 | 36.6 | 36.5 | 36.7 |
| 37.1 | 36.2 | 36.3 | 37.5 | 36.9 |
| 37.0 | 36.7 | 36.9 | 37.0 | 37.1 |
| 36.6 | 37.2 | 36.4 | 36.6 | 37.3 |
| 36.1 | 37.1 | 37.0 | 36.6 | 36.9 |
| 36.7 | 37.2 | 36.3 | 37.1 | 36.7 |
| 36.8 | 37.0 | 37.0 | 36.1 | 37.0 |

根据样本数据计算的平均值 $\bar{x}=36.8$℃,标准差 $S=0.36$℃。根据参数估计方法得到健康成年人平均体温95%的置信区间为(36.7, 36.9)。研究人员发现此区间并没有36.5℃,因此提出"不应该再把36.5℃作为正常人体温"的观点。

那么，我们究竟是否应该放弃"正常人的平均体温是 36.5℃"这个共识呢？本章将提供一套标准统计程序来检验这样的观点。

与参数估计类似的是，假设检验也是对总体参数进行推断的统计理论，但两者的角度却不同。参数估计是利用样本信息对未知的总体参数进行推断；而假设检验则是先对总体参数提出一个假设值，然后利用样本信息来帮助判断这一假设是否成立。假设检验方法在许多领域内都有应用。本章首先介绍假设检验的基本原理和相关知识，然后介绍如何利用样本信息来对一个总体的参数和两个总体的参数分别进行假设检验的方法。

# 7.1 假设检验的基本原理、相关概念及问题

## 7.1.1 假设检验的基本原理

在现实生活中，人们经常要对某个"假设"作出判断，确定它是真的还是假的。在研究领域，研究者在检验一种新的理论时，首先要提出一种自认为是正确的看法，即假设，所谓假设（hypothesis）就是对总体的某种看法。在参数检验中，假设就是对总体参数的具体数值所作的陈述。例如，我们虽然不知道一批灯泡的平均使用寿命是多少，不知道一批产品的合格率是多少，不知道全校学生月生活费支出的标准差是多少，但可以事先提出一个假设值，比如，这批灯泡的平均使用寿命是 1500 小时，这批产品的合格率是 95%，全校学生月生活费支出的标准差是 100 元等。

一个假设的提出总是以一定的理由为基础的，但这些理由通常又是不完全充分的，因而产生了"检验"的需求，也就是要进行判断。假设检验（hypothesis test）就是在对总体参数提出假设的基础上，利用样本信息来判断该假设是否成立的统计方法。例如，假设全校学生的月生活费支出的平均值是 800 元，然后从全校学生中抽取一个样本，根据样本信息检验月平均生活费支出是不是 800 元，这就是假设检验。

下面，我们就针对一个典型的实际问题来介绍假设检验的基本原理。

**典型问题：**

某企业生产一种零件，过去的大量资料表明：零件的平均长度为 4cm。经过某厂工艺改革之后，抽查了 100 个该零件，测得其平均长度为 4.06cm，标准差为 0.3cm。现问在显著性水平为 0.05 条件下：

（1）工艺改革前后零件的长度是否发生了显著变化？

（2）工艺改革后零件的长度是否有所提高？

这就是假设检验的一个典型问题。针对上述两问，我们逐步介绍假设检验的基本原理。

假设检验的基本原理是一定概率意义上的反证法。反证法属"间接证明法"，是从反方向来证明的，大致证明思路可以概况为：由于 $A \Rightarrow B$，则 $\overline{B} \Rightarrow \overline{A}$。这里需要证明的是：$A$ 是否成立？

对应上述问题（1），这里的 $A$ 具体内容就是：工艺改革之后零件的长度 $\mu$ 仍然是 4cm。

于是我们针对该问题提出假设，即 $A$：$\mu$=4cm。该假设被称为原假设，用 $H_0$ 来表示。

我们假设 $H_0$：$\mu$=4cm 成立　　【反证法中的 $A$】

根据前面介绍过的抽样分布理论，得到图 7-1 中关于上述典型问题中有关 $\overline{x}$ 的抽样分布情况。

可知，抽样估计量 $\overline{x}$ 有（1-$\alpha$）那么多的观测值落在了总体参数 $\mu$ 左边或右边 $Z_{\alpha/2} \cdot \dfrac{\sigma}{\sqrt{n}}$ 范围内，即由反证法中的 $A$ 可推出 $B$：

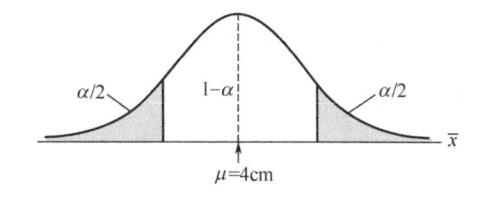

图 7-1　上述典型问题中有关 $\overline{x}$ 的抽样分布

$$|\overline{x} - \mu| \leq Z_{\alpha/2} \cdot \dfrac{\sigma}{\sqrt{n}} \quad \text{【反证法中的 } B\text{】} \quad (7-1)$$

下面要做的工作就是，根据样本所提供的信息看一看这里的 $B$ 究竟是否成立。有两种可能性：第一，$B$ 成立，那么我们无法推翻 $A$ 假设的内容；第二，$B$ 不成立，那么根据反证法原理，可以以（1-$\alpha$）的把握度否定 $A$ 假设的内容。

因此，将样本信息 $\overline{x}$ 代入式（7-1），以检验该式是否成立，即 $B$ 是否成立。

经简单变形,将式(7-1)转换为

$$|\bar{x}-\mu|/\frac{\sigma}{\sqrt{n}} \leq Z_{\alpha/2} \qquad (7-2)$$

式中:左边的 $|\bar{x}-\mu|/\frac{\sigma}{\sqrt{n}}$ 被称为检验统计量,用 $Z_{统计量}$ 表示;而右边的 $Z_{\alpha/2}$ 在假设检验中被叫做临界值。也就是说,判断 B 是否成立的问题被转化为检验统计量 $Z_{统计量}$ 与临界值 $Z_{\alpha/2}$ 之间的比较问题。如图7-1所示,如果检验统计量的值落在左右两边临界值范围以内,则 B 成立;如果落在了两边临界值范围以外,则 B 不成立。由此作为对原假设 $H_0$ 内容是否成立进行判断的决定性依据。

上述推理过程是对于前面典型问题中第(1)小问的解决思路及具体方法的阐述。在假设检验中,我们把这种类型的检验称为双侧检验。其过程可用简要的图示概述如下:

建立原假设 $H_0$: $\mu=4\,\text{cm}$【反证法中的 A】　　备择假设 $H_1$: $\mu \neq 4\,\text{cm}$

⇩

据抽样分布理论,以 $(1-\alpha)$ 的把握度可推出:$|\bar{x}-\mu| \leq Z_{\alpha/2} \cdot \frac{\sigma}{\sqrt{n}}$【反证法中的 B】

⇩

实际操作中将上式转化为判断 $Z_{统计量}=|\bar{x}-\mu|/\frac{\sigma}{\sqrt{n}} \leq Z_{临}=Z_{\alpha/2}$ 是否成立

根据规定的显著性水平 $\alpha$ 查表比较,最后以 $(1-\alpha)$ 的把握度做出决策:若 B 成立,则不否定 A;若 B 不成立,则否定 A。

而下面要介绍的则是针对前面典型问题中第(2)小问的解决思路和具体方法,这种不同于前者的假设检验,我们称为单侧检验。

对应第(2)小问,反证法中的 A 具体内容就是:工艺改革之后零件的长度 $\mu$ 不大于4cm。于是我们针对该问题提出假设,即 A:$\mu \leq 4\text{cm}$ 成立,这就是原假设 $H_0$【反证法中的 A】。

据抽样分布理论可知：有($1-\alpha$)那么多的$\bar{x}$观测值落在了$\mu+Z_{1-\alpha}\cdot\dfrac{\sigma}{\sqrt{n}}$以左范围内，即

$$\bar{x}\leqslant\mu+Z_{1-\alpha}\cdot\dfrac{\sigma}{\sqrt{n}} \qquad 【反证法中的 B】 \qquad (7\text{-}3)$$

根据上述对第（1）小问的说明，同理可知：利用样本信息即可判断出 $B$ 是否成立，同样有两种可能：第一种，$B$ 成立，那么我们无法推翻 $A$ 假设的内容；第二种，$B$ 不成立，那么根据反证法原理，可以以（$1-\alpha$）的把握度否定 $A$ 假设的内容。

以上是对于前面典型问题中第（2）小问的解决思路及具体方法的阐述。在假设检验中，把这种类型的检验称为单侧检验。其过程可用简要的图示概述如下：

建立原假设 $H_0$：$\mu\leqslant 4\text{cm}$ 【反证法中的 $A$】  　　备择假设 $H_1$：$\mu>4\text{cm}$

⇩

据抽样分布理论，以（$1-\alpha$）的把握度可推出：$\bar{x}\leqslant\mu+Z_{1-\alpha}\cdot\dfrac{\sigma}{\sqrt{n}}$

【反证法中的 $B$】

⇩

实际操作中将上式转化为判断：$Z_{统计量}=(\bar{x}-\mu)/\dfrac{\sigma}{\sqrt{n}}\leqslant Z_{临}=Z_{1-\alpha}$ 是否成立

根据规定的显著性水平 $\alpha$ 查表比较，最后以 $1-\alpha$ 的把握度做出决策：若 $B$ 成立，则不否定 $A$；若 $B$ 不成立，则否定 $A$。

下面就代入该典型问题中的具体数据，看看该假设检验问题中的两问会有怎样的结论。

（1）该小问实质是双侧检验问题。由上文的原理阐述可知，解决该问题的关键是判断下式是否成立，即

$$Z_{统计量}=|\bar{x}-\mu|/\dfrac{\sigma}{\sqrt{n}}\leqslant Z_{临}=Z_{\alpha/2}\text{ 是否成立}$$

代入数据计算得：$Z_{统计量} = |4.06-4| \Big/ \dfrac{0.3}{\sqrt{100}} = 2$；

且在显著性水平 $\alpha=0.05$ 条件下查标准正态分布表，得临界值 $Z_{\alpha/2}=1.96$。

经比较：$|Z_{统计量}| > Z_{\alpha/2}$，即统计值落在拒绝域内【反证法中的 $B$ 并不成立，即 $\overline{B}$】。

则应该拒绝原假设 $H_0$：$\mu=4$cm 而接受 $H_1$（则 $\overline{A}$）。

即以 $1-\alpha=0.95$ 的把握度认为工艺改革后零件的长度发生了显著性变化。

（2）该小问的实质是单侧检验中的右侧检验，由上文的原理阐述可知，解决该问题的关键是判断下式是否成立，即

$$Z_{统计量} = (\bar{x}-\mu) \Big/ \dfrac{\sigma}{\sqrt{n}} \leqslant Z_{临} = Z_{1-\alpha} \text{ 是否成立}$$

代入数据计算得：$Z_{统计量} = |4.06-4| \Big/ \dfrac{0.3}{\sqrt{100}} = 2$；

且在显著性水平 $\alpha=0.05$ 条件下查标准正态分布表，得临界值 $Z_{1-\alpha}=1.645$。

经比较：$Z_{统计量} > Z_{1-\alpha}$，即统计值落在拒绝域内【反证法中的 $B$ 并不成立，即 $\overline{B}$】。

则应该拒绝原假设 $H_0$：$\mu < 4$ cm 而接受 $H_1$（则 $\overline{A}$）。

即以 $1-\alpha=0.95$ 的把握度认为工艺改革后零件的长度有了显著提高。

另外，我们以开篇提及的健康人平均体温为例来再次展示一下双侧检验的整个检验过程，以巩固和加深学习者对假设检验的理解。

假设 $H_0$：$\mu=36.5$ 成立（反证法中的 $A$），

则以 $1-\alpha=95\%$ 的把握度应该可推出：

$$|\bar{x}-\mu| \leqslant Z_{\alpha/2} \cdot \dfrac{\sigma}{\sqrt{n}} \qquad \text{【反证法中的 } B\text{】}$$

现在我们需要做的就是：根据假设内容和已掌握的样本数据等信息，来实际验证一下反证法中的 $B$ 究竟是否成立。如果 $B$ 成立，则就目前掌握的信息来看还不能否定 $A$；如果 $B$ 不成立，则据反证法的思想我们以 $1-\alpha$ 的把握程度否定 $A$。

在实际操作中，可以把验证 $B$ 是否成立转化为验证 $Z_{统计量} = |\bar{x}-\mu| \Big/ \dfrac{\sigma}{\sqrt{n}} \leqslant Z_{\sigma/2}$ 式（7-2）是否成立。

代入本例数据可知 $Z_{\text{统计量}} = \dfrac{|36.8-36.5|}{0.36/\sqrt{50}} = 5.85$，且 $Z_{\alpha/2}$ 查表得 1.96，即

$$Z_{\text{统计量}} \leqslant Z_{\alpha/2} \text{ 不成立【反证法中的 } B \text{ 并不成立，即 } \overline{B} \text{】}$$

根据反证法的思想，我们以 $1-\alpha$ 的把握程度否定 $A$，即认为

$$\text{假设 } H_0: \mu = 36.5 \text{ 不成立（则 } \overline{A} \text{）}$$

## 7.1.2 假设的建立与类型

在假设检验中，首先需要提出两种假设，即原假设和备择假设。

原假设（null hypothesis），就是对总体参数取值的一种假定。通常是研究者想收集证据予以反对的假设，也称零假设，用 $H_0$ 表示。

备择假设（alternative hypothesis）是对原假设的否定。通常就是指研究者想收集证据予以支持的假设，用 $H_1$ 或 $H_a$ 表示。备择假设通常用于表达研究者自己倾向于支持的看法，然后就是收集证据拒绝原假设，以支持备择假设。

在此，我们对假设的建立做出几点说明：

（1）原假设与备择假设是一个完备事件组，而且是对立的，故必有且只有一个成立。

（2）假设的建立在某种意义上说是具有一定主观性的。是根据研究者的研究目的而设定的，并无固定设法，面对同一问题，由于不同的研究者有不同的研究目的，可能会提出截然相反的原假设和备择假设，这也是正常的，只要符合研究者的最终研究目的，不管怎样确定假设的形式都是合理的。

（3）在建立假设时，通常是先确定备择假设，再确定原假设。因为备择假设是研究者所关心的，所想予以支持或证实的，因而比较清楚，容易确定。又因为原假设与备择假设是一组对立的完备事件组，只要确定了备择假设，原假设就容易确定出来。

假设检验有三种基本类型。如果研究者感兴趣的备择假设内容是没有特定方向性的变化，只是关心备择假设 $H_1$ 是否不同于原假设 $H_0$，这种类型的假设检验被称为双侧检验或双尾检验。如果研究者感兴趣的备择假设内容具有特定方向性的变化，则被称为单侧检验或单尾检验。在单侧检验中，根据研究者感兴趣的方向不同，又可分为左侧检验和右侧检验。

现将这几种假设的基本类型总结见表 7-2，表中的 $\mu$ 为总体参数，$\mu_0$ 为总体参数的某具体假设数值。

表 7-2 假设检验基本形式

| 假设 | 双侧检验 | 单侧检验 | |
|---|---|---|---|
| | | 左侧检验 | 右侧检验 |
| 原假设 | $H_0$：$\mu=\mu_0$ | $H_0$：$\mu \geqslant \mu_0$ | $H_0$：$\mu \leqslant \mu_0$ |
| 备择假设 | $H_1$：$\mu \neq \mu_0$ | $H_1$：$\mu < \mu_0$ | $H_1$：$\mu > \mu_0$ |

确定原假设和备择假设在假设检验中十分重要，它直接关系到假设检验的结论。下面用两个实例来说明确定原假设和备择假设的大概思路。

【例 7-1】一种零件的生产标准是直径为 10cm，为对生产过程进行控制，质量监测人员定期对一台加工机床进行检查，确定这台机床生产的零件是否符合要求。如果零件的平均直径大于或小于 10cm，则表明生产过程不正常，必须进行调整。试陈述用来检验生产过程是否正常的原假设和备择假设。

**解**：设这台机床生产的所有零件平均直径的真值为 $\mu$。如果 $\mu=10$cm，表明机床的生产过程正常。如果 $\mu>10$cm 或 $\mu<10$cm，则表明生产过程不正常。研究者要监测这两种可能情况中的任何一种。根据原假设和备择假设的定义，研究者想收集证据予以证明的假设应该是"生产过程不正常"，因为如果研究者事先认为生产过程正常，他也就没有必要去进行检验了。所以建立的原假设和备择假设应为

$H_0$：$\mu=10$cm（生产过程正常）

$H_1$：$\mu \neq 10$cm（生产过程不正常）

【例 7-2】某品牌洗涤剂在它的产品说明书中声称：平均净含量不少于 500g。从消费者的利益出发，有关研究人员要通过抽检其中的一批产品来验证该产品制造商的说明是否属实。试陈述用于检验的原假设与备择假设。

**解**：分析题意可知，研究者抽检的意图是：倾向于证实这种洗涤剂的平均净含量并不符合说明书中的陈述。如果研究者对产品说明没有丝毫质疑，也就没有抽检的必要了。所以平均净含量 $\mu<500$g 正是研究者想要收集证据予以支持的观点，那么建立的原假设与备择假设应为

$H_0$：$\mu \geqslant 500$g（净含量符合说明书）

$H_1$：$\mu < 500$g（净含量不符合说明书）

## 7.1.3 两类错误

假设检验的目的是根据样本信息作出决策。显然，研究者总是希望能够作出正确的决策，也就是当原假设 $H_0$ 正确时没有拒绝它，而当它不正确时拒绝了它。但由于决策是建立在样本信息基础之上，而样本又是随机的，所以就可能会犯错误。

假设检验过程中可能发生以下两类错误：

当原假设为真时拒绝原假设，所犯的错误称为第Ⅰ类错误（type I error），又称弃真错误。犯第一类错误的概率通常记为 $\alpha$。

当原假设为假时没有拒绝原假设，所犯的错误称为第Ⅱ类错误（type II error），又称取伪错误。犯第二类错误的概率通常记为 $\beta$。

道理上不难理解，在研究环境不变（具体是指样本量不变）的情况下，这两类错误发生的概率存在这样的关系：显著性水平 $\alpha$ 越小，犯第一类错误的可能性自然就越小，但犯第二类错误的可能性则随之增大。这两类错误存在着此消彼长的关系。发生第Ⅰ类错误的概率也常被用于度量检验结论的可靠性。假设检验中犯的第一类错误的概率被称为显著性水平（level of significance），记为 $\alpha$。显著性水平是指当原假设事实上是正确的时候却被拒绝的概率。它是人们事先指定的犯第一类错误概率 $\alpha$ 的最大允许值，即允许犯第一类错误的最大概率是 $\alpha$。在实际应用中，显著性水平是人们事先给定的一个值。一般情况下，人们认为犯第一类错误的后果较第二类错误更严重一些，因此通常会取一个较小的 $\alpha$ 值。经常会用到的 $\alpha$ 值有三个，分别为 $\alpha=0.01$、$\alpha=0.05$、$\alpha=0.10$，当然也可以取其他较小的值。

确定了显著性水平 $\alpha$ 就等于控制了第一类错误的概率，但犯第二类错误的概率 $\beta$ 却是不确定的。在拒绝原假设 $H_0$ 时，人们犯错误的概率不超过给定的 $\alpha$ 水平；但当样本观测的结果显示没有充分理由拒绝原假设时，我们并不能确切知道犯第二类错误的概率。因此，在假设检验中采用"不拒绝 $H_0$"而不采用"接受 $H_0$"的表述方法。这种说法实质上并未做出明确结论，在多数场合下避免了第Ⅱ类错误发生的风险，因为"接受 $H_0$"所得结论可靠性将由第Ⅱ类错误的概率 $\beta$ 来测量，而 $\beta$ 的控制又相对复杂。

## 7.1.4 检验统计量与决策准则

在提出具体的假设之后,研究者需要提供可靠的证据来支持他所提出的备择假设。实际操作过程中,提出证据的信息主要是来自所抽取的样本,假设检验也就是要凭借可能获得的样本观测结果帮助研究者作出判断。一个很自然的想法是,如果样本提供的证据能够证明原假设是不真实的,研究者就有理由拒绝它,而倾向于选择备择假设。所以,研究者都倾向于通过样本信息提供对备择假设的支持,而倾向于作出"拒绝原假设"的结论。通常,样本能够提供的信息比较丰富,针对特定的研究问题,往往需要对这些信息进行提炼处理,而标准化的检验统计量便是对样本信息进行提炼处理的结果。这是假设检验中很重要的一步,在前面原理的阐述中公式(7-1)已有体现。

标准化的检验统计量,简称检验统计量(test statistic),它本质上反应了样本的点估计量信息,然而点估计量并不能直接作为检验统计量的值来参与假设检验的判断。我们需要依据样本点估计量的抽样分布情况来对其进行标准化处理,这样得到的标准化值才是检验统计量的值。

这里以对总体均值和总体比率的假设值进行检验为例,给出标准化检验统计量的计算公式:

标准化检验统计量=(点估计值-总体参数的假设值)/
点估计量抽样分布的标准差

那么,怎样的检验统计量值就使我们可以拒绝原假设了呢?这就涉及到拒绝域的概念。所谓拒绝域(rejection region),就是指能够拒绝原假设的统计量的所有可能取值所构成的集合,也就是前文反证法中 $\bar{B}$ 的范围,它在统计量的抽样分布图中围成了一个区域。这个区域实际上就是事先确定的显著性水平 $\alpha$,它有自己的临界值(critical value)。如果统计量的值落在临界值以内,即拒绝域内,我们就拒绝原假设;如果统计量值落在临界值以外,即接受域内,我们就不拒绝原假设。样本信息不否定原假设并不意味着就支持它。我们通常要么拒绝原假设,要么不拒绝原假设,但并不说"接受原假设"。因为不拒绝不等于接受,此时样本的信息并不能证明原假设为真。

这样,我们就明确了决策的准则。实际上,决定临界值位置的关键是预先设定的 $\alpha$ 水平。图 7-2 展示了三种假设形式中分别的显著性水平 $\alpha$、拒绝域和临界值的关系:

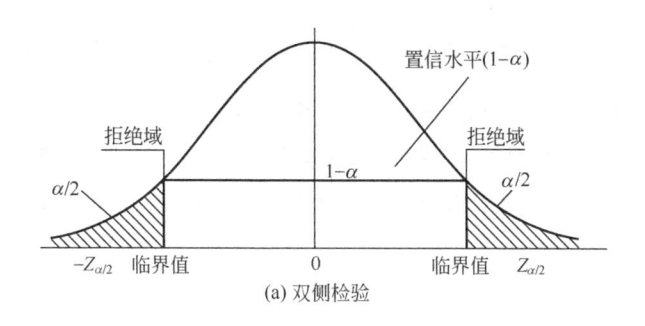

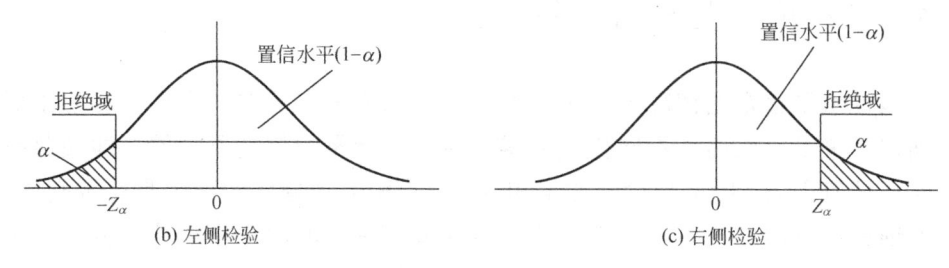

图 7-2 显著性水平、拒绝域和临界值

如图所示，拒绝域的位置取决于检验是单侧检验还是双侧检验，双侧检验的拒绝域在抽样分布的两侧，故称为双侧检验。单侧检验中，如果备择假设有符号"<"，则拒绝域位于抽样分布的左侧，故称为左侧检验；如果备择假设有符号">"，则拒绝域位于抽样分布的右侧，故称为右侧检验。

## 7.1.5 假设检验的步骤

在明确了以上假设检验的一般问题与假设的基本方法后，我们就要开始检验，再以开篇的健康人的平均体温为例进行说明，检验具体步骤如下：

（1）根据实际情况提出原假设和备择假设；

此例中原假设 $H_0$：$U=36.5$　　备择假设 $H_1$：$U \neq 36.5$

（2）选择合适的检验统计量并确定其抽样分布形式；

$$Z_{统计量} = |\bar{X} - U| / \sigma / \sqrt{n} \sim N(0,1)$$

（3）根据样本观测值，计算检验统计量的值；

$$Z_{统计量} = \frac{|36.8 - 36.5|}{0.36 / \sqrt{50}} = 5.85$$

（4）根据允许的显著性水平 $\alpha$，查出相应的临界值；

$1-\alpha=95\%$ 显著性水平为 5%，$Z_{\alpha/2}$ 查表得 1.96。

（5）根据检验统计量观测值的位置做出决策。

$|Z_{统计量}|>Z_{\alpha/2}$，则统计量落在拒绝域内，应该拒绝原假设 $H_0$：$\mu=36.5$

$|Z_{统计量}|<Z_{\alpha/2}$，则统计量落在接受域内，不拒绝原假设 $H_0$：$\mu=36.5$

## 7.1.6　利用 P 值进行决策

显性水平给定的情况下，对于相同的样本容量和分布，临界值和拒绝域就确定下来了。然而，不同样本所得的检验统计量的值是不同的，即使落在相同区域范围内，所下的检验结论相同，但检验的把握度实际上是有区别的。以拒绝原假设的结论为例，都是落在拒绝域范围内的两个检验统计量，一个距离临界值较近，另一个则较远，显然较远的那个检验统计量拒绝原假设的说服力更强。因此，同样的检验结论，不同样本观测值的说服力是有区别的。

$P$ 值就是反映样本的实际观测值与原假设中的总体参数值之间不一致程度的一个概率值。它也是拒绝原假设的最小显著性水平，再比它稍小一点的显性水平就不能拒绝原假设了。通常我们把这种"拒绝原假设的最小显著性水平"称为假设检验的 $P$ 值（P-value），也称为观察到的显著性水平（observed significance level）。$P$ 值越小，说明实际观测到的样本数据与原假设参数值之间不一致的程度就越大，即与原假设之间的差异性也就越显著。

利用 $P$ 值进行决策的规则十分简单。在已知 $P$ 值的条件下，将其与给定的显著性水平 $\alpha$ 值进行比较，就可以确定是否应该拒绝原假设，做出检验的结论，如图 7-3 所示。

单侧检验中，$P$ 值位于抽样分布的一侧；而双侧检验中，$P$ 值位于分布的两侧，每一侧的 $P$ 值为 1/2。通常将两侧面积的和定义为 $P$ 值，这样定义的好处是可以将 $P$ 值直接与给定的显著性水平 $\alpha$ 进行比较。

如果 $\alpha>P$ 值，则在显著性水平 $\alpha$ 下拒绝原假设；

如果 $\alpha\leqslant P$ 值，则在显著性水平 $\alpha$ 下不拒绝原假设；

如果 $\alpha=P$ 值，即统计量的值等于临界值时，为慎重起见，应增加样本容量，重新进行抽样检验。

在假设检验中，利用 $P$ 值进行决策十分普遍。虽然求 $P$ 值比较麻烦，但是计算机的应用使得计算变得容易，多数统计学软件都给出了检验的 $P$ 值以供判断。利用 $P$ 值进行决策十分有益，它能给出之前的检验方法不能给出的信息，它的大小能够说明拒绝原假设的理由是否充分。

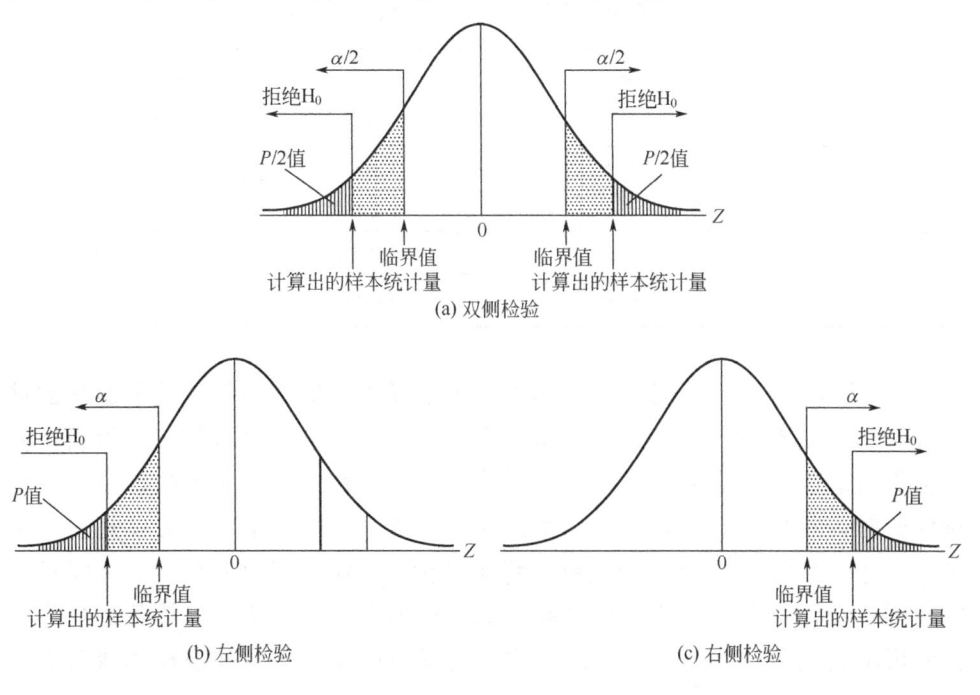

图 7-3　$P$ 值示意图

## 7.2　一个总体参数的检验

此节我们探讨针对一个总体的参数检验问题。要检验的参数主要是总体均值 $\mu$、总体比率 $\pi$ 和总体方差 $\sigma^2$。

### 7.2.1　总体均值的检验

总体均值的假设检验问题分为若干种情况，不同情况下统计量服从不同的分布，因此检验的方法也有所不同。表 7-3 总结概括出了对于总体均值进行假设检验时有可能遇到的各种情况以及每种情况下统计量所服从的分布，这样我们就可以根据实际问题来选择合适的方法对总体均值进行检验。

表 7-3  不同情况下样本均值所服从的分布形式

| 总体分布形式 | 总体 $\sigma^2$ 是否已知 | 样本量 $n$ | $\bar{x}$ 服从的分布形式 |
|---|---|---|---|
| 正态分布 | 已知 | 无论大小 | 正态分布 |
| 正态分布 | 未知（但存在，可用样本 $S^2$ 代替） | 足够大 | 正态分布 |
| | | 非足够大 | 标准化值服从 $t$ 分布 |
| 任何形式 | 已知/未知（但存在，可用样本 $S^2$ 代替） | 足够大 | 正态分布 |
| | | 非足够大 | 未知 |

如表 7-3 所示，不同的数据环境决定了样本均值这一统计量所服从的抽样分布形式是不同的。而抽样分布的形式又为假设检验中检验统计量的计算和临界值的确定方法提供了依据。因此，我们在针对一个总体的均值进行假设检验时，首先需要明确的是一系列数据环境，其中包括：该总体是否服从正态分布、总体方差 $\sigma^2$ 是否已知、样本量大小。明确了这些信息，才能正确判断样本统计量所服从的抽样分布形式。根据表 7-3 中所列出的各种情形，我们可将其大致归纳为两大类：大样本情况下的均值检验和小样本情况下的均值检验。

1. 大样本的检验方法

根据表 7-3 可知，在大样本情况下，分为 3 种情况。在这 3 种环境下，样本均值的抽样均近似服从正态分布，其抽样分布的标准差为 $\sigma/\sqrt{n}$。样本均值 $\bar{x}$ 经过标准化后即得到检验统计量，该检验统计量服从标准正态分布。

假设检验中所设的总体均值为 $\mu_0$，当总体方差 $\sigma^2$ 已知时，该检验统计量为

$$Z = \frac{\bar{x} - \mu_0}{\sigma/\sqrt{n}} \tag{7-4}$$

当总体方差 $\sigma^2$ 未知时，可以用样本方差 $S^2$ 近似代替总体方差，此时检验统计量为

$$Z = \frac{\bar{x} - \mu_0}{S/\sqrt{n}} \tag{7-5}$$

表 7-4 是在大样本情况下对总体均值进行假设检验的方法和步骤的总结。

表 7-4　大样本情况下总体均值的检验方法

| 检验步骤 | 检验类型 | | |
|---|---|---|---|
| | 双侧检验 | 左侧检验 | 右侧检验 |
| 假设形式 | $H_0: \mu = \mu_0$<br>$H_1: \mu \neq \mu_0$ | $H_0: \mu \geq \mu_0$<br>$H_1: \mu < \mu_0$ | $H_0: \mu \leq \mu_0$<br>$H_1: \mu > \mu_0$ |
| 检验统计量 | $\sigma$已知：$Z = \dfrac{\bar{x} - \mu_0}{\sigma/\sqrt{n}}$，$\sigma$未知：$Z = \dfrac{\bar{x} - \mu_0}{S/\sqrt{n}}$ | | |
| 临界值与拒绝域 | $\|Z\| > Z_{\alpha/2}$ | $Z < -Z_\alpha$ | $Z > Z_\alpha$ |
| P值决策准则 | $p < \alpha$，拒绝 $H_0$ | | |

下面用一个例子来具体说明对总体均值进行假设检验的一般步骤。

【**例 7-3**】根据过去大量资料可知，某厂生产的产品的使用寿命服从正态分布 $N(1020, 100^2)$。现从最近生产的一批产品中随机抽取 16 件，测得样本平均寿命为 1080 小时。试在 0.05 的显著性水平下判断这批产品的使用寿命是否有显著性提高？

**解**：由题意可知，样本均值 $x$ 的分布符合表 7-3 中的第一种情况，即服从正态分布。

（1）提出假设：$H_0: \mu = 1020$，$H_1: \mu > 1020$；

（2）确定检验统计量及其分布 $Z = \dfrac{\bar{x} - \mu_0}{\sigma/\sqrt{n}} \sim N(0,1)$；

（3）计算检验统计量的值 $Z_{检} = \dfrac{1080 - 1020}{100/\sqrt{16}} = 2.4$；

（4）根据允许的显著性水平 $\alpha = 0.05$，查出相应的临界值 $Z_{临} = Z_\alpha = Z_{0.05} = 1.645$；

（5）根据检验统计量观测值的位置做出决策。

$Z_{检} = 2.4 > Z_{临} = 1.645$，落在拒绝域内，因此以 $(1-\alpha) = 0.95$ 的把握度拒绝 $H_0$ 而接受 $H_1$，即认为这批产品的使用寿命有显著性提高。

**2．小样本的检验方法**

根据表 7.3 可知，在小样本（$n < 30$）情况下，分为 3 种情况。这 3 种环境下样本均值的抽样分布情况各不相同。

（1）总体服从正态分布，总体方差 $\sigma^2$ 已知，小样本的均值 $\bar{x}$ 仍然服从正态分布。这种情况下，检验的程序与大样本时完全相同，参见表 7-4。

（2）总体服从正态分布，总体方差 $\sigma^2$ 未知时（用样本方差 $S^2$ 代替总体

方差 $\sigma^2$），小样本均值的标准化值服从自由度为（$n-1$）的 $t$ 分布。这种情况下，检验统计量为：

$$t = \frac{\bar{x} - \mu_0}{S/\sqrt{n}} \tag{7-6}$$

双侧与单侧检验的临界值不同，拒绝域范围也不同，具体的决策方法见表 7-5。

表 7-5 小样本情况下总体均值的检验方法

|  | 双侧检验 | 左侧检验 | 右侧检验 |
|---|---|---|---|
| 假设形式 | $H_0$：$\mu = \mu_0$<br>$H_1$：$\mu \neq \mu_0$ | $H_0$：$\mu \geq \mu_0$<br>$H_1$：$\mu < \mu_0$ | $H_0$：$\mu \leq \mu_0$<br>$H_1$：$\mu > \mu_0$ |
| 检验统计量 | $\sigma$ 未知：$t = t = \dfrac{\bar{x} - \mu_0}{S/\sqrt{n}}$ | | |
| 临界值与拒绝域 | $\|t\| > t_{\alpha/2}(n-1)$ | $t < -t_\alpha(n-1)$ | $t > t_\alpha(n-1)$ |
| $P$ 值决策准则 | $p < \alpha$，拒绝 $H_0$ | | |

（3）总体分布情况未知，则小样本均值所服从的分布形式也未知。这时我们不讨论总体均值的检验问题。

【例 7-4】某厂采用自动包装机分装产品，假定每包产品的重量服从正态分布，每包标准重量为 1000 克。某日随机抽查 9 包，测得样本平均重量为 986 克，样本标准差为 24 克。试问在 0.05 的显著性水平上，能否认为这天自动包装机工作正常？

解：由题意可知，总体服从正态分布，总体方差未知，样本为小样本，其标准化值服从 $t$ 分布。

已知 $n=9$，$\bar{x}=986$，$\mu=1000$，$S=24$

（1）分析题意，提出假设：$H_0$：$\mu=1000$，$H_1$：$\mu \neq 1000$

（2）检验统计量为 $t_{检} = \dfrac{\bar{x} - \mu_0}{S/\sqrt{n}}$

（3）根据已知条件代入数值，计算检验统计量为

$$t_{检} = \frac{986 - 1000}{24/\sqrt{9}} = -1.75$$

（4）显著性水平 $\alpha=0.05$，查表得临界值 $t_{\alpha/2}(n-1) = t_{0.025}(9-1) = 2.306$

（5）由于$|t|$=1.75<$t_{\alpha/2}$ $(n-1)$=2.306，落在了接受域内，因此我们以 $1-\alpha$=95%的把握性程度不拒绝 $H_0$，即可以认为这天包装机工作正常。

## 7.2.2 总体比率的检验

和总体均值类似，总体比率也是总体的一种参数，它是指总体中具有某种相同特征的个体所占的比例，通常用字母 $\pi$ 表示。这里我们只讨论在大样本情况下对总体比率的假设（$H_0$：$\pi=\pi_0$，此处用字母 $\pi_0$ 表示对总体比率 $\pi$ 的一个假设值）进行检验的问题。首先，我们需要明确样本比率 $p$ 这一统计量所服从的分布类型，这样才能方便计算样本统计值所对应的标准化检验统计量的值。我们知道，在非大样本情况下，样本比率 $p$ 这一统计量服从均值为 $\pi$，方差为 $\pi(1-\pi)/n$ 的二项分布。然而，大样本情况下，该统计量则近似服从均值和方差同上的正态分布。我们利用后一条规律对来自一个总体的样本比率 $p$ 进行标准化处理，得到标准化检验统计量 $Z$。

$$Z = \frac{p - \pi_0}{\sqrt{\dfrac{\pi_0(1-\pi_0)}{n}}} \qquad (7\text{-}7)$$

此检验与前面对总体均值进行检验的程序基本相同。首先提出假设，选择合适的检验统计量，然后根据样本观测值计算出检验统计量的值，根据允许的显著性水平 $\alpha$，在相应统计量的统计分布表中查出相应的临界值，最后将检验统计量的值与临界值进行比较做出决策。

大样本情况下总体比率检验的一般方法总结见表 7-6。

表 7-6 大样本情况下总体比率的检验方法

|  | 双侧检验 | 左侧检验 | 右侧检验 |
| --- | --- | --- | --- |
| 假设形式 | $H_0$：$\pi=\pi_0$<br>$H_1$：$\pi \neq \pi_0$ | $H_0$：$\pi \geq \pi_0$<br>$H_1$：$\pi < \pi_0$ | $H_0$：$\pi \leq \pi_0$<br>$H_1$：$\pi > \pi_0$ |
| 检验统计量 | $ZZ = \dfrac{p - \pi_0}{\sqrt{\dfrac{\pi_0(1-\pi_0)}{n}}}$ |||
| 临界值与拒绝域 | $|Z|>Z_{\alpha/2}$ | $Z<-Z_\alpha$ | $Z>Z_\alpha$ |
| $P$ 值决策准则 | $p<\alpha$，拒绝 $H_0$ |||

**【例 7-5】** 一份以休闲和娱乐为主题的杂志，声称其读者群中有 80%为女性。为验证这一说法是否属实，某研究部门抽取了由 200 人组成的一个随机样本，发现有 146 个女性经常阅读该杂志。分别取显著性水平为 0.05 和 0.01，检验该杂志读者群中女生的比率是否为 80%。

解：检验的步骤如下：

（1）根据具体情况提出假设，假设形式有上表 7-6 中的三种；

研究机构想检验的是杂志所声称的说法是否属实，也就是读者中女性比率是否等于 80%，因此提出假设为： $H_0$ ： $\pi=80\%$ ； $H_1$ ： $\pi\neq 80\%$

（2）选择合适的检验统计量，一般是上表中的检验统计量 $Z$；

根据抽样结果可计算出：女性读者比率 $p=\dfrac{146}{200}=73\%$ ， $Z=\dfrac{p-\pi_0}{\sqrt{\dfrac{\pi_0(1-\pi_0)}{n}}}$

（3）代入样本观测值，计算出统计量的值；

$$Z=\frac{p-\pi_0}{\sqrt{\dfrac{\pi_0(1-\pi_0)}{n}}}=\frac{0.73-0.8}{\sqrt{\dfrac{0.8\times(1-0.8)}{200}}}=-2.475$$

（4）判断检验统计量与拒绝域的关系（一般有上表 7-6 中三种结果）；

（5）做出决策；

根据显著性水平为 0.05 查标准正态分布表得 $Z_{0.025}$ =1.96 而 |Z|=2.475>1.96 落在拒绝域，所以以（1-α）=0.95 的把握程度拒绝原假设，即样本提供的证据表明该杂志的说法并不属实。

## 7.2.3　总体方差的检验

和总体均值、比率一样，总体方差也是总体的一个参数。对总体方差的检验有一个重要的前提环境，就是该总体必须服从正态分布。与总体均值和总体比率检验所不同的是，我们并不能直接找出样本方差 $S^2$ 这一统计量所服从的分布类型，而是找到了含有样本方差 $S^2$ 的一个统计量表达式所服从的分布类型，即 $\dfrac{(n-1)S^2}{\sigma_0^2}$ 服从自由度为（n-1）的 $\chi^2$ 卡方分布。我们计算出这个检验统计量的值，再用它与自由度为（n-1）的卡方分布的临界值进行比较，由此来做出该假设检验的决策。

用 $\sigma_0^2$ 表示假设的总体方差的一个取值,则该检验的步骤如下:
(1)根据具体情况提出原假设和备择假设,即

$$H_0: \sigma^2 = \sigma_0^2 \text{ (或 } \sigma^2 \geqslant \sigma_0^2, \ \sigma^2 \leqslant \sigma_0^2\text{)}$$

$$H_1: \sigma^2 \neq \sigma_0^2 \text{ (或 } \sigma^2 < \sigma_0^2, \ \sigma^2 > \sigma_0^2\text{)}$$

(2)选择合适的检验统计量,检验统计量及其分布为

$$\chi^2 = \frac{(n-1)S^2}{\sigma_0^2} \sim \chi^2(n-1) \tag{7-8}$$

(3)根据样本观测值,计算检验统计量的值;
(4)根据给出的显著性水平 $\alpha$,可查 $\chi^2$ 分布表确定临界值与拒绝域。
(5)将查表得出的临界值与计算出的检验统计量的值进行比较,做出决策。
一个总体方差的这种检验方法可总结如表 7-7。

表 7-7 一个总体方差的检验方法

|  | 双侧检验 | 左侧检验 | 右侧检验 |
| --- | --- | --- | --- |
| 假设形式 | $H_0: \sigma^2 = \sigma_0^2$<br>$H_1: \sigma^2 \neq \sigma_0^2$ | $H_0: \sigma^2 \geqslant \sigma_0^2$<br>$H_1: \sigma^2 < \sigma_0^2$ | $H_0: \sigma^2 \leqslant \sigma_0^2$<br>$H_1: \sigma^2 > \sigma_0^2$ |
| 检验统计量 | $\chi^2 = \frac{(n-1)S^2}{\sigma_0^2}$ | | |
| 临界值与拒绝域 | $\chi^2 > \chi^2_{\alpha/2}(n-1)$ 或<br>$\chi^2 > \chi^2_{1-\alpha/2}(n-1)$ | $\chi^2 > \chi^2_{1-\alpha}(n-1)$ | $\chi^2 > \chi^2_{1-\alpha}(n-1)$ |

关于上表的总体方差三种检验方式,实际应用中以右侧检验最为常见。因为一般情况下,在对时间、含量、尺寸等变量进行测度时,人们总是希望其变化幅度很小,也就是方差较小,大的方差往往不被接受。所以人们通常将"总体方差大于某一容许值"为备择假设,即上表中的右侧检验假设形式,再利用右侧检验的检验程序做出决策。

【例 7-6】啤酒生产企业采用自动生产线灌装啤酒,每瓶的装填量为 640ml,但由于受某些不可控因素的影响,每瓶的装填量会有差异。此时,不仅每瓶的平均装填量很重要,装填量的方差 $\sigma^2$ 同样很重要。如果方差 $\sigma^2$ 很大,会出现装填量太多或太少的情况,这样要么生产企业不划算,要么消费者不满意。假定生产标准规定每瓶装填量的标准差不应超过和不应低于 4mL。企业质检部门抽取了 10 瓶啤酒进行检验,得到的样本标准差为 $S$=3.8mL。试以 0.10 的显著性水平检验装填量的标准差是否符合要求。

**解**：分析题意可知：

（1）建立假设 $H_0$：$\sigma^2 = 4^2$，$H_1$：$\sigma^2 \neq 4^2$

（2）选择合适的检验统计量，检验统计量为

$$\chi^2 = \frac{(n-1)S^2}{\sigma_0^2}$$

（3）代入数值，计算检验统计量为

$$\chi^2 = \frac{(n-1)S^2}{\sigma_0^2} = \frac{(10-1) \times 3.8^2}{4^2} = 8.1225$$

（4）根据给出的显著性水平 $\alpha$，可查 $\chi^2$ 分布表确定临界值与拒绝域。根据显著性水平 $\alpha=0.10$ 和自由度为9，查表得 $\chi^2_{0.05}(10-1)=16.9190$

$$\chi^2_{1-0.05}(10-1)=3.32511$$

（5）做出决策

由于计算所得检验统计量落在了接受域内，所以我们以90%的把握度不拒绝原假设，即认为装填量的标准差符合要求。

## 7.3 两个总体参数的检验

两个总体参数的检验包括两个总体均值之差 $(\mu_1 - \mu_2)$ 的检验、两个总体比率之差 $(\pi_1 - \pi_2)$ 的检验和两个总体方差之比 $\sigma_1^2 / \sigma_2^2$ 的检验等。检验的程序与一个总体参数的检验类似，只是统计量的计算更复杂一些。

### 7.3.1 两个总体均值之差的检验

在现实的生产生活中，人们常常需要比较两个总体的差异。比如，一所学校的重点班和普通班两个班级学生的数学成绩是否有显著差异，生产企业在改进生产线后的平均产量与原生产线相比是否有显著提高等。这些都属于两个总体均值之差 $(\mu_1 - \mu_2)$ 的检验问题。在具体研究中，根据样本获得方式的不同，将两个总体均值之差的检验分为独立样本和配对样本两种情形，而

且也有大样本和小样本之分。检验统计量是以两个样本均值之差$(\bar{x}_1 - \bar{x}_2)$的抽样分布为基础构造出来的。大样本和小样本分别的均值差的分布是不同的，因此检验统计量也存在差异。

1. 独立大样本的检验

在大样本的情况下，两个样本均值之差$(\bar{x}_1 - \bar{x}_2)$的抽样分布近似服从正态分布，而且$(\bar{x}_1 - \bar{x}_2)$经过标准化后服从标准正态分布。如果两个总体的方差$\sigma_1^2$和$\sigma_2^2$已知，那么就可以采用下面的检验统计量：

$$Z = \frac{(\bar{x}_1 - \bar{x}_2) - (\mu_1 - \mu_2)}{\sqrt{\frac{\sigma_1^2}{n_1} + \frac{\sigma_2^2}{n_2}}} \quad (7\text{-}9)$$

如果两个总体的方差$\sigma_1^2$和$\sigma_2^2$未知，那么我们可以分别用样本方差$S_1^2$和$S_2^2$来替代，此时检验统计量为：

$$Z = \frac{(\bar{x}_1 - \bar{x}_2) - (\mu_1 - \mu_2)}{\sqrt{\frac{S_1^2}{n_1} + \frac{S_2^2}{n_2}}} \quad (7\text{-}10)$$

根据上面介绍的假设检验思路，可以将独立大样本情况下两个总体均值之差的检验方法概括如表7-8所示。

表7-8 独立大样本情况下两个总体均值之差的检验方法

| 项目 | 双侧检验 | 左侧检验 | 右侧检验 |
| --- | --- | --- | --- |
| 假设形式 | $H_0$: $\mu_1 - \mu_2 = 0$<br>$H_1$: $\mu_1 - \mu_2 \neq 0$ | $H_0$: $\mu_1 - \mu_2 \geq 0$<br>$H_1$: $\mu_1 - \mu_2 < 0$ | $H_0$: $\mu_1 - \mu_2 \leq 0$<br>$H_1$: $\mu_1 - \mu_2 > 0$ |
| 检验统计量 | $\sigma_1^2$和$\sigma_2^2$已知：$Z = \frac{(\bar{x}_1 - \bar{x}_2) - (\mu_1 - \mu_2)}{\sqrt{\frac{\sigma_1^2}{n_1} + \frac{\sigma_2^2}{n_2}}}$；<br>$\sigma_1^2$和$\sigma_2^2$未知：$Z = \frac{(\bar{x}_1 - \bar{x}_2) - (\mu_1 - \mu_2)}{\sqrt{\frac{S_1^2}{n_1} + \frac{S_2^2}{n_2}}}$； | | |
| 临界值与拒绝域 | $|Z| > Z_{\alpha/2}$ | $Z < Z_\alpha$ | $Z > Z_\alpha$ |
| $P$值决策准则 | $p < \alpha$，拒绝$H_0$ | | |

【例7-7】某公司对男女职员的平均小时工资进行了调查，独立抽取了具

有同类工作经验的男女职员的两个随机样本，并记录下两个样本的均值、方差等资料，如表 7-9 所示。

表 7-9 两个独立样本的有关计算结果

| 男性职员 | 女性职员 |
| --- | --- |
| $n_1 = 44$ | $n_2 = 32$ |
| $\bar{x}_1 = 75$元 | $\bar{x}_2 = 70$元 |
| $S_1^2 = 64$元 | $S_2^2 = 42.25$元 |

问：在显著性水平为 0.05 的条件下，能否认为男性职员与女性职员的平均小时工资存在差异？

解：根据题意，我们需要检验的是男女职工的平均小时工资是否存在差异，设男性职员的平均小时工资为 $\mu_1$，女性职员平均小时工资为 $\mu_2$；

（1）提出假设为： $H_0$： $\mu_1 - \mu_2 = 0$； $H_1$： $\mu_1 - \mu_2 \neq 0$；

（2）由于两个总体方差未知，所以采用的检验统计量为：

$$Z = \frac{(\bar{x}_1 - \bar{x}_2) - (\mu_1 - \mu_2)}{\sqrt{\frac{S_1^2}{n_1} + \frac{S_2^2}{n_2}}};$$

（3）代入数据计算结果为 $Z = \dfrac{75 - 70}{\sqrt{\dfrac{64}{44} + \dfrac{42.25}{32}}} = 3.002$；

（4）将计算得出的结果与显著性水平 0.05 对应的两个临界值（分别为 1.96 和 -1.96）进行位置比较。

（5）由于该检验统计量的值落在了拒绝域内，所以以 95%的把握度拒绝原假设，即认为该公司男女职员平均小时工资之间存在显著性差异。

2. 独立小样本的检验

当两个样本都是独立小样本时，检验两个总体的均值之差需要假定两个总体都服从正态分布。这种条件下，检验分以下 3 种情况：

（1）两个总体方差 $\sigma_1^2$ 和 $\sigma_2^2$ 已知时，无论样本量的大小，两个样本均值之差的抽样分布都服从正态分布，这时可用式（7-7）作为检验统计量。

（2）两个总体方差未知但相等时，即 $\sigma_1^2 = \sigma_2^2$，则需要用两个样本的方差 $S_1^2$ 和 $S_2^2$ 进行估计，这时需要将两个样本的数据组合在一起，以给出总体方

差的合并估计量，合并估计量设为 $s_p^2$，则计算公式为

$$s_p^2 = \frac{(n_1-1)S_1^2 + (n_2-1)S_2^2}{n_1+n_2-2} \quad (7-11)$$

这时，两个样本均值之差经过标准化后服从自由度为 $(n_1+n_2-2)$ 的 $t$ 分布，因而采用的检验统计量为

$$t = \frac{(\bar{x}_1 - \bar{x}_2) - (\mu_1 - \mu_2)}{s_p\sqrt{\frac{1}{n_1} + \frac{1}{n_2}}} \quad (7-12)$$

（3）两个总体的方差未知且不相等时，即 $\sigma_1^2 \neq \sigma_2^2$，这时两个样本均值之差经过标准化后近似服从自由度为 $v$ 的 $t$ 分布，检验统计量为

$$t = \frac{(\bar{x}_1 - \bar{x}_2) - (\mu_1 - \mu_2)}{\sqrt{\frac{S_1^2}{n_1} + \frac{S_2^2}{n_2}}} \quad (7-13)$$

该统计量的自由度为 $v$，计算公式为：

$$v = \frac{\left(\frac{S_1^2}{n_1} + \frac{S_2^2}{n_2}\right)^2}{\frac{(S_1^2/n_1)^2}{n_1-1} + \frac{(S_2^2/n_2)^2}{n_2-1}} \quad (7-14)$$

公式（7-14）计算的自由度结果一般不是整数，需四舍五入后取整数。

根据上面对独立小样本情况下假设检验的分析思路，可以将其总结概括为表 7-10。

表 7-10 独立小样本情况下两个总体均值之差的检验方法

| 项目 | 双侧检验 | 左侧检验 | 右侧检验 |
| --- | --- | --- | --- |
| 假设形式 | $H_0$：$\mu_1-\mu_2=0$<br>$H_1$：$\mu_1-\mu_2 \neq 0$ | $H_0$：$\mu_1-\mu_2 \geq 0$<br>$H_1$：$\mu_1-\mu_2 < 0$ | $H_0$：$\mu_1-\mu_2 \leq 0$<br>$H_1$：$\mu_1-\mu_2 > 0$ |
| 检验统计量 | $\sigma_1^2$ 和 $\sigma_2^2$ 已知：$Z = \dfrac{(\bar{x}_1 - \bar{x}_2) - (\mu_1 - \mu_2)}{\sqrt{\dfrac{\sigma_1^2}{n_1} + \dfrac{\sigma_2^2}{n_2}}}$； | | |

续表

| 项目 | 双侧检验 | 左侧检验 | 右侧检验 |
|---|---|---|---|
| 检验统计量 | $\sigma_1^2$ 和 $\sigma_2^2$ 未知但相等：$t = \dfrac{(\bar{x}_1 - \bar{x}_2) - (\mu_1 - \mu_2)}{s_p\sqrt{\dfrac{1}{n_1} + \dfrac{1}{n_2}}}$；<br>自由度为：$(n_1 + n_2 - 2)$<br>$\sigma_1^2$ 和 $\sigma_2^2$ 未知且不相等：$t = \dfrac{(\bar{x}_1 - \bar{x}_2) - (\mu_1 - \mu_2)}{\sqrt{\dfrac{S_1^2}{n_1} + \dfrac{S_2^2}{n_2}}}$；<br>自由度为 $v$，计算公式（7-12） | | |
| 临界值与拒绝域 | $\lvert t \rvert > t_{\alpha/2}$ | $t < -t_\alpha$ | $t > t_\alpha$ |
| $P$ 值决策准则 | $p < \alpha$，拒绝 $H_0$ | | |

**【例 7-8】** 甲、乙两台机床同时加工某种同类型零件，已知两台机床加工的零件直径分别服从正态分布 $N(\mu_1, \sigma_1^2)$、$N(\mu_2, \sigma_2^2)$。为了比较两台机床的加工精度有无显著差异，分别独立抽取了甲机床加工的 8 个零件和乙机床加工的 7 个零件，通过测量得到的直径数据如表 7-11 所示，在 0.05 的显著性水平下，已知 $\sigma_1^2 = \sigma_2^2$。检验两台加工的零件直径是否一致？

表 7-11 两台机床加工零件的样本数据

| 机床 | 零件直径 | | | | | | | |
|---|---|---|---|---|---|---|---|---|
| 甲 | 20.5 | 19.8 | 19.7 | 20.4 | 20.1 | 20.0 | 19.0 | 19.9 |
| 乙 | 20.7 | 19.8 | 19.5 | 20.8 | 20.4 | 19.6 | 20.2 | — |

**解：** 根据题意，

（1）提出原假设和备择假设为：$H_0$：$\mu_1 - \mu_2 = 0$；$H_1$：$\mu_1 - \mu_2 \neq 0$

根据表中样本数据可计算出：$\bar{x}_1 = 19.925$，$\bar{x}_2 = 20.143$，$S_1^2 = 0.2164$，$S_2^2 = 0.2729$。

总体方差的合并估计量为：$S_p^2 = \dfrac{(n_1 - 1)S_1^2 + (n_2 - 1)S_2^2}{n_1 + n_2 - 2}$；

代入数据计算得：$S_p^2 = \dfrac{(8-1) \times 0.2164 + (7-1) \times 0.2729}{8 + 7 - 2} = 0.2425$；

（2）检验统计量为：$t = \dfrac{(\bar{x}_1 - \bar{x}_2)}{S_p\sqrt{\dfrac{1}{n_1} + \dfrac{1}{n_2}}}$；

（3）根据公式代入数据计算得：$t = \dfrac{19.925 - 20.143}{\sqrt{\left(\dfrac{1}{8} + \dfrac{1}{7}\right) \times 0.2425}} = -0.855$；

（4）在 0.05 的显著性水平下，对应自由度为 13，查得 t 分布表的临界值分别为 2.160 和-2.160；

（5）比较可知检验统计量没有落入拒绝域，落在了接受域内，故我们以 $(1-\alpha) = 0.95$ 的把握度不拒绝原假设，即没有证据表明甲、乙两台机床加工的零件直径不一致。

### 3. 配对样本的检验

为了有效地排除独立样本在其他因素上的"非同质性"，即"额外"差异带来的误差，我们考虑选用配对样本。配对样本的检验需要假定两个总体配对差值构成的总体服从正态分布，而且配对差是由差值总体中随机抽取的。对于小样本情形，配对差值经标准化后服从自由度为 $(n-1)$ 的 $t$ 分布。

$$t = \dfrac{\bar{d} - (\mu_1 - \mu_2)}{\dfrac{S_d}{\sqrt{n}}} \quad (7\text{-}15)$$

式中，$\bar{d}$ 为配对样本数据差值的平均数；$S_d$ 为配对样本数据差值的标准差。

配对小样本情形下两个总体均值之差的检验方法如表 7-12 所示。

表 7-12 配对小样本情况下两个总体均值之差的检验方法

|  | 双侧检验 | 左侧检验 | 右侧检验 |
|---|---|---|---|
| 假设形式 | $H_0$: $\mu_1 - \mu_2 = 0$<br>$H_1$: $\mu_1 - \mu_2 \neq 0$ | $H_0$: $\mu_1 - \mu_2 \geq 0$<br>$H_1$: $\mu_1 - \mu_2 < 0$ | $H_0$: $\mu_1 - \mu_2 \leq 0$<br>$H_1$: $\mu_1 - \mu_2 > 0$ |
| 检验统计量 | $t = \dfrac{\bar{d} - (\mu_1 - \mu_2)}{\dfrac{S_d}{\sqrt{n}}}$，自由度为 $(n-1)$ |  |  |
| 临界值与拒绝域 | $|t| > t_{\alpha/2}(n-1)$ | $t < -t_{\alpha}(n-1)$ | $t > t_{\alpha}(n-1)$ |
| P 值决策准则 | $p < \alpha$，拒绝 $H_0$ |  |  |

## 7.3.2 两个总体比率之差的检验

两个总体比率之差($\pi_1 - \pi_2$)的检验思路与来自一个总体比率的检验类

似，检验步骤也基本相同。对样本的前提要求是大样本，具体的限定条件是 $n_1p_1$、$n_1(1-p_1)$、$n_2p_2$、$n_2(1-p_2)$ 都大于或等于 5。

在这种前提条件下，根据两个样本的比率之差（$p_1-p_2$）的抽样分布，可以知道对来自两个总体的比率之差（$\pi_1-\pi_2$）进行检验的检验统计量为：

$$Z = \frac{(p_1 - p_2) - (\pi_1 - \pi_2)}{\sigma_{p_1-p_2}} \qquad (7-16)$$

上式中的分母 $\sigma_{p_1-p_2}$ 是两个样本比率之差（$p_1-p_2$）抽样分布的标准差，计算公式为：

$$\sigma_{p_1-p_2} = \sqrt{\frac{\pi_1(1-\pi_1)}{n_1} + \frac{\pi_2(1-\pi_2)}{n_2}} \qquad (7-17)$$

由于两个总体的比率 $\pi_1$ 和 $\pi_2$ 是未知的，所以我们需要利用来自两个总体的两个样本比率 $p_1$ 和 $p_2$ 来替代总体比率对 $\sigma_{p_1-p_2}$ 进行估计。这时候就出现了两种情况：

第一种情况，检验两个总体的比率之差是否相等，即原假设为 $H_0: \pi_1 = \pi_2$，此时 $\pi_1 = \pi_2 = \pi$ 的最佳估计量是将两个样本合并后得到的合并比率 p：

$$p = \frac{x_1 + x_2}{n_1 + n_2} = \frac{p_1 n_1 + p_2 n_2}{n_1 + n_2} \qquad (7-18)$$

这时两个样本比率之差（$p_1-p_2$）的抽样分布的标准差 $\sigma_{p_1-p_2}$ 的最佳估计量为：

$$\sigma_{p_1-p_2} = \sqrt{\frac{\pi_1(1-\pi_1)}{n_1} + \frac{\pi_2(1-\pi_2)}{n_2}} = \sqrt{\frac{p(1-p)}{n_1} + \frac{p(1-p)}{n_2}} = \sqrt{p(1-p)\left(\frac{1}{n_1} + \frac{1}{n_2}\right)} \qquad (7-19)$$

将上面公式（7-16）代入（7-14）就可以得出这种情况下两个总体比率之差的检验统计量为：

$$Z = \frac{p_1 - p_2}{\sqrt{p(1-p)\left(\frac{1}{n_1} + \frac{1}{n_2}\right)}} \qquad (7-20)$$

第二种情况，检验的两个总体比率之差不相等，但比率之差是一个非零常数，用 $d_0$ 来表示，这时可直接用两个样本的比率 $p_1$ 和 $p_2$ 作为对应的两个总体比率 $\pi_1$ 和 $\pi_2$ 的估计量，就可以得到此时的检验统计量为：

$$Z = \frac{(p_1 - p_2) - d_0}{\sqrt{\dfrac{p_1(1-p_1)}{n_1} + \dfrac{p_2(1-p_2)}{n_2}}} \tag{7-21}$$

根据上述的分析，两个总体比率之差的检验可以总结概括为表 7-13。

表 7-13  两个总体比率之差的检验方法

| 项目 | 双侧检验 | 左侧检验 | 右侧检验 |
|---|---|---|---|
| 假设形式 | $H_0$：$\pi_1 - \pi_2 = 0$<br>$H_1$：$\pi_1 - \pi_2 \neq 0$ | $H_0$：$\pi_1 - \pi_2 \geq 0$<br>$H_1$：$\pi_1 - \pi_2 < 0$ | $H_0$：$\pi_1 - \pi_2 \leq 0$<br>$H_1$：$\pi_1 - \pi_2 > 0$ |
| 检验统计量 | 检验 $H_0$：$\pi_1 - \pi_2 \neq 0$：$Z = \dfrac{p_1 - p_2}{\sqrt{p(1-p)\left(\dfrac{1}{n_1} + \dfrac{1}{n_2}\right)}}$<br>检验 $H_0$：$\pi_1 - \pi_2 = d_0$：$Z = \dfrac{(p_1-p_2)-d_0}{\sqrt{\dfrac{p_1(1-p_1)}{n_1}+\dfrac{p_2(1-p_2)}{n_2}}}$ |||
| 临界值与拒绝域 | $\lvert Z \rvert > Z_{\alpha/2}$ | $Z < -Z_\alpha$ | $Z > -Z_\alpha$ |
| P 值决策准则 | $p < \alpha$，拒绝 $H_0$ |||

**【例 7-9】** 从青年女性顾客总体中随机抽取 100 人，询问他们是否偏爱金花牌香水，得出偏爱这种香水的人数比率为 20%；又从老年女性顾客总体中随机抽取 200 人，所得出的比率为 50%。试以 0.05 的显著性水平，检验青年女性与老年女性偏爱这种香水的人数比率是否有显著差异？

**解**：假设检验为：$H_0$：$\pi_1 - \pi_2 = 0$
$\qquad\qquad\qquad\quad H_1$：$\pi_1 - \pi_2 \neq 0$

总体比率的联合估计值为 $P = \dfrac{n_1 p_1 + n_2 p_2}{n_1 + n_2} = \dfrac{100 \times 0.20 + 200 \times 0.05}{100 + 200} = 0.40$

检验统计量的值为 $Z = \dfrac{p_1 - p_2}{\sqrt{p(1-p)\left(\dfrac{1}{n_1} + \dfrac{1}{n_2}\right)}} = \dfrac{0.20 - 0.50}{\sqrt{0.40(1-0.40)\left(\dfrac{1}{100} + \dfrac{1}{200}\right)}} = -5.00$

由于 $Z = -5.00 < -Z_{0.025} = -1.96$，落入拒绝域，故以 95% 的把握度拒绝原假设，即青年女性与老年女性偏爱这种香水的人数比率是有显著差异的。

## 7.3.3 两个总体方差比的检验

实际应用中我们经常需要对两个总体的方差进行比较。而在比较两个总体的方差时，通常是对其比值 $\sigma_1^2/\sigma_2^2$（或 $\sigma_2^2/\sigma_1^2$）进行推断。因为当两个样本是从两个正态总体分别独立地抽取时，人们已经掌握的是含有两个总体方差比 $\sigma_1^2/\sigma_2^2$ 的一个统计量的抽样分布形式。

以 $x^2$ 分布和 $F$ 分布的定义为基础，当两个样本是从两个正态总体分别独立地抽取时，可推出以下统计量服从自由度为（$n_1-1$）、（$n_2-1$）的 $F$ 分布，即

$$\frac{S_1^2 \sigma_2^2}{S_2^2 \sigma_1^2} \sim F(n_1-1,\ n_2-1) \tag{7-22}$$

该统计量就是对两总体方差比 $\sigma_1^2/\sigma_2^2$（或 $\sigma_2^2/\sigma_1^2$）这一参数进行检验的检验统计量。通常我们假设这一参数值（两总体方差的比值）$\sigma_1^2/\sigma_2^2$ 为 1，那么该类假设检验的检验统计量表达式则简化为 $S_1^2/S_2^2$，即

$$\frac{S_1^2}{S_2^2} \sim F(n_1-1,\ n_2-1) \tag{7-23}$$

双侧检验时，通常是用较大的样本方差除以较小的样本方差，从而保证拒绝域总是发生在 $F$ 分布的右侧，这样做的好处是只需将检验统计量的值与右侧的 $\alpha/2$ 分位数进行比较即可做出判断。在单侧检验时，也可以将任何一个单侧检验问题安排为右侧检验，如果想检验 $\sigma_1^2$ 是否大于 $\sigma_2^2$，备择假设设为 $H_1$：$\dfrac{\sigma_1^2}{\sigma_2^2}>1$；如果想检验 $\sigma_1^2$ 是否小于 $\sigma_2^2$，备择假设可设为 $H_1$：$\dfrac{\sigma_2^2}{\sigma_1^2}>1$。因为 $F$ 分布的右侧任何分位数都可以查表得出，这样就可以方便与拒绝域比较做出决策。

【例 7-10】现要检测两批葡萄酒的醇含量，假定这批葡萄酒醇的含量均服从正态分布。分别对它们进行 6 次和 4 次的测定，检测得各自标准差为 0.07 和 0.06。

试问：这两批葡萄酒的醇含量的方差有无显著差异？（$\alpha=0.1$）

解：（1）分析题意可建立假设如下：

$H_0$：$\sigma_1^2=\sigma_2^2$ $\qquad$ $H_1$：$\sigma_1^2 \neq \sigma_2^2$

（2）根据题意选择的检验统计量为：

$$\frac{S_1^2 \sigma_2^2}{S_2^2 \sigma_1^2} \sim F(n_1 - 1, n_2 - 1)$$

（3）代入数据：$\sigma_1^2 = \sigma_2^2$  $n_1=6$  $n_2=4$  $S_1 = 0.07$  $S_2 = 0.06$

计算得：统计量 $\dfrac{S_1^2}{S_2^2} = \dfrac{0.07^2}{0.06^2} = 1.36$

临界值 $F_{\alpha/2}(5,3) = F_{0.05} = 9.01$

（4）比较可知，1.36<9.01，检验统计量的值落在接受域内。

（5）因此，我们以90%的把握度不拒绝原假设 $H_0$，即认为这两批葡萄酒的醇含量的方差无显著差异。

# 本章小结

本章介绍了假设检验的基本原理以及总体各种参数的假设检验问题。假设检验就是利用样本提供的信息来对有关总体参数的假设是否成立进行判断的一种统计方法，其基本原理是一定概率意义上的反证法思想。继而本章介绍了假设检验的一般步骤（包括假设的提出、假设检验的三种不同形式、检验统计量与决策准则等）、检验中存在的两类错误、利用 P 值进行决策的问题。全章的重点落在对总体不同参数进行假设检验的方法上，分为一个总体参数和两个总体参数的假设检验问题两种情况，前者包括对一个总体的均值、比率和方差的假设检验，而后者包括对双总体的均值差、比率差和方差比这几个参数进行假设检验的问题。

# 第8章 方差分析

## 引例

《小企业管理》报道了有关工作满意度的一项研究,该研究对决定工作满意度的18项指标进行了调查。每项指标都被分为五个程度,从十分满意到十分不满意分别被赋予5~1分的分值,高分意味着较高的满意度。18项指标评定下来,每位被调查者的总分范围为18~90分,用该分数作为评定工作满意度的尺度。假定用这种方法来测量律师、理疗师、木工和系统分析师几个职业人的工作满意度,每种工作抽取10人作样本,调查结果如表8-1所示。

表8-1 4个职业的工作满意度

| 律师 | 理疗师 | 木工 | 系统分析师 |
|---|---|---|---|
| 44 | 55 | 54 | 44 |
| 42 | 78 | 65 | 73 |
| 74 | 80 | 79 | 71 |
| 42 | 86 | 69 | 60 |
| 53 | 60 | 79 | 64 |
| 50 | 59 | 64 | 66 |
| 45 | 62 | 59 | 41 |
| 48 | 52 | 78 | 55 |
| 64 | 55 | 84 | 76 |
| 38 | 60 | 60 | 62 |

用上一章假设检验的方法比较 4 个工作种类的工作满意度是否有显著差异，根据两两比较的原则，则需要进行 $C_4^2=6$ 次 $t$ 检验。这样做计算过程会很繁琐，并且两两检验的误差会较大。因此引入本章的方差分析方法来解决上述类型的问题，不但能够提高比较的效率，而且还会降低分析误差。

方差分析是在 20 世纪 20 年代发展起来的一种统计分析方法，由英国统计学家 Fisher 首创。它被广泛应用于分析生物学、医学、心理学、工程学等多种学科领域范畴内的试验数据，主要是探讨不同试验条件或处理方法对试验结果的影响。具体些说，就是通过比较不同试验条件下各组样本观测值的均值是否存在显著差异来判断试验条件对试验结果是否存在显著影响的一种统计分析方法。本章首先介绍方差分析的基本问题和基础知识，然后具体介绍单因素方差分析与双因素方差各自的基本思想与分析方法。

# 8.1 方差分析的基本问题和基础知识

## 8.1.1 方差分析的优越性、基本概念和术语

若用前面学过的独立样本 $t$ 检验的方法来解决本章引例中的问题，就需要检验来自 4 个总体的样本均值彼此之间是否相等，总共要作 6 次检验。显而易见，作这样的两两比较十分繁琐。如果每次检验中犯第一类错误的概率都是 $\alpha=0.05$，则 6 次检验下来不犯第一类错误的概率会是 $0.95^6$，那么犯第一类错误的概率就是 $1-0.95^6$，显然是大于 0.05 的。由此可见，独立样本 $t$ 检验的方法存在着不小的弊端，繁琐而且犯第一类错误的概率高，因此我们需要寻找更加适合的方法来解决这类问题，这就是我们下面要学习的方差分析的方法。相对于独立样本 $t$ 检验方法，方差分析的优越性主要是，既提高了分析的效率，又降低了分析的错误率。因此在各个领域内得以广泛应用。

下面我们结合引例来说明方差分析的概念。引例是要探讨职业因素对工

作满意度因素是否存在显著的影响。其中职业因素被视为自变量，工作满意度因素被视为因变量。在方差分析的数据结构里，自变量通常是分类型变量（包括定类和定序变量），而因变量通常是数值型变量（包括定距和定比变量）。方差分析，本质上就是用来判断分类型自变量对数值型因变量是否存在显著影响的统计方法。而形式上，我们把对问题的这一判断转化为，由自变量的类型因素划分出的各个总体在因变量的均值指标上是否相等的统计检验问题。结合引例中的具体内容来说，方差分析就是判断"职业"这个分类型自变量对"工作满意度"这个数值型因变量是否存在显著影响的统计方法。而实际分析操作中，我们把它转化为，检验四个职业类型总体在工作满意度的均值指标上是否相等的问题。如果统计意义上相等，说明职业类型这一自变量对工作满意度这一因变量不存在显著影响；如果不全相等，说明职业类型的因素对工作满意度是存在较显著的影响的。

在方差分析中，所要检验的对象称为因素或因子（factor）。因素的不同表现称为水平（level）或处理（treatment）。每个因子水平下得到的样本数据称为观测值。

例如，在引例中，我们要分析不同职业的人群在工作满意度上是否有显著差异。这里的"职业"是所要检验的对象，把它称为"因素"或"因子"；律师、理疗师、木工、系统分析师是"职业"这一因素的具体表现，称之为"水平"或"处理"；在每个职业下得到的样本数据（工作满意度分值）称为观测值。由于这里只针对"职业"一个因素进行分析，所以被称为单因素方差分析。如果是同时针对多个因素进行的，则被称为多因素方差分析。通常在多因素方差分析中，最常见的是双因素方差分析。因素的每一个水平都被视为一个总体，例如，律师、理疗师、木工和系统分析师可以看作四个总体，引例中的满意度数据则被看作从这四个总体中抽取的样本数据。

在只有一个因素的方差分析（称为单因素方差分析）中，涉及两个变量：一个是分类型自变量，一个是数值型因变量。如在引例中，我们要研究"职业"对"工作满意度"是否有影响，这里的"职业"就是自变量，它是一个分类变量；律师、理疗师、木工、系统分析师就是"职业"这个自变量的具体取值，这里称为"职业"这个因素的水平或处理。"工作满意度"则是因变量，它是一个数值型变量，不同的工作满意度数值就是因变量的取值。方差分析所要研究的问题就是分类型自变量对数值型因变量的影响。在引例中，也就是研究"职业"因素对"工作满意度"的影响。

## 8.1.2 方差分析的基本原理及误差分类

方差分析的核心手段是通过分析或处理不同水平（例如引例中的各职业类型）间数据误差的来源来判断分类型自变量对数值型因变量是否存在统计意义上的显著影响。下面，我们通过先一个例子来说明方差分析中误差的分类。

【例 8-1】某饮料生产企业研制出一种新型饮料。饮料的颜色共有四种，分别为橘黄色、粉色、绿色和无色透明。这四种饮料的营养含量、味道、价格、包装、促销方式等可能影响销售量的因素全部相同。现从某地区超市收集到过去 5 周中该饮料的销售情况，见表 8-2。试分析饮料的颜色是否对销售量产生影响。

表 8-2　该饮料在五家超市的销售情况　　　　　（单位：万元）

| 周数（周） | 无色 | 粉色 | 橘黄色 | 绿色 |
| --- | --- | --- | --- | --- |
| 1 | 26.5 | 31.2 | 27.9 | 30.8 |
| 2 | 28.7 | 28.3 | 25.1 | 29.6 |
| 3 | 25.1 | 30.8 | 28.5 | 32.4 |
| 4 | 29.1 | 27.9 | 24.2 | 31.7 |
| 5 | 27.2 | 29.6 | 26.5 | 32.8 |

分析：检验饮料的颜色对销售量是否有影响，也就是检验四种颜色饮料的平均销售量是否相同。设 $\mu_1$ 为无色饮料的平均销售量，$\mu_2$ 为粉色饮料的平均销售量，$\mu_3$ 为橘黄色饮料的平均销售量，$\mu_4$ 为绿色饮料的平均销售量。即检验下面的假设。

$H_0: \mu_1 = \mu_2 = \mu_3 = \mu_4$（若成立，说明自变量对因变量没有显著影响，也就是说饮料颜色对销售量没有显著影响）

$H_1: \mu_1$、$\mu_2$、$\mu_3$、$\mu_4$ 不全相等（若成立，说明自变量对因变量存在显著影响，也就是说饮料颜色对销售量是显著影响的）

检验上述假设所采用的统计方法就是方差分析法。

为了检验不同颜色饮料的销量之间是否有显著差异，就需要考察数据误差的来源。下面就结合表 8-2 中的数据来说明数据之间的差异。首先，数据之间的差异可能是由于自变量因素造成的，也可能是由于随机因素造成的。也就是说，数据间差异既包括系统误差，又包括随机误差。系统误差是在自变量因素（颜色）的影响下，各水平之间在因变量（销量）上的差异。例如，同一家超市，不同颜色饮料的销售量差异可能是由于抽样的随机性形成的，也可能是由于颜色因素造成的，后者形成的误差属于系统性因素导致的，称为系统误差。随机误差是在自变量因素的同一水平（同一个总体）下，由样本随机性而产生的各样本观察值之间的差异。例如，同一种颜色水平下，随机抽取的样本在销售量观测值上是存在一定差异的，这种差异由抽样的随机性所至，因而称为随机误差。

数据的误差水平是用样本观测值与均值的离差平方和（sum of squares）的形式来度量的。影响因素或因子在同一水平（同一个总体）下样本数据之间的误差叫做组内误差。比如，无色饮料在5家超市销售数量的误差。显然，组内误差只包含随机误差。而组间误差指的是因素的不同水平（不同总体）之间在销量数据上的误差。比如，四种颜色饮料销售量之间的误差。这种误差既包括随机误差也可能包括系统误差。

如果颜色因素对销售量不存在显著的影响，那么在组间误差中则不含有系统误差成分而只含有随机误差成分。此时，组间误差的平均水平与组内误差的平均水平应该很接近，两者比值应该接近1。而如果颜色因素对销量存在较显著的影响，那么在组间误差中除了含有随机误差的成分外，还应该含有系统误差的成分。此时，组间误差的平均水平就会大于组内误差的平均水平，两者之间的比值就会大于1。当该比值大到一定程度时，我们就可以认为，自变量因素在不同水平上的数据存在着显著差异，即自变量对因变量存在着较为显著的影响。

## 8.1.3 方差分析的基本假定

进行方差分析要有一定的前提条件，这些条件可以归结如下：

（1）正态性：每个水平（或处理）所对应的总体都应服从正态分布。就是说，每个水平的观测值均为来自正态分布总体的简单随机样本。在例8-1中，对于每种颜色的饮料来说，其销量都服从正态分布。

（2）等方差性：各总体方差需相等，即各组观察数据都是从等方差的总体中抽取的。在例8-1中，指各颜色饮料的销量其方差都相同。

（3）独立性：各水平上的观测值彼此都相互独立。在例8-1中，指每种颜色的销量都与其他颜色的销量间相互独立。

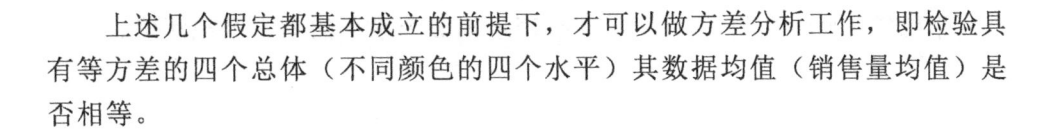

上述几个假定都基本成立的前提下，才可以做方差分析工作，即检验具有等方差的四个总体（不同颜色的四个水平）其数据均值（销售量均值）是否相等。

## 8.2 单因素方差分析

### 8.2.1 单因素方差分析的含义

如果方差分析中只涉及一个分类型自变量时，叫做单因素方差分析（one-way analysis of variance）。比如，研究职业类型对工作满意度是否存在显著影响，这里只涉及"职业类型"一个自变量因素，也就是单因素方差分析问题，即研究的是一个分类型自变量对一个数值型因变量的影响。

### 8.2.2 数据结构

单因素方差分析需要取得以下结构的数据，如表8-3所示。

表8-3　单因素方差分析数据结构

| 观测值 $i$ | 因素 $j$ | | | |
|---|---|---|---|---|
| | $A_1$ | $A_2$ | $\cdots$ | $A_3$ |
| 1 | $x_{11}$ | $x_{12}$ | $\cdots$ | $x_{1r}$ |
| 2 | $x_{21}$ | $x_{22}$ | $\cdots$ | $X_{2r}$ |
| $\vdots$ | $\vdots$ | $\vdots$ | $\vdots$ | $\vdots$ |
| $k$ | $x_{k1}$ | $x_{k2}$ | $\cdots$ | $x_{kr}$ |

为方便表述，在单因素方差分析中：我们用 $A$ 表示因素，因素的 $r$ 个水平（总体）分别用 $A_1$、$A_2$、$A_3$……$A_r$ 表示。每个水平下观测值的个数用 $n_j$（$j=1,2,3,\cdots,r$）表示，当各个水平下观测值数目相等时，用 $k$ 表示各水平下观测值数。每个观测值用 $x_{ij}$（$i=1,2,3,\cdots,k$；$j=1,2,3,\cdots,r$）表示，即 $x_{ij}$ 表示第 $j$

个水平的第 $i$ 个的观测值,例如,$x_{12}$ 表示第 2 个水平的第 1 个观测值。

## 8.2.3 分析步骤

1. 提出假设

在方差分析中,原假设所描述的是:在按照自变量的值分成的类中,因变量的均值是否相等。因此,要检验 $r$ 个水平的均值是否相等,需提出如下形式的假设:

$H_0 : \mu_1 = \mu_2 = \mu_3 = \cdots = \mu_r$(自变量对因变量没有显著影响)

$H_1 : \mu_j$($j=1,2,\cdots,r$)不完全相等(自变量对因变量有显著影响)

式中:$\mu_j$ 为第 $j$ 个总体的均值。

接下来通过一系列检验工作,我们会得到以下两种可能的结论:第一个检验结果为不拒绝原假设 $H_0$,这种情况下我们就不能认为自变量对因变量存在显著影响,即不能认为自变量与因变量之间关系显著;第二个检验结果是拒绝了原假设,那么就意味着自变量对因变量存在显著影响,即自变量与因变量之间关系显著。需要注意的是,拒绝原假设 $H_0$ 时,只是表明至少有两个总体的均值不相等,并不意味着所有总体均值彼此之间都不相等。

2. 计算因素 $A$ 各个水平的均值,其计算公式为

$$\bar{x}_j = \frac{\sum_{i=1}^{n_j} x_{ij}}{n_j} \quad (j=1,2,\cdots,r) \tag{8-1}$$

3. 计算全部观测值的总均值,其计算公式为

$$\bar{\bar{x}} = \frac{\sum_{i=1}^{n_j}\sum_{j=1}^{r} x_{ij}}{n} \quad (n=\sum n_j) \tag{8-2}$$

4. 计算各误差平方和

(1)总误差平方和(sum of squares of total,SST),它是全部观测值 $x_{ij}$ 与

总均值 $\bar{\bar{x}}$ 的误差平方和，反映了全部观测值的离散状况。

其公式为

$$\text{SST} = \sum_{i=1}^{n_j}\sum_{j=1}^{r}(x_{ij} - \bar{\bar{x}})^2 \tag{8-3}$$

（2）水平项误差平方和（sum of squares for factor A，SSA），它是各组平均值 $\bar{x}_j$（$j=1,2,\cdots,r$）与总平均值 $\bar{\bar{x}}$ 的误差平方和。它反映了各总体的样本均值之间的差异程度，又叫组间误差平方和。这其中既包括随机误差的成分，也可能包括系统误差的成分。

其公式为

$$\text{SSA} = \sum_{i=1}^{n_j}\sum_{j=1}^{r}(\bar{x}_j - \bar{\bar{x}})^2 = \sum_{j=1}^{r} n_j(\bar{x}_j - \bar{\bar{x}})^2 \tag{8-4}$$

（3）误差项平方和（sum of squares for error，SSE），它是每个水平（总体）内各样本观测值 $x_{ij}$ 与该水平的均值 $\bar{x}_j$ 的误差平方和。它反映了组内样本各观测值之间的离散状况，即随机误差的大小，又叫组内误差平方和或残差平方和。

其公式为

$$\text{SSE} = \sum_{j=1}^{r}\sum_{i=1}^{n_j}(x_{ij} - \bar{x}_j)^2 \tag{8-5}$$

5. 计算统计量

各误差平方和的大小与观测值的多少有关，为了消除观测值多少对误差平方和大小的影响，需要将其平均，也就是用各平方和除以它们所对应的自由度，这一结果称为均方差（mean square）。3 个平方和所对应的自由度分别是：

SST 的自由度为（$n$-1），其中 $n$ 为所有样本观测值的个数；

SSA 的自由度为（$r$-1），其中 $r$ 为因素 $A$ 中水平的个数；因此它的均方差（组间均方差）称为 MSA，公式为

$$\text{MSA} = \frac{\text{SSA}}{r-1} \tag{8-6}$$

SSE 的自由度为（$n$-$r$）因此它的均方差（组内均方差）称为 MSE，公

式为

$$\text{MSE} = \frac{\text{SSE}}{n-r} \tag{8-7}$$

将上述的 MSA 和 MSE 进行对比，即得到所需要的检验统计量 F。其公式为：

$$F = \frac{\text{MSA}}{\text{MSE}} \quad F(r-1, n-r) \tag{8-8}$$

6. 统计决策

计算出检验的统计量后，将统计量的值 F 与给定的显著性水平 α 对应的临界值 $F_\alpha$ 进行比较，从而做出对原假设 $H_0$ 的决策。

若 $F > F_\alpha$ 则拒绝原假设 $H_0$，即 $\mu_1 = \mu_2 = \mu_3 = \cdots = \mu_r$ 不成立，表明 $\mu_j$ 之间并不都相等，也就是说自变量因素 A 对因变量是存在较为显著的影响的。

若 $F < F_\alpha$ 则不拒绝原假设 $H_0$，即没有证据表明 $H_0$ 不成立，说明我们不能认为自变量因素 A 对因变量是存在显著影响的。

下面我们通过一个实例来展示单因素方差分析的步骤和思路。

【例 8-2】某集团在华南、华中、华北、东北四个地区各拥有一家分公司，简称为 A 公司、B 公司、C 公司、D 公司，现分别针对这四家分公司随机抽取近 3 年内各 6 个月的收益，资料如表 8-4 所示。试分析这四家分公司在平均月收益上是否相同，从而确定区域因素对公司收益这一指标是否存在较为显著的影响。（$\alpha = 0.05$）

表 8-4　四家分公司月收益的样本观测值数据　　　　（单位：万元）

| 时间 | A 公司 | B 公司 | C 公司 | D 公司 |
| --- | --- | --- | --- | --- |
| 第一个月 | 300 | 210 | 420 | 320 |
| 第二个月 | 360 | 330 | 240 | 340 |
| 第三个月 | 270 | 240 | 360 | 260 |
| 第四个月 | 240 | 390 | 300 | 330 |
| 第五个月 | 330 | 300 | 330 | 300 |
| 第六个月 | 280 | 330 | 360 | 320 |

运用 Excel 进行方差分析，得到结果如表 8-5 所示。

表 8-5  Excel 输出的方差分析结果

| 组 | 观测数 | 求和 | 平均 | 方差 | | | |
|---|---|---|---|---|---|---|---|
| A 公司 | 6 | 1780 | 296.6667 | 1866.667 | — | | |
| B 公司 | 6 | 1800 | 300 | 4320 | — | | |
| C 公司 | 6 | 2010 | 335 | 3750 | — | | |
| D 公司 | 6 | 1870 | 311.6667 | 816.6667 | — | | |
| 方差分析 | | | | | | | |
| 差异源 | SS | df | MS | F | P-value | F-crit | |
| 组间 | 5416.667 | 3 | 1805.556 | 0.671626 | 0.579418 | 3.098391 | |
| 组内 | 53766.67 | 20 | 2688.333 | — | — | — | |
| 总计 | 59183.33 | 23 | | | | | |

由上表可知：SST=59183.33、SSA=5416.667、SSE=53766.67、MSA=1805.556、MSE=2688.333、检验统计量 $F$=1805.556/2688.33=0.672、临界值 $F_\alpha$=3.1、$P$=0.579。

由于 $P$ 值大于显著性水平 0.05，故无法拒绝原假设 $H_0$，即以 95%的把握度认为区域因素对四家分公司的月收益指标没有显著影响。

## 8.2.4  方差分析中的多重比较

如果用方差分析方法对 $n$ 个总体的均值是否相等做检验的结果是拒绝了原假设 $H_0$，则意味着各总体均值并不都相等。注意，并不都相等是指至少有两个总体的均值彼此之间是不等的，而不是各总体均值之间彼此都一定不相等。得到这样的检验结论后，我们还需要对不同总体的均值进行进一步的两两比较，以确定究竟哪些总体的均值之间是存在显著差异的。这里我们介绍费希尔提出的最小显著差异方法，简记 LSD，来完成多重比较。实际上，该方法的本质原理就是第 7 章中介绍过的双总体均值差检验中的一种。用该方法对两两均值差进行检验的具体步骤如下：

（1）提出原假设　　$H_0：\mu_i = \mu_j$；$H_1：\mu_i \neq \mu_j$
（2）计算检验统计量 $(\bar{x}_i - \bar{x}_j)$

（3）计算 LSD，公式为

$$\text{LSD} = t_{\alpha/2} \sqrt{\text{MSE}\left(\frac{1}{n_i} + \frac{1}{n_j}\right)} \quad (8-9)$$

式中，$t_{\alpha/2}$ 为 $t$ 分布的临界值，可以通过查找 $t$ 分布表得到，其自由度为 $n-r$，$r$ 为因素 $A$ 中水平的个数；MSE 为组内均误差；$n_i$ 和 $n_j$ 分别为水平 $i$ 和水平 $j$ 上的样本量。

4．根据显著性水平 $\alpha$ 作出决策：如果 $|\bar{x}_i - \bar{x}_j| > \text{LSD}$，则拒绝原假设 $H_0$；如果 $|\bar{x}_i - \bar{x}_j| < \text{LSD}$，则不能拒绝原假设 $H_0$。

为了详细说明 LSD 法是如何在各总体均值之间进行两两比较的，我们进行如下实例分析。

【例 8-3】某大学经济学专业分为 3 个班级（分别用 $A_1$、$A_2$、$A_3$ 表示），为了了解这 3 个班级的学生英语平均水平是否有显著差别，现从每个班级中随机抽取 6 个学生的英语期末成绩，数据如表 8-6 所示（$\alpha = 0.05$）。

表 8-6　学生成绩表　　　　　　　　　　（单位：分）

| 学生 | $A_1$ | $A_2$ | $A_3$ |
|---|---|---|---|
| 1 | 76 | 74 | 69 |
| 2 | 71 | 69 | 75 |
| 3 | 85 | 82 | 67 |
| 4 | 75 | 71 | 59 |
| 5 | 82 | 75 | 64 |
| 6 | 85 | 73 | 62 |

**解**：该问题属于检验分类型自变量对数值型因变量是否存在显著影响的问题，用单因素方差分析来解决。

首先建立以下假设：$H_0: \mu_1 = \mu_2 = \mu_3$；$H_1: \mu_1, \mu_2, \mu_3$ 三者不全相等

运用 Excel 进行方差分析，得到的结果如表 8-7 所示。

表 8-7　Excel 输出的方差分析结果

| 差异源 | SS | df | MS | F | P-value | F-crit |
|---|---|---|---|---|---|---|
| 组间 | 516 | 2 | 258 | 9 | 0.002703 | 3.68232 |
| 组内 | 430 | 15 | 28.6667 | — | — | — |
| 总计 | 946 | 17 | — | — | — | — |

如表中所示，检验统计量的值 $F=9$，临界值 $F_{0.05}(2,15)=3.68$，统计量远大于临界值，因此以 95%的把握度拒绝原假设 $H_0$ 而取备择假设 $H_1$，即认为这三个总体的均值并不都相等。

于是需要运用 LSD 法对这三个班级英语均分作多重比较。

第 1 步，提出假设。

检验 1： $H_0:\mu_1=\mu_2$； $H_1:\mu_1\neq\mu_2$

检验 2： $H_0:\mu_1=\mu_3$； $H_1:\mu_1\neq\mu_3$

检验 3： $H_0:\mu_2=\mu_3$； $H_1:\mu_2\neq\mu_3$

第 2 步，计算检验统计量。

$|\bar{x}_1-\bar{x}_2|=|79-74|=5$

$|\bar{x}_1-\bar{x}_3|=|79-66|=13$

$|\bar{x}_2-\bar{x}_3|=|74-66|=8$

第 3 步，计算 LSD。

根据表 8-5 的结果，MSE=28.67。由于三个班级的样本容量相同，所以不需要分别计算 LSD。根据自由度 $n-r=18-3=15$，所以查表可得 $t_{0.05/2}(15)=2.13$。因此计算得到各检验的 LSD 为

$$\text{LSD}=t_{\alpha/2}\sqrt{\text{MSE}\left(\frac{1}{n_i}+\frac{1}{n_j}\right)}=2.13\times\sqrt{28.67\times\left(\frac{1}{6}+\frac{1}{6}\right)}=6.585$$

第 4 步，作出决策。

如果 $|\bar{x}_i-\bar{x}_j|>\text{LSD}$，则拒绝 $H_0$；如果 $|\bar{x}_i-\bar{x}_j|<LSD$，则不能拒绝 $H_0$。

$|\bar{x}_1-\bar{x}_2|=5<6.585$，因此不拒绝 $H_0$，即以 95%的把握度认为 $A_1$ 和 $A_2$ 班级的学生在英语水平上有显著差异。

$|\bar{x}_1-\bar{x}_3|=13>6.858$，因此拒绝 $H_0$，即以 95%的把握度认为 $A_1$ 和 $A_3$ 班级的学生在英语水平上没有显著差异。

$|\bar{x}_2-\bar{x}_3|=8>6.858$，拒绝 $H_0$；即以 95%的把握度认为 $A_2$ 和 $A_3$ 班级的学生在英语水平上没有显著差异。

## 8.3 双因素方差分析

前面介绍的单因素方差分析是只考虑一个分类自变量对数值型因变量的

影响，而在实际问题的研究中，往往需要考虑多个因素对因变量的影响。例如，在研究影响某种饮料销量的因素时，我们需要考虑一系列因素，包括颜色、包装、口味、促销方式等。当方差分析中涉及到两个分类型自变量对因变量的影响时，我们称之为双因素方差分析。此节主要针对这一内容进行探讨。

在双因素方差分析中，两个分类自变量因素对数值型因变量的影响作用如果是相互独立的，我们分别判断这两个因素对因变量的影响，则称之为无交互作用的双因素方差分析，又叫无重复双因素方差分析（two-factor without replication）。如果这两个自变量因素对因变量除了各自单独的影响作用外，还存在一种有交互作用的新的影响效应，则称之为有交互作用的双因素方差分析，又叫可重复双因素方差分析（two-factor with replication）。例如，在研究行业与区域两因素对企业效益存在的影响时，发现某行业在特定区域范围内会受到当地市场的特殊偏好，这就是两种因素结合后产生的新效应，即存在交互作用的情况。以下分别介绍这两种双因素方差分析的原理与应用。

### 8.3.1 无交互作用的双因素方差分析

设因素 $A$ 与因素 $B$ 是可能对因变量有影响的两个因素，两者彼此相互独立，无交互作用。我们在因素 $A$ 和因素 $B$ 各种水平的组合下进行随机抽样，可以得到如表 8-8 中样本数据。

表 8-8 无交互作用的双因素方差分析数据结构表

| 因素 A | 因素 B ||||  均值 |
|---|---|---|---|---|---|
|  | $B_1$ | $B_2$ | ⋯ | $B_r$ |  |
| $A_1$ | $x_{11}$ | $x_{12}$ | ⋯ | $x_{1r}$ | $\bar{x}_1$ |
| $A_2$ | $x_{21}$ | $x_{22}$ | ⋯ | $X_{2r}$ | $\bar{x}_2$ |
| ⋮ | ⋮ | ⋮ | ⋮ | ⋮ | ⋮ |
| $A_k$ | $x_{k1}$ | $x_{k2}$ | ⋯ | $x_{kr}$ | $\bar{x}_k$ |
| 均值 | $\bar{x}_1$ | $\bar{x}_2$ | ⋯ | $\bar{x}_r$ | $\bar{\bar{x}}$ |

由上表所示，在无交互作用的双因素方差分析中，有两个因素，获取数

据时，需要将一个因素安排在"行"的位置，称为行因素；而另一个因素安排在"列"的位置，称为列因素。设行因素有 $k$ 个水平，即行 1、行 2、…、行 $k$；列因素有 $r$ 个水平，即列 1、列 2、…、列 $r$。行因素与列因素的每个水平都可以相互搭配成一组，观察它们对数值型因变量的影响，共抽取 $kr$ 个样本观测值。表中的每行均值 $\bar{x}_{i.}(i=1,2,\cdots,k)$ 是在因素 $A$ 各个水平下所有样本观测值的平均数；每列的均值 $\bar{x}_{.j}(j=1,2,\cdots,r)$ 是在因素 $B$ 各个水平样本观测值的平均数。

要判断因素 $A$ 与因素 $B$ 的影响是否显著，需要进行假设检验如下：
$H_{0A}:\mu_{1.}=\mu_{2.}=...=\mu_{i.}=...=\mu_{k.}$，$H_{1A}:\mu_{1.},\mu_{2.},...,\mu_{i.},...,\mu_{k.}$ 不完全相等；
$H_{0B}:\mu_{.1}=\mu_{.2}=...=\mu_{.j}=...=\mu_{.r}$，$H_{1B}:\mu_{.1},\mu_{.2},...,\mu_{.j},...,\mu_{.r}$ 不完全相等。

上式中，$\mu_{i.}$ 表示因素 $A$ 在第 $i$ 个水平下的均值，$\mu_{.j}$ 表示因素 $B$ 在第 $j$ 个水平下的均值。想要进行上述的假设检验，我们需要对总误差平方和进行分解。由于存在两个自变量因素，所以总误差平方和由三个部分构成：第一部分是因素 $A$ 组间误差平方和 SSA，第二部分是因素 $B$ 组间误差平方和 SSB，第三部分是组内误差平方和 SSE（由随机误差产生）。

经证明可得：SST=SSA+SSB+SSE （8-10）

上式中：
$$\text{SST} = \sum_{i=1}^{k}\sum_{j=1}^{r}\left(x_{ij}-\bar{\bar{x}}\right)^2 \quad (8\text{-}11)$$

$$\text{SSA} = \sum_{i=1}^{k}\sum_{j=1}^{r}\left(\bar{x}_{i.}-\bar{\bar{x}}\right)^2 \quad (8\text{-}12)$$

$$\text{SSB} = \sum_{i=1}^{k}\sum_{j=1}^{r}\left(\bar{x}_{.j}-\bar{\bar{x}}\right)^2 \quad (8\text{-}13)$$

$$\text{SSE} = \sum_{i=1}^{k}\sum_{j=1}^{r}\left(x_{ij}-\bar{x}_{i.}-\bar{x}_{.j}+\bar{\bar{x}}\right)^2 \quad (8\text{-}14)$$

其中：SST 的自由度为 $kr-1$，SSA 的自由度为 $k-1$，SSB 的自由度为 $r-1$，SSE 的自由度为 $(k-1)(r-1)$。由此，各个误差平方和对应的均方误差分别为：

因素 $A$ 的组间均方差：$\text{MSA} = \dfrac{\text{SSA}}{k-1}$ （8-15）

因素 $B$ 的组间均方差：$\text{MSB} = \dfrac{\text{SSB}}{r-1}$ （8-16）

组内误差的均方差：$\text{MSE} = \dfrac{\text{SSE}}{(k-1)(r-1)}$ （8-17）

由上述一系列公式，我们得到检验因素 $A$ 和因素 $B$ 对因变量影响是否显著的统计量 $F$ 和相应的临界值分别是：

因素 $A$：$F_A = \dfrac{\text{MSA}}{\text{MSE}} \sim F[k-1,(k-1)(r-1)]$，$F_\alpha[k-1,(k-1)(r-1)]$

因素 $B$：$F_B = \dfrac{\text{MSB}}{\text{MSE}} \sim F[r-1,(k-1)(r-1)]$，$F_\alpha[r-1,(k-1)(r-1)]$

则最终进行统计决策，即

如果 $F_A > F_\alpha$，则拒绝原假设 $H_{0A}$，即因素 $A$ 的各个水平上的均值并不都相等。也可以说，以 $(1-\alpha)$ 的把握度认为因素 $A$ 对数值型因变量是存在较为显著的影响的。

如果 $F_B > F_\alpha$，则拒绝原假设 $H_{0B}$，即因素 $A$ 的各个水平上的均值并不都相等。也可以说，以 $(1-\alpha)$ 的把握度认为因素 $B$ 对数值型因变量是存在较为显著的影响的。

上文介绍了无交互作用的双因素方差分析的计算步骤和决策过程。为了使整个分析过程更加清晰明了，我们将上述分析过程列为方差分析表，如表 8-9 所示。

表 8-9　无交互作用的双因素方差分析表

| 误差来源 | 误差平方和 SS | 自由度 df | 均方 MS | $F$ 值 |
| --- | --- | --- | --- | --- |
| 列因素 | SSA | $k-1$ | $\text{MSA} = \dfrac{\text{SSA}}{k-1}$ | $F_A = \dfrac{\text{MSA}}{\text{MSE}}$ |
| 行因素 | SSB | $r-1$ | $\text{MSB} = \dfrac{\text{SSB}}{r-1}$ | $F_B = \dfrac{\text{MSB}}{\text{MSE}}$ |
| 误差 | SSE | $(k-1)(r-1)$ | $\text{MSE} = \dfrac{\text{SSE}}{(k-1)(r-1)}$ | — |
| 总和 | SST | $kr-1$ | — | — |

【例 8-4】研究原料的三种不同产地和四种不同的生产工艺对某种化学产品纯度的影响，现针对产地和工艺的各种组合进行随机抽样，测得的该化学产品纯度数据见表 8-10。

表 8-10　该化学品纯度数据

| 产　地 | $B_1$生产工艺纯度（％） | $B_2$生产工艺纯度（％） | $B_3$生产工艺纯度（％） | $B_4$生产工艺纯度（％） |
|---|---|---|---|---|
| $A_1$ | 94.5 | 97.8 | 96.1 | 95.4 |
| $A_2$ | 95.8 | 98.6 | 97.2 | 96.4 |
| $A_3$ | 92.7 | 97.1 | 97.7 | 93.9 |

请以 0.05 的显著性水平检验原料的不同产地、不同生产工艺下的产品纯度是否有显著差异？

**解**：据题意可知，该原料的产地与生产工艺这两种可能的影响因素之间是不存在交互作用的。因此，该问题可以用无交互作用的双因素方差分析来解决。

设产地因素为 $A$，不同产地的平均纯度分别为 $u_{A_1}$、$u_{A_2}$、$u_{A_3}$，则提出如下假设：

$H_{0A}$：$u_{A_1}=u_{A_2}=u_{A_3}$

$H_{1A}$：$u_{A_1}$、$u_{A_2}$、$u_{A_3}$ 不全相等

设工艺因素为 $B$，不同工艺的平均纯度分别为 $u_{B_1}$、$u_{B_2}$、$u_{B_3}$、$u_{B_4}$，则提出如下假设：

$H_{0B}$：$u_{B_1}=u_{B_2}=u_{B_3}=u_{B_4}$

$H_{1B}$：$u_{B_1}$、$u_{B_2}$、$u_{B_3}$、$u_{B_4}$ 不全相等

由 Excel 输出的方差分析结果如表 8-11 所示。

表 8-11　方差分析

| 差异源 | SS | df | MS | $F$ | P-value |
|---|---|---|---|---|---|
| 产地 | 5.5800 | 2 | 2.7900 | 3.4163 | 0.1022 |
| 工艺 | 23.0600 | 3 | 7.6867 | 9.4122 | 0.0110 |
| 误差 | 4.9000 | 6 | 0.8167 | — | — |
| 总体 | 33.5400 | 11 | — | — | — |

因素 $A$ 的 P-value=0.1022>$\alpha$=0.05，因此在该显性水平下不能拒绝原假设，即认为产地因素对该化学产品纯度的影响不显著。

因素 $B$ 的 P-value=0.0110<$\alpha$=0.05，因此在该显性水平下拒绝原假设，即认为工艺因素对该化学产品纯度存在显著影响。

## 8.3.2　有交互作用的双因素方差分析

当自变量的两个因素对因变量的影响不一定独立，而是可能存在交互作用时，我们则需要在两个因素 $A$、$B$ 的各个水平组合下进行重复观测取样，才能判断交互作用是否存在。因此，当有交互作用存在时，双因素方差分析的数据结构与无交互作用时是不同的。假设因素 $A$ 与因素 $B$ 每一对水平搭配下重复观测所得的样本数都是 $m$，则得到如下数据结构表 8-12。

表 8-12　有效作用的双因素方差分析数据结构表

| 因素 $A$ | 因素 $B$ | | | |
|---|---|---|---|---|
| | $B_1$ | $B_2$ | ... | $B_r$ |
| $A_1$ | $x_{111}$ | $x_{121}$ | ... | $x_{1r1}$ |
| | $x_{112}$ | $x_{122}$ | ... | $x_{1r2}$ |
| | ⋮ | ⋮ | ⋮ | ⋮ |
| | $x_{11m}$ | $x_{12m}$ | ... | $x_{1rm}$ |
| $A_2$ | $x_{211}$ | $x_{221}$ | ... | $x_{2r1}$ |
| | $x_{212}$ | $x_{222}$ | ... | $x_{2r2}$ |
| | ⋮ | ⋮ | ⋮ | ⋮ |
| | $x_{21m}$ | $x_{22m}$ | ... | $x_{2rm}$ |
| ⋮ | ⋮ | ⋮ | ⋮ | ⋮ |
| $A_k$ | $x_{k11}$ | $x_{k21}$ | ... | $x_{kr1}$ |
| | $x_{k12}$ | $x_{k22}$ | ... | $x_{kr2}$ |
| | ⋮ | ⋮ | ⋮ | ⋮ |
| | $x_{k1m}$ | $x_{k2m}$ | ... | $x_{krm}$ |

和无交互作用的方差分析类似，有交互作用的双因素方差分析也需要提出假设、构造检验统计量、决策分析等步骤。提出假设时，需要对行变量、列变量和交互作用变量分别提出假设，方法与上述类似，这里不再赘述。有交互作用的双因素方差分析表的数据结构如表 8-13 所示。

表 8-13 有交互作用的双因素方差分析表的结构

| 误差来源 | 平方和 SS | 自由度 df | 均方 MS | F 值 |
|---|---|---|---|---|
| 行因素 | SSA | $k-1$ | $\text{MSA} = \dfrac{\text{SSA}}{k-1}$ | $F_A = \dfrac{\text{MSA}}{\text{MSE}}$ |
| 列因素 | SSB | $r-1$ | $\text{MSB} = \dfrac{\text{SSB}}{r-1}$ | $F_B = \dfrac{\text{MSB}}{\text{MSE}}$ |
| 交互作用 | SSAB | $(k-1)(r-1)$ | $\text{MSAB} = \dfrac{\text{SSAB}}{(k-1)(r-1)}$ | $F_{AB} = \dfrac{\text{MSAB}}{\text{MSE}}$ |
| 误差 | SSE | $kr(m-1)$ | $\text{MSE} = \dfrac{\text{SSE}}{kr(m-1)}$ | — |
| 总和 | SST | $n-1$ | — | — |

设：$x_{ijl}(i=1,2,\ldots,k;j=1,2,\ldots,r;l=1,2,\ldots,m)$ 是对应于行因素 $A$ 的第 $i$ 个水平和列因素 $B$ 的第 $j$ 个水平的第 $l$ 行的观测数据；$\bar{x}_{i\cdot}$ 为行因素 $A$ 的第 $i$ 个水平的样本均值；$\bar{x}_{\cdot j}$ 为列因素 $B$ 的第 $j$ 个水平的样本均值；$\bar{x}_{ij}$ 为对应于行因素 $A$ 的第 $i$ 个水平和列因素 $B$ 的第 $j$ 个水平组合的样本均值；$\bar{\bar{x}}$ 为全部 $n$ 个观察值的总均值。

和无交互作用的双因素方差分析类似，可证明得到以下的误差平方和分解公式：

$$\text{SST} = \text{SSA} + \text{SSB} + \text{SSAB} + \text{SSE} \qquad (8\text{-}18)$$

上式中，各误差平方和计算公式为：

总误差平方和
$$\text{SST} = \sum_{i=1}^{k}\sum_{j=1}^{r}\sum_{l=1}^{m}\left(x_{ijl} - \bar{\bar{x}}\right)^2 \qquad (8\text{-}19)$$

行变量误差平方和
$$\text{SSA} = rm\sum_{i=1}^{k}\left(\bar{x}_{i\cdot} - \bar{\bar{x}}\right)^2 \qquad (8\text{-}20)$$

列变量误差平方和
$$\text{SSB} = km\sum_{j=1}^{k}\left(\bar{x}_{\cdot j} - \bar{\bar{x}}\right)^2 \qquad (8\text{-}21)$$

交互作用误差平方和
$$\text{SSAB} = m\sum_{i=1}^{k}\sum_{j=1}^{r}\left(\bar{x}_{ij} - \bar{x}_{i\cdot} - \bar{x}_{\cdot j} + \bar{\bar{x}}\right)^2 \qquad (8\text{-}22)$$

随机误差平方和
$$\text{SSE} = \text{SST} - \text{SSA} - \text{SSB} - \text{SSAB} \qquad (8\text{-}23)$$

有交互作用的双因素方差分析中的总误差平方和 SST 比无交互作用时多了一项 SSAB，SSAB 是由因素 $A$ 和因素 $B$ 的交互作用而产生的误差；而 SSE

是在总误差平方和中剔除了因素 $A$、因素 $B$ 和两者交互作用的误差平方和后的随机误差。

五个误差平方和对应的自由度如下：

SST 的自由度为 $krm-1$。

SSA 的自由度为 $k-1$，其中 $k$ 为因素 $A$ 水平的个数。

SSB 的自由度为 $r-1$，其中 $r$ 为因素 $B$ 水平的个数。

SSAB 的自由度为 $(k-1)(r-1)$。

SSE 的自由度为 $kr(m-1)$。

考虑自由度的因素，计算出一系列均方差：

$$\mathrm{MSA} = \frac{\mathrm{SSA}}{k-1} \tag{8-24}$$

$$\mathrm{MSB} = \frac{\mathrm{SSB}}{r-1} \tag{8-25}$$

$$\mathrm{MSAB} = \frac{\mathrm{SSAB}}{(k-1)(r-1)} \tag{8-26}$$

$$\mathrm{MSE} = \frac{\mathrm{SSE}}{kr(m-1)} \tag{8-27}$$

由此，可以分别得到检验因素 $A$、因素 $B$、因素 $A$ 与 $B$ 交互作用的影响是否显著的三个统计量与相应的临界值如下：

因素 $A$：$F_A = \dfrac{\mathrm{MSA}}{\mathrm{MSE}} \sim F[k-1, kr(m-1)]$，$F_\alpha[k-1, kr(m-1)]$

因素 $B$：$F_B = \dfrac{\mathrm{MSB}}{\mathrm{MSE}} \sim F[r-1, kr(m-1)]$，$F_\alpha[r-1, kr(m-1)]$

因素 $A$ 与因素 $B$ 的交互作用：

$$F_{AB} = \frac{\mathrm{MSAB}}{\mathrm{MSE}} F[(k-1)(r-1), kr(m-1)], \quad F_\alpha[(k-1)(r-1), kr(m-1)]$$

此后的决策程序与上文中无交互作用的双因素方差分析类似，在此不赘述。

**【例 8-5】** 城市道路交通管理部门为研究不同的路段和不同的时间段对行车时间的影响，让一名交通警察分别在两个路段的高峰期和非高峰期亲自驾车进行试验，通过试验共获得 20 个行车时间（单位：分钟）的数据，如表 8-14 所示。试分析路段、时段以及路段和时段的交互作用对行车时间的影响（$\alpha = 0.05$）。得出的方差分析表见表 8-15。

表 8-14 不同时段和不同路段的行车时间

| 时段<br>（行变量） | 路段（列变量） ||
|---|---|---|
| | 路段 1 | 路段 2 |
| 高峰期 | 26 | 19 |
| | 24 | 20 |
| | 27 | 23 |
| | 25 | 22 |
| | 25 | 21 |
| 非高峰期 | 20 | 18 |
| | 17 | 17 |
| | 22 | 13 |
| | 21 | 16 |
| | 17 | 12 |

表 8-15 方差分析表

| 差异源 | SS | df | MS | $F$ | P-value | F-crit |
|---|---|---|---|---|---|---|
| 时段因素 | 174.0500 | 1 | 174.0500 | 44.0633 | 0.0000 | 4.4940 |
| 路段因素 | 92.4500 | 1 | 92.4500 | 23.4051 | 0.0002 | 4.4940 |
| 交互作用 | 0.0500 | 1 | 0.0500 | 0.0127 | 0.9118 | 4.4940 |
| 内部 | 63.2000 | 16 | 3.9500 | — | — | — |
| 总计 | 329.75 | 19 | — | — | — | — |

由上表输出的结果可知，用于检验时段因素的 P-value=0.0000<$\alpha$=0.05，因此拒绝原假设，表明不同时段的行车之间有显著差异，即时段因素对行车时间有显著影响；用于检验路段因素的 P-value=0.0002<$\alpha$=0.05，同样拒绝原假设，表明不同路段的行车时间之间有显著差异，即路段因素对行车时间也有显著影响；交互作用反应的是时段因素和路段因素联合产生的对行车时间的附加效应，用于检验的 P-value=0.9118>$\alpha$=0.05，因此不拒绝原假设，说明没有证据表明时段和路段的交互作用对行车时间有显著影响。

## 本章小结

　　本章介绍了方差分析的统计分析方法。其本质是判断分类型自变量对数值型因变量是否存在显著影响，将之转化为检验多个总体在数值型因变量上的均值是否相等的问题。据分类型自变量数量的不同，方差分析又分为单因素方差分析和双因素方差分析两种。前者是研究一个分类型自变量对数值型因变量的影响问题，而后者是研究两个分类型自变量对数值型因变量的影响问题。而后者根据两个自变量之间是否存在交互作用，又被分为两种情况，分别叫做无交互作用（又叫无重复）的双因素方差分析和有交互作用（有重复）的双因素方差分析。本章分别针对上述几种类型的方差分析进行了详细的介绍，包括数据结构表、分析过程和决策方法等。

# 第9章

# 相关与一元线性回归分析

## 引例

表9-1为某年全国31个省市自治区的城镇居民年人均可支配收入 $X$ 与年人均消费支出 $Y$ 的数据。

表9-1 某年我国各省城镇居民年人均可支配收入与年人均消费支出数据表

（单位：元）

| 地区 | Y | X | 地区 | Y | X |
| --- | --- | --- | --- | --- | --- |
| 北 京 | 11123.84 | 13882.62 | 湖 北 | 5963.25 | 7321.98 |
| 天 津 | 7867.53 | 10312.91 | 湖 南 | 6082.62 | 7674.20 |
| 河 北 | 5439.77 | 7239.06 | 广 东 | 9636.27 | 12380.43 |
| 山 西 | 5105.38 | 7005.03 | 广 西 | 5763.50 | 7785.04 |
| 内蒙古 | 5419.14 | 7012.90 | 海 南 | 5502.43 | 7259.25 |
| 辽 宁 | 6077.92 | 7240.58 | 重 庆 | 7118.06 | 8093.67 |
| 吉 林 | 5492.10 | 7005.17 | 四 川 | 5759.21 | 7041.87 |
| 黑龙江 | 5015.19 | 6678.90 | 贵 州 | 4948.98 | 6569.23 |
| 上 海 | 11040.34 | 14867.49 | 云 南 | 6023.56 | 7643.57 |
| 江 苏 | 6708.58 | 9262.46 | 西 藏 | 8045.34 | 8765.45 |
| 浙 江 | 9712.89 | 13179.53 | 陕 西 | 5666.54 | 6806.35 |
| 安 徽 | 5064.34 | 6778.03 | 甘 肃 | 5298.91 | 6657.24 |
| 福 建 | 7356.26 | 9999.54 | 青 海 | 5400.24 | 6745.32 |
| 江 西 | 4914.55 | 6901.42 | 宁 夏 | 5330.34 | 6530.48 |
| 山 东 | 6069.35 | 8399.91 | 新 疆 | 5540.61 | 7173.54 |
| 河 南 | 4941.60 | 6926.12 | — | — | — |

通过观看上面一组数据，不难发现：消费支出受可支配收入影响，且两者之间存在着某种联系。在现实世界中，每个事物都与它周边的事物有着相互影响、相互制约、相互依存的关系。当一个现象变化时，另一现象也会随之变化。例如：某生产企业在商品销售过程中，要对影响销售的各种因素进行分析，如分析广告费用支出与销售量之间的关系，以达到扩大销售的目的；在日常生活中，对影响居民消费购买力因素的分析，如居民收入与购买力之间的关系，以达到评估当地居民购买力水平的目的等。这些现象反映了两个变量之间的关系，那么从数量上研究这些现象之间的依存关系，找出它们之间的数量规律，就是相关与回归分析的内容。相关与回归分析是研究和处理变量与变量之间数量关系的统计方法，它们在自然科学、社会经济、管理科学等领域有着广泛的应用。本章着重介绍这两种统计方法。

## 9.1 相关分析与回归分析的基本概念

### 9.1.1 函数关系与相关关系

事物的普遍联系决定了现象之间的相互影响和相互制约，人们往往利用现象之间的关系来分析事物和做出决策。人们在实践中总结出，变量间关系可分为两种类型：一种是确定性的函数关系，另一种是不确定性的相关关系。

函数关系为人们所熟悉，即一个或几个变量取一定的值时，另一个变量有唯一确定的值与之相对应。通常我们把作为影响因素的变量称为自变量 $x$，把发生对应变化的变量称为因变量 $y$，这时变量 $y$ 便是变量 $x$ 的函数，记作 $y=f(x)$。下面给出几个函数关系的例子。

【例9-1】一个平行四边形，给出了该平行四边形的边长 $d$ 和高 $h$，求出该四边形的面积 $S$。可以通过公式 $S=dh$ 求出面积，且是唯一值。

【例9-2】小明每天步行上学，知道小明的步行速度 $v$ 和小明从家到学校步行所需要的时间 $t$，求出两地之间的距离 $s$。就可以通过公式 $s=vt$ 求出距离，且是唯一值。

函数关系是自变量与因变量之间确定性的关系，而在现实生活中，往往有很多关系不是那么简单,所以就有了相关关系,即一个或几个变量 $x$ 取了一定的值时,与之相对应的另一变量 $y$ 值虽然不确定,但该值按某种规律在一定范围内变化。一般可表示为 $y=f(x,u)$,其中 $u$ 为随机误差项。下面有几个关于相关关系的例子。

【例 9-3】人们受教育的水平同收入水平这两个变量之间的关系,通常受教育水平较高的人其收入水平也较高。然而受教育水平相同的人其收入水平却并不完全相同,这是因为除了受教育水平因素影响人们的收入外,还有许多其他因素也会影响人们的收入水平。这时我们把两者之间的关系看作是不确定性的相关关系。

【例 9-4】人们的收入水平与储蓄量的多少这两个变量之间存在一定的依存关系。一般情况下,人们收入水平越高,存款储蓄量也就越多,但它们之间不存在严格的、确定的数学函数关系。这是因为除了收入水平因素影响储蓄量的多少以外,还受家庭人口数量、当地物价、消费水平等因素的影响。这就造成了即使在收入相同的条件下,其储蓄量并不完全相等。这时我们把两者之间的关系看作是不确定性的相关关系。

从上面的例子可以看出相关关系的特点:一个变量的取值不能由另一个变量唯一确定,当变量 $x$ 取某个值时,变量 $y$ 的取值并不是唯一的。对于这种关系不确定的两个变量,显然不能用函数关系来描述,但也不是没有规律可循。通过大量数据的观察与研究,会发现许多变量之间确实存在着一定的客观规律。

相关关系与函数关系的区别取决于变量之间的具体关系值是否唯一确定。凡现象之间的关系值是唯一确定的就属于函数关系;反之,现象之间的关系值并不唯一确定的则属于相关关系。相关关系与函数关系之间具有密切联系,在一定条件下二者可以相互转化。对于具有函数关系的变量,如果考虑到变量的测量误差因素,其函数关系往往会以相关关系表现出来;而对具有相关关系的两个变量,如果不考虑存在对变量的测量误差因素,且将有可能影响的其他因素控制不变,则其相关关系往往会趋近于函数关系。因此,函数关系是相关关系的特例,相关关系一般可以用一定的函数关系近似地描述。

## 9.1.2 相关关系的种类

我们可以考虑从不同的角度对相关关系进行不同的划分见图 9-1。

（1）按相关程度分类

完全相关：如果一个变量的数量变化完全由另一个变量的数量变化所确定，这时两个变量间的关系称为完全相关。这种情况下，相关关系实际上就是函数关系。所以，函数关系是相关关系的一种特殊情况。如图 9-1(b)所示。

不相关：如果两个变量彼此的数量变化互相独立，没有关系，这种关系称为不相关。如图 9-1(d)所示。

不完全相关：如果两个变量之间的关系介于不相关和完全相关之间，称为不完全相关。大多数相关关系属于不完全相关。如图 9-1(a)和图 9-1(c)所示。

（2）按相关方向分类

正相关：正相关是指两个变量之间的变化方向一致，即自变量 $x$ 值增加，因变量 $y$ 值也相应地增加；或自变量 $x$ 值减少，因变量 $y$ 值也相应地减少，这样的相关关系称为正相关。

负相关：两个变量的变化趋势相反，一个下降而另一个上升，或一个上升而另一个下降，这样的相关关系称为负相关。

（3）按相关的形式分类

线性相关（直线相关）：当变量之间相关关系的散点图中的点接近一条直线时，称这种相关关系为线性相关。如图 9-1(a)、9-1(b)所示。

非线性相关（曲线相关）：当变量之间相关关系的散点图中的点接近一条曲线时，称这种相关关系为非线性相关。如图 9-1(c)所示。

线性相关
(a)

完全线性相关
(b)

非线性相关
(c)

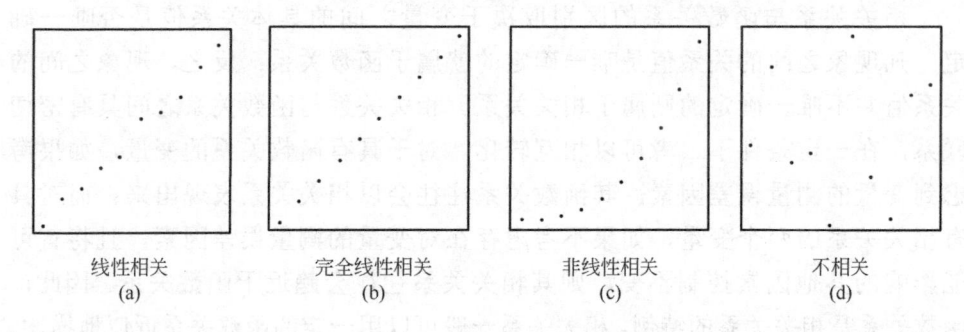

不相关
(d)

图 9-1　不同相关关系划分图

（4）按变量数目分类

单相关：只反映一个自变量和一个因变量的相关关系，又称一元相关。如广告费支出与商品销售量之间的关系。

复相关：反映两个及两个以上的自变量同一个因变量的相关关系，又称多重相关。如商品销售额与居民收入水平、商品价格之间的关系。

偏相关：当研究因变量与两个或多个自变量相关时，如果把其余的自变量看成不变（即当作常量），只研究因变量与其中一个自变量之间的相关关系，就称为偏相关。例如，在假定人们的收入水平等其他影响需求的因素不变的条件下，某种商品的需求与其价格水平的关系。

（5）按相关性质分类

从相关性质的角度可以将相关关系划分为真实相关与虚假相关两种。真实相关指的是两个变量间不但数据关系上体现为相关性，并且客观上也存在某种内在的关联性。例如，居民消费水平与GDP之间的关系。而虚假相关则是指两个变量间仅在数据关系上体现为相关性，然而客观上并不存在内在的关联性。例如，我们国家的精神病患者数目与GDP之间在数据上呈正相关关系。这显然是荒谬而缺乏依据的，是一种虚假相关。那么为什么又会在数据上体现为正相关关系呢？原因是我们国家的人口数与GDP之间的确存在某种正相关关系，而人口数与精神病患者数之间又存在着内在的正相关关系，因此，精神病患者数目与GDP之间在数据上则呈现出一定的正相关关系。所以，不仅要在数量关系上探讨变量之间的相关性，而且要在内在联系上判断变量间相关关系的性质。

## 9.1.3 相关分析与回归分析

相关分析与回归分析都是研究和测度两个或两个以上变量之间相关关系的统计分析方法。所谓相关分析（correlation analysis），就是研究现象之间是否存在某种依存关系，并对具体有依存关系的现象探讨其相关方向以及相关程度。具体来说就是用一个指标，即相关系数，来表明现象间相互依存关系的密切程度。而"回归"这个词是由英国生物学家高尔顿（Galton）在遗传学研究中首先提出来的，高尔顿发现：相对于一定身高的父母，子女的平均身高有朝向人类平均身高移动或回归的趋势。这就是"回归"的古典定义。回归分析（regression analysis）是根据相关关系的具体形态，选择一个合适的数学模型，来近似的表达自变量与因变量之间的平均变化关系，进而确定一个或几个自变量的变化对因变量的影响程度。回归分析运用得十分广泛，按照涉及的自变量多少，可分为一元回归分析和多元回归分析；按照自变量和因变量之间的关系类型，可分为线性回归分析和非线性回归分析。如果在回归分析中，只包括一个自变量和一个因变量，且二者的关系可用一条直线近似表示，这种回归分析称为一元线性回归分析。如果回归分析中包括两个或两个以上的自变量，且因变量和自变量之间是线性关系，则称为多元线性回归分析。由回归分析求出的关系式，称为回归模型。

相关分析与回归分析之间具有密切的联系。它们都有共同的研究对象，即变量间的相关关系；在具体运用时，相关分析与回归分析互为补充，即相关分析需要依靠回归分析来表明现象间数量相关的具体形式，而回归分析则需要依靠相关分析来表明现象间数量变化的相关程度；而且只有在变量间高度相关时，进行回归分析寻求变量间相关的具体形式才有意义。

但是应该明确，相关分析与回归分析的研究目的和研究方法是有明显区别的。

从研究目的上看，相关分析是用一定的数量指标（相关系数）度量变量间相互联系的方向和程度；回归分析却是要寻求变量间相互联系的具体数学形式，是要根据自变量的给定值去估计和预测因变量的平均值。从对变量的处理来看，相关分析不区分自变量和因变量，相关的变量不一定具有因果关系，均视为随机变量；回归分析则是在变量因果关系分析的基础上研究自变量的变动对因变量的具体影响，必须明确划分自变量和因变量。回归分析中通常假定自变量是非随机变量,只有因变量是具有一定概率分布的随机变量。

相关分析研究的是现象之间是否相关、相关的方向和密切程度，一般不区分自变量和因变量，它是通过求两个变量间的相关系数来体现两者间的相关性的。而回归分析则是研究分析现象之间在数量方面具体的相关形式，确定自变量与因变量，并用数学模型来表现其具体关系。例如，从相关分析中我们可以得知"质量"和"用户满意度"变量密切相关，但是这两个变量之间到底在数量上变化关系如何，则需要通过回归分析方法来确定。一般来说，回归分析是通过规定因变量和自变量来确定变量之间的因果关系的，建立回归模型，并根据实际观测到的样本数据来求解模型的各个参数。然后检验回归模型是否能够很好地拟合实测数据，如果能够很好地拟合，则可以根据自变量作进一步预测。

## 9.1.4 相关关系的描述与测度

相关分析就是对两个变量之间的线性关系的描述与度量，它要解决的问题包括：

① 变量之间是否存在关系？

② 如果存在关系，它们之间是什么样的关系？

③ 变量之间的关系强度如何？

④ 样本所反应的变量之间的关系能否代表总体上变量之间的关系？

为解决这些问题，在进行相关分析时，对总体主要有以下两个假定：

① 两个变量之间是线性关系；

② 两个变量都是随机变量。

#### 9.1.4.1 相关关系的描述

判别两个变量之间有无相关关系，可通过编制相关表或者是绘制相关图的方法，以便能直接判断现象之间相关的方向、形态以及大致的密切程度。

（1）相关表。相关表是一种统计表，是将一个变量的若干数据按照从小到大顺序排列，并将另一变量的数据值与之对应排列形成的统计表。

例如，为研究分析产量（件）和单位成本（元）的关系，设有30个同类企业调查得到的资料编制为表9-2。

表9-2 相关表

| 产量（件） | 20 | 20 | 20 | 20 | 20 | 20 | 20 | 20 | 20 | 30 | 30 | 30 | 30 | 30 | 40 |
|---|---|---|---|---|---|---|---|---|---|---|---|---|---|---|---|
| 单位成本（元） | 15 | 16 | 16 | 16 | 16 | 18 | 18 | 18 | 18 | 15 | 15 | 15 | 16 | 16 | 14 |
| 产量（件） | 40 | 40 | 40 | 40 | 50 | 50 | 50 | 50 | 50 | 50 | 80 | 80 | 80 | 80 | 80 |
| 单位成本（元） | 15 | 15 | 15 | 16 | 14 | 14 | 15 | 15 | 16 | 14 | 14 | 14 | 14 | 14 | 15 |

结论：从表中可以直观地发现，随着产量的增加，单位成本也有降低的趋势。尽管在同样产量的情况下，单位成本存在差异，但是仍然体现两者存在一定的依存关系。

（2）相关图。又称散点图。对于变量 $x$ 和变量 $y$，通过实验或者观察我们可以得到若干组数据，我们在直角坐标系中，用 $x$ 轴表示一个变量，$y$ 轴代表另一个变量，每组数据在坐标系中用一个点表示，若干组数据得到若干个点，称之为散点，由坐标及其散点形成的二维数据图称之为散点图，详见图9-2。

| 完全线性相关 | 线性相关 | 非线性相关 | 不相关 |
| (a) | (b) | (c) | (d) |

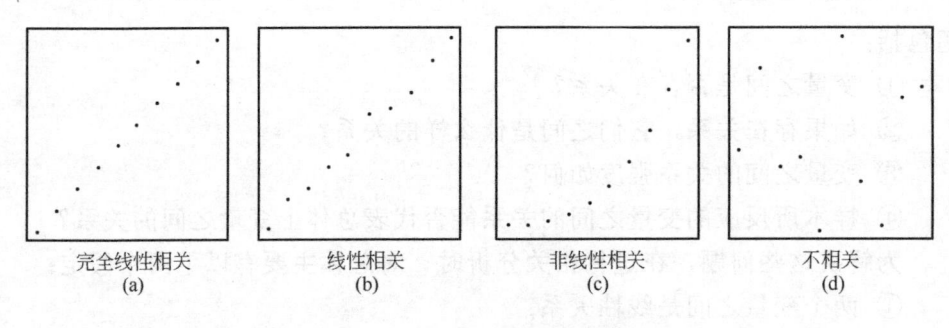

图 9-2　不同形态的散点图

### 9.1.4.2　相关关系的测度

**（1）相关系数**

相关系数种类不同，在此仅讨论皮尔逊（Pearson）相关系数，其适用前提如下：两个连续型随机变量 $x$ 和 $y$ 各自服从正态分布，且研究所获取的样本数彼此相同。

通过样本观测值的散点图我们能判断出两个变量之间是否存在相关关系，并对变量间的关系形态做出大致的描述，但散点图不能准确地描述出变量间的关系强度。因此，为了能准确地描述出变量间的关系程度，通常需要计算相关系数。$\rho_{xy}$ 代表总体相关系数，而 $r_{xy}$ 则代表样本相关系数，简称 $r$。前者是唯一的，可以通过式（9-1）来计算，然而往往很难观测到总体的两个随机变量 $x$ 和 $y$ 的所有数据，因此 $\rho_{xy}$ 通常未知；而后者是随抽取的样本观测值不同而变化的随机变量，可以由所抽取到的具体样本观测值通过式（9-2）或式（9-3）计算得出。后者是前者的一致估计量。

计算方法：

① $\rho_{xy}$ 通过 $\mathrm{Cov}(x,y)$、$\sigma(x)$、$\sigma(y)$ 来计算：

$$\rho_{xy} = \frac{\mathrm{Cov}(x,y)}{\sigma(x)\sigma(y)} \tag{9-1}$$

② $r_{xy}$ 通过可决系数 $R^2$ 公式来计算：

$$r_{xy} = \sqrt{\frac{\sum(\hat{y}-\overline{y})^2}{\sum(y-\overline{y})^2}} \tag{9-2}$$

③ $r_{xy} = \dfrac{\sum(x_i - \bar{x})(y_i - \bar{y})}{\sqrt{\sum(x_i - \bar{x})^2 \sum(y_i - \bar{y})^2}}$ （9-3）

（2）相关系数的特点：
① 相关系数的取值在-1 到 1 之间；
② 当 $r$=0 时，表明 $x$ 和 $y$ 没有线性相关关系；
③ 当 $0<|r|<1$ 时，表明 $x$ 和 $y$ 存在一定的线性相关关系，若 $r>0$ 表明 $x$ 和 $y$ 为正相关，若 $r<0$，表明 $x$ 和 $y$ 为负相关；
④ 当 $|r|=1$ 时，表明 $x$ 与 $y$ 完全线性相关，若 $r=1$，称 $x$ 与 $y$ 完全正相关；若 $r=-1$，则称 $x$ 与 $y$ 完全负相关；

注意：
① $r$ 具有对称性。$x$ 与 $y$ 之间的相关系数 $r_{xy}$ 和 $y$ 与 $x$ 之间的相关系数 $r_{yx}$ 相等，即 $r_{xy} = r_{yx}$；
② $r$ 仅仅是 $x$ 与 $y$ 之间线性关系的度量，它不能用于描述非线性关系。这意味着，$r$=0 只表示两个变量之间不存在线性关系，并不说明变量之间没有任何关系，它们之间可能存在非线性相关关系。变量之间的非线性相关程度较大时，就可能导致 $r$=0。因此，当 $r$=0 或很小时，不能轻易得出两个变量之间不存在相关关系的结论，而应结合散点图做出合理的解释；
③ $r$ 虽然是两个变量之间线性关系的一个度量，却并不意味着 $x$ 与 $y$ 之间一定有因果关系；
④ 根据实践数据计算出的 $r$，其取值一般在 $-1<r<1$ 之间，$|r|$ 越趋近于 1 说明两个变量之间的线性关系越强，$|r|$ 越趋近于 0，说明两个变量之间的线性关系越弱。对于一个具体的 $r$ 取值，根据经验可将相关程度分为以下几种情况：当 $|r|>0.8$ 时，认为是高度相关；$0.5<|r|<0.8$ 时，认为是中度相关；$0.3<|r|<0.5$ 时，认为低度相关；当 $|r|<0.3$ 时，说明两个变量之间的相关程度极弱，可视为不相关。但需要强调的是，这种解释必须建立在对相关系数进行显性检验的基础之上。

### 9.1.4.3 相关系数的显著性检验

根据从总体中随机抽取的样本观测值就能计算出相应的样本相关系数 $r$，其为对总体相关系数 $\rho_{xy}$ 的估计。然而 $r$ 是一个随所抽取的样本不同而随机变化的随机变量，样本的不同会使得 $r$ 的取值也有所不同。因此，需要用样本观测值计算出来的相关系数 $r$ 对总体相关系数 $\rho_{xy}$ 的取值进行检验。

对总体相关系数 $\rho_{xy}$ 的检验分为两类：一类是检验 $\rho_{xy}$ 是否等于零；另一类是检验 $\rho_{xy}$ 是否等于某个不等于零的特定数值。在此本书仅介绍用得更广泛的前者。

相关系数的显著性检验步骤：

第一步：提出假设；

$H_0$：$\rho = 0$；$H_1$：$\rho \neq 0$

第二步：计算统计量；

$$t = r\sqrt{\frac{n-2}{1-r^2}} \sim t(n-2) \tag{9-4}$$

第三步：进行决策；

根据给定的显著性水平 $\alpha$ 和自由度 df=$n$-2 查 $t$ 分布表，得出 $t_{\alpha/2}(n-2)$ 的临界值。若 $|t| > t_{\alpha/2}$，则以（1-$\alpha$）的把握度拒绝原假设 $H_0$，表明总体的两个变量之间存在显著的线性相关关系。若 $|t| < t_{\alpha/2}$，则以（1-$\alpha$）的把握度接受原假设 $H_0$，表明总体的两个变量之间不存在显著的线性相关关系。

## 9.2 一元线性回归分析

在两个变量间存在相关关系的情况下，为明确两者之间的具体数量规律，通常需要进行回归分析。在回归分析中，最简单的模型是只有一个自变量的线性回归模型，这就是一元线性回归，又称简单线性回归模型。

### 9.2.1 一元线性回归模型与假定

#### 9.2.1.1 一元线性回归模型

回归分析的核心思想是通过样本回归函数对总体回归函数做出合理估计。用来进行回归分析的数学模型（含相关假设）称为回归模型，它是一种对统计关系进行定量描述的数学模型。

一元线性回归模型也称为简单线性回归模型。由于自变量 $X$ 和因变量 $Y$ 之间不是确定的函数关系,而是不确定性的相关关系,因此当自变量 $X$ 取一固定值时,$Y$ 的值并不确定。$Y$ 的不同取值会形成一定的分布,这就是 $Y$ 在 $X$ 取某一固定值时的条件分布。对于 $X$ 的每一个取值,如果对 $Y$ 所形成的条件分布确定其期望值,这称为 $Y$ 的条件期望,可用 $E(Y|X_i)$ 表示。对于 $X$ 的每一个取值 $E(Y|X_i)$,都有 $Y$ 的条件期望 $E(Y|X_i)$ 与之对应,$Y$ 的条件期望是随 $X$ 的变化而变化的。若因变量 $Y$ 的条件期望值 $E(Y|X_i)$ 随自变量 $X$ 的变化而遵循某一规律,可以把 $Y$ 的条件期望 $E(Y|X_i)$ 表示为 $X$ 的某种函数:$E(Y|X_i)=f(X_i)$。我们把这个函数叫做回归函数。如果函数中的自变量与因变量之间呈线性关系且只有一个自变量,则称之为一元线性回归模型。

#### 9.2.1.2 总体回归模型

若已知所研究的经济现象总体中因变量 $Y$ 和自变量 $X$ 的每个观测值,便可以计算总体因变量 $Y$ 的条件期望 $E(Y|X_i)$,将其表现为自变量 $X$ 的某种函数,这个函数称为总体回归模型。

总体回归模型有两种表现形式:

(1)条件期望表现形式。假如 $Y$ 的条件期望 $E(Y|X_i)$ 是解释变量 $X$ 的线性函数,可表示为

$$E(Y|X_i) = \alpha + \beta X_i \tag{9-5}$$

式中,$\alpha$ 是给定直线 $E(Y|X_i)=\alpha+\beta X_i$ 的截距;$\beta$ 是直线 $E(Y|X_i)=\alpha+\beta X_i$ 的斜率。

(2)个别值表现形式(随机设定形式)。对于一定的 $X_i$、$Y$ 的个别值 $Y_i$ 分布在条件期望值 $E(Y|X_i)$ 的四周,若令每个 $Y_i$ 值与条件期望 $E(Y|X_i)$ 的偏差为 $u_i$,可见 $u_i$ 是个可正可负的随机变量,代表排除在自变量以外的所有因素对 $Y$ 的影响,称为随机误差项。

若总体回归模型是只有一个自变量的线性函数,则为

$$u_i = Y_i - E(Y|X_i) = Y_i - \alpha - \beta X_i \tag{9-6}$$

即 $Y_i = \alpha + \beta X_i + u_i$

这是总体回归模型的一般形式。

### 9.2.1.3 样本回归模型

在现实问题中，由于所研究的现象的总体单位数一般都较多，在一些场合甚至是无限的，因此无法掌握因变量 $Y$ 总体的所有取值，也就是说，总体回归函数事实上是未知的，则需要利用样本的信息对其进行估计。

根据样本数据拟合的直线，称为样本回归直线。如果拟合的是一条曲线，则称为样本回归曲线。显然，样本回归线的函数形式应与总体回归线的函数形式保持一致。

如果样本回归函数为线性函数，可表示为

$$\hat{y}_i + \hat{\alpha} + \hat{\beta} x_i \tag{9-7}$$

实际观测的因变量 $y_i$ 值并不完全等于 $\hat{y}_i$ 值，如果用 $e_i$ 表示二者之偏差称为残差项或剩余项，可表示为

$$y_i - \hat{y}_i = e_i \tag{9-8}$$

即 $y_i = \hat{\alpha} + \hat{\beta} x_i + e_i$。

样本回归函数与总体回归函数之间的联系显而易见。这里需要特别指出的是它们的不同。第一，总体回归函数虽然未知，但它是确定的；并且由于从总体中每次抽样都能获得一个样本，都能拟合出一条样本回归线，因而样本回归线是随抽样的样本而变化的，可以有很多条。因此，样本回归线不等同于总体回归线，至多只是未知总体回归线的近似表现；第二，总体回归函数的参数 $\alpha$ 和 $\beta$ 虽然未知，却是确定的常数。但样本回归函数的参数 $\hat{\alpha}$ 和 $\hat{\beta}$ 是随抽样而变化的随机变量；第三，总体回归函数中的 $S_e$ 是不可直接观测的，而样本回归函数中的 $S_e$ 是只要估计出样本函数的参数就可以计算的数值。

综上所述，样本回归函数是对总体回归函数的近似反映。回归分析的主要任务就是要采用适当的方法，充分利用样本所提供的信息，使得样本回归函数尽可能地接近于真实的总体回归函数。

### 9.2.1.4 误差项的标准假定

误差项的标准假定是针对总体一元线性回归模型中的随机误差项 $u_i$ 而言的。$u_i$ 是无法直接观测的，为了进行回归分析，通常需要对其概率分布做出一些假定。

假定1：零期望假定。随机误差项的条件期望值为0，即对所有的 $i$ 总有：

$$E(u_i \mid X_i) = 0 \tag{9-9}$$

假定2：同方差假定。随机误差项的方差为常数，即对所有的$S_e$总有：

$$\text{Var}(u_i) = E(u_i^2) = \sigma^2 \tag{9-10}$$

假定3：正态性假定。随机误差项服从正态分布，则有：

$$u_i \sim N(0, \sigma^2) \tag{9-11}$$

假定4：无自相关假定。随机误差项的不同序次之间不存在序列相关关系，彼此协方差为零，即当时有：

$$\text{Cov}(u_i, u_j) = E(u_i, u_j) = 0 \tag{9-12}$$

假定5：随机误差项$u_i$与自变量$x_i$彼此不相关假定，则有：

$$\text{Cov}(u_i, x_i) = E(u_i, x_i) = 0 \tag{9-13}$$

以上这些基本假定是德国数学家高斯最早提出的，也称为高斯假定或者标准假定。满足以上标准假定的一元线性模型，称为标准的一元线性回归模型，又称为古典线性回归模型。

## 9.2.2 一元线性回归模型的估计

### 9.2.2.1 总体回归系数的估计

对模型参数估计的方法有多种，对于满足基本假定的线性回归模型的估计，最简便、最常用的是普通最小二乘法（OLS）。

（1）最小二乘估计法

在一元线性回归模型中，对样本回归函数和既定的样本值，用不同的估计方法会得到不同的样本回归参数的估计值$\hat{\alpha}$和$\hat{\beta}$，用样本回归函数所估计的$\hat{y}_i$也可能不同。但人们总是希望所估计的$\hat{y}_i$偏离实际观测值$y_i$的残差值$e_i$越小越好，可是因为$e_i$可正可负，残差的代数和会相互抵消，为此可以取残差平方和$\sum e_i^2$作为衡量$\hat{y}_i$与$y_i$偏离程度的标准。最小二乘法的中心思想，是通过建立数学模型，配合一条较为理想的趋势线。这条趋势线必须满足下列两点要求：

① 原数列的观测值与模型估计值的离差平方和为最小；
② 原数列的观测值与模型估计值的离差总和为0。

公式表示为

$$\min(\sum e_i^2) = \min(y_i - \hat{y}_i)^2 = \min\sum(y_i - \hat{\alpha} - \hat{\beta}x_i)^2 \quad (9\text{-}14)$$

式中：$y_i$ 为原数列的观测值；$\hat{y}_i$ 为模型的估计值。

根据最小二乘法的要求

$$Q = \sum(y_i - \hat{y}_i)^2 = \sum(y_i - \hat{\sigma} - \hat{\beta}x_i)^2 \quad (9\text{-}15)$$

由极值原理，$Q$ 取极小值的必要条件是 $Q$ 对 $\alpha$、$\beta$ 的两个一阶偏导系数皆为零且二阶偏导大于零，上式分别对 $\alpha$、$\beta$ 求偏导数，并令其等于零，有

$$\begin{aligned}\frac{\partial Q}{\partial \alpha} &= -2\sum(y_i - \hat{\alpha} - \hat{\beta}x_i) = 0 \\ \frac{\partial Q}{\partial \alpha} &= -2\sum(y_i - \hat{\alpha} - \hat{\beta}x_i)x_i = 0\end{aligned} \quad (9\text{-}16)$$

整理得：

$$\begin{aligned} n\hat{\alpha} + \hat{\beta}\sum x_i &= \sum y_i \\ \hat{\alpha}\sum x_i + \hat{\beta}\sum x_i^2 &= \sum x_i y_i \end{aligned} \quad (9\text{-}17)$$

联立求解可得到回归系数的估计值为：

$$\hat{\beta} = \frac{n\sum x_i y_i - \sum x_i \sum y_i}{n\sum x_i^2 - (\sum x_i)^2} \quad (9\text{-}18)$$

$$\hat{\alpha} = \frac{\sum x_i y_i - \sum x_i \sum y_i}{n\sum x_i^2 - (\sum x_i)^2} \quad (9\text{-}19)$$

或

$$\hat{\alpha} = \bar{y} - \hat{\beta}\bar{x}$$

式中：$\bar{x}$ 和 $\bar{y}$ 分别为样本观测值 $x_i$ 和 $y_i$ 的平均值。

（2）最小二乘估计量的性质

前面已经指出，简单线性回归模型的系数不能直接观测，它只能通过样本观测值去估计，且得到的样本回归系数的估计量是随抽样而变动的随机变量。最小二乘法只是多种估计方法中的一种。那么，像这样估计的回归系数是否可靠？是否仅仅为抽样的偶然结果呢？这还需要进行假设检验才能知道。对回归系数的假设检验，是在掌握了样本回归系数估计量的概率分布基础上而进行的。最小二乘估计量的形式是不变的，它是一种随机变量，因为根据所选取的样本不同，其具体数值即回归系数的估计值会随机变化。在标准假定能够得到满足的条件下，回归系数的最小二乘估计量的数学期望值等

于总体参数真值。

① $\hat{\alpha}$ 和 $\hat{\beta}$ 的分布性质

最小二乘估计 $\hat{\alpha}$ 和 $\hat{\beta}$ 都是 $y_i$ 的线性函数。由基本假定已知，$u_i$ 是服从正态分布的，为此因变量的观测值 $y_i$ 也服从正态分布，显然 $\hat{\alpha}$ 和 $\hat{\beta}$ 也就都是服从正态分布的随机变量。

② $\hat{\alpha}$ 和 $\hat{\beta}$ 的期望

虽然估计的参数 $\hat{\alpha}$ 和 $\hat{\beta}$ 都是随机变量，但他们的期望值等于总体回归系数 $\alpha$ 和 $\beta$ 的真实值，也就是说最小二乘估计是无偏估计。

③ $\hat{\alpha}$ 和 $\hat{\beta}$ 的方差

可以证明 $\hat{\alpha}$ 和 $\hat{\beta}$ 的方差和标准误差分别为

$$Var(\hat{\alpha}) = \sigma^2 \frac{\sum x_i^2}{n\sum(x_i-\overline{x})^2}, se(\hat{\alpha}) = \sigma\sqrt{\frac{\sum x_i^2}{n\sum(x_i-\overline{x})^2}} \quad (9\text{-}20)$$

$$Var(\hat{\beta}) = \frac{\sigma^2}{\sum(x_i-\overline{x})^2}, Se(\hat{\beta}) = \frac{\sigma}{\sqrt{\sum(x_i-\overline{x})^2}} \quad (9\text{-}21)$$

所以

$$\hat{\beta} \sim N\left(\beta, \frac{\sigma^2}{\sum(x_i-\overline{x})^2}\right), \hat{\alpha} \sim N\left(\alpha, \sigma^2 \frac{\sum x_i^2}{n\sum(x_i-\overline{x})^2}\right) \quad (9\text{-}22)$$

当基本假定满足的情况下，可以证明在所有的线性无偏估计中，回归系数的最小二乘估计的方差最小。

在基本假定满足的条件下，回归系数的最小二乘估计是最佳线性无偏估计，这一结论也成为高斯-马尔可夫定理。

### 9.2.2.2 总体随机误差项方差 $\sigma^2$ 的估计

$\hat{\alpha}$ 和 $\hat{\beta}$ 的方差除了样本观测值以外，还涉及总体随机误差项方差 $\sigma^2$ 的估计，但由于 $u_i$ 不能直接观测，且 $\sigma^2$ 也是未知的。$\sigma^2$ 代表了理论模型误差的大小，它是检验模型时必须利用的一个重要参数。由于随机误差项本身是不能直接观测的，因此，要用最小二乘残差代替随机误差项来估计 $\sigma^2$。可以证明，在最小二乘估计的基础上，$\sigma^2$ 的无偏估计为

$$S_e^2 = \frac{\sum(y_i - \hat{y}_i)^2}{n-2} \quad (9\text{-}23)$$

式中：分子为残差平方和；分母为自由度；$n$ 是样本容量；$S_e$ 为估计标准误差。

$$S_e = \sqrt{\frac{\sum(y_i - \widehat{y_i})^2}{n-2}} \qquad (9\text{-}24)$$

$S_e$ 越小，表明样本观测点从总体上说越靠近回归直线，回归直线的代表性也就越好；反之，$S_e$ 越大，则说明回归直线的代表性越差。因此，$S_e$ 是检验回归直线拟合效果的重要指标。

## 9.2.3 一元线性回归模型的检验

在讨论了如何根据样本数据拟合一元线归方程后，下面我们讨论该回归分析中的统计检验问题。

对该模型进行统计检验主要分为以下三方面：第一，计算拟合度来考查模型拟合的效果；第二，用拟合出来的样本回归系数 $\widehat{\alpha}$ 和 $\widehat{\beta}$ 分别对总体回归系数 $\alpha$ 和 $\beta$ 的相关假设进行显性检验；第三，对整个回归模型进行显性检验。

### 9.2.3.1 回归直线的拟合优度

回归直线 $\widehat{y_i} = \widehat{\alpha} + \widehat{\beta} x_i$ 在一定程度上描述了变量 $x$ 与 $y$ 之间的数量关系，根据这一方程，可依据自变量 $x$ 的取值来估计或预测因变量 $y$ 的取值。但估计或预测的精度如何，将取决于回归直线对观测数据的拟合程度。可以想象，如果各观测数据的散点都落在这一直线上，那么这条直线就是对样本数据的完全拟合，此时用 $x$ 来估计 $y$ 是没有误差的。各观测点越是紧密围绕直线，说明直线对观测数据的拟合程度越好；反之，则越差。回归直线与各观测点的接近程度就是回归直线对样本数据的拟合优度（goodness of fit）。为说明直线的拟合优度，需要计算可决系数。

可决系数是对估计的回归方程拟合优度的度量。为说明它的含义，需要对因变量 $y$ 取值的变差进行研究。

因变量 $y$ 的取值是不同的，$y$ 取值的这种波动称为变差。变差的产生来自两个方面：一是自变量 $x$ 的取值不同造成的；二是除 $x$ 以外的其他因素的影响。对一个具体的观测值来说，变差的大小可以用实际观测值 $y$ 与其均值 $\bar{y}$ 之差 $(y - \bar{y})$ 来表示。而 $n$ 次观测值的总变差可由这些离差的平方和来表示，

称为总平方和，记为 SST，即

$$SST = \sum(y_i - \bar{y})^2 = \sum(y_i - \hat{y_i})^2 + \sum(\hat{y_i} - \bar{y})^2 + 2\sum(y_i - \hat{y_i})(\hat{y_i} - \bar{y})$$

可以证明 $\sum(y_i - \hat{y_i})(\hat{y_i} - \bar{y}) = 0$，因此

$$\sum(y_i - \bar{y})^2 = \sum(\hat{y_i} - \bar{y})^2 + \sum(y_i - \hat{y_i})^2 \tag{9-25}$$

式中：$\sum(\hat{y_i} - \bar{y})^2$ 是回归值 $\hat{y_i}$ 与均值 $\bar{y}$ 的离差平方和，根据估计的回归方程，估计值 $\hat{y_i} = \hat{\alpha} + \hat{\beta}x_i$，因此就可认为 $(\hat{y_i} - \bar{y})$ 是由自变量 $x$ 的变化引起的 $y$ 的变化，而其平方和 $\sum(\hat{y_i} - \bar{y})^2$ 则反映了 $y$ 的总变差中由于 $x$ 与 $y$ 之间的线性关系引起的 $y$ 的变化部分，它是可以由回归直线来解释的 $y_i$ 变差部分，称为回归平方和，记为 SSR。另一部分 $\sum(y_i - \hat{y_i})^2$ 是各实际观测点与回归值的残差 $(y_i - \hat{y_i})$ 平方和，它是除了 $x$ 对 $y$ 的线性影响之外的其他因素引起的 $y$ 的变化部分，是不能由回归直线来解释的 $y_i$ 变差部分，称为残差平方和或误差平方和，记为 SSE。三个平方和的关系为：

总平方和（SST）=回归平方和（SSR）+残差平方和（SSE） （9-26）

回归直线拟合的好坏取决于 SSR 及 SSE 的大小，或者说取决于回归平方和 SSR 占总平方和 SST 的比例（SSR/SST）的大小。各观测点越是靠近直线，SSR/SST 则越大，直线拟合得越好。回归平方和占总平方和的比例称为可决系数（coefficient of determination），记为 $R^2$，其计算公式为

$$R^2 = \frac{SSR}{SST} = \frac{\sum(\hat{y_i} - \bar{y})^2}{\sum(y_i - \bar{y})^2} = 1 - \frac{\sum(y_i - \hat{y_i})^2}{\sum(y_i - \bar{y})^2} \tag{9-27}$$

可决系数 $R^2$ 测度了回归直线对观测数据的拟合程度。若所有观测点都落在直线上，残差平方和 SSE=0，则 $\hat{y} = \bar{y} = 1$，拟合是完全的；如果 $y$ 的变化与 $x$ 无关，$x$ 是完全无助于解释 $y$ 的变差，则 $R^2 = 0$。$R^2$ 的取值范围是 [0, 1]，越接近 1，表明回归平方和占总平方和的比例越大，回归直线与各观测点越接近，用 $x$ 的变化来解释 $y$ 值变差的部分就越多，回归直线的拟合程度就越好；反之，$R^2$ 越接近于零，回归直线的拟合程度就越差。

在一元线性回归中，相关系数 $r$ 实际上是可决系数的平方根，根据这一结论，不仅可以由相关系数直接计算可决系数 $R^2$，也可以进一步理解相关系数的意义。相关系数 $r$ 与回归系数 $\hat{\beta}$ 的正负号是相同的，实际上，相关系数 $r$ 也从另一个角度说明了回归系数的拟合优度。$|r|$ 越接近于 1，表明回归直

线对观测数据的拟合程度就越高。

可决系数 $R^2$ 有如下特点：

（1）可决系数是非负的统计量；

（2）可决系数取值范围是 $0 \leqslant R^2 \leqslant 1$；

（3）可决系数是样本观测值的函数，可决系数 $R^2$ 是随抽样而变动的随机变量；

（4）在一元线性回归中，可决系数在数值上是皮尔逊相关系数的平方：$r = \pm\sqrt{R^2}$。

虽然可决系数在数值上等于皮尔逊相关系数的平方，但是应注意二者是有区别的。可决系数是就估计的回归模型而言，度量回归模型对样本观测值的拟合程度；相关系数是就两个变量而言，说明两个变量的线性依存程度。可决系数度量的是自变量与因变量不对称的因果关系；相关系数度量的是不考虑是否有因果关系的相关关系。

可决系数有非负性，取值范围为 $0 \leqslant R^2 \leqslant 1$；

相关系数可正可负，取值范围为 $-1 \leqslant r \leqslant 1$。

#### 9.2.3.2 回归系数的显著性检验

接下来我们需要做的工作就是用拟合出来的样本回归系数 $\hat{\alpha}$ 和 $\hat{\beta}$ 分别对总体回归系数 $\alpha$ 和 $\beta$ 的相关假设进行显性检验。其中，用 $\hat{\beta}$ 对总体回归系数 $\beta$ 的假设进行检验尤为重要。因为，当检验结果 $\beta = 0$ 时，表明总体回归直线就是一条水平线，则自变量 $x$ 与因变量 $y$ 之间根本没有线性关系，这样一元线性回归模型则没有意义；而当检验结果 $\beta \neq 0$ 时，表明 $x$ 和 $y$ 之间存在着较显著的线性关系，一元线性回归模型有意义。

因此，在这里我们对总体回归系数 $\beta$ 进行假设检验，一般采用 $t$ 检验的方法，步骤如下：

步骤 1：建立原假设和备择假设

原假设：$H_0: \beta = 0$；备择假设：$H_1: \beta \neq 0$，总体回归方程显著

步骤 2：计算 $t$ 统计量值

$$t = \frac{\hat{\beta} - \beta}{S(\hat{\beta})}, \text{ 其中 } S(\hat{\beta}) = \sqrt{\frac{\sum e_i^2}{(n-2)\sum(x_i - \bar{x})^2}} \quad (9\text{-}28)$$

其中，$\sum e_i^2 = \sum_{i=1}^{n}(y_i - \widehat{y_i})^2$

步骤 3：查临界值

根据给定的显著性水平 $\alpha$（通常 $\alpha=0.05$）和自由度（df=$n-2$），查 $t$ 分布表，得到临界值 $t_{\alpha/2}(n-2)$ 的值。

步骤4：判断

若 $|t|>t_{\alpha/2}(n-2)$，拒绝 $H_0$。可得出 $\beta\neq0$ 的结论，表明 $x$ 与 $y$ 之间存在较显著的线性关系。

若 $|t|\leqslant t_{\alpha/2}(n-2)$，不能否定 $H_0$，则回归系数 $\beta$ 有可能为零，说明 $x$ 与 $y$ 之间的线性关系是不显著的。

#### 9.2.3.3 回归方程的显著性检验

回归分析中显性检验的内容包括两方面，一是对回归系数的显性检验，另一个是对整个回归方程的显性检验。前者在前文中已有阐述，后者与方差分析的思路相似，常采用 $F$ 检验。后者的本质是看回归均离差 MSA 与残差均离差 MSE 之间的差异是否足够明显，以判断整个回归方程是否能通过显性检验。

然而数理统计可以证明，对于一元线归而言，对整个方程的显性检验与对其回归系数进行的显性检验是完全等价的。因此，这一结论很大程度上简化了我们对于一元线归的显性检验工作。

## 9.2.4 一元线性回归模型的预测

建立回归方程的目的之一是利用样本回归方程进行预测，而解释变量 $x$ 通常是给定的、非随机的，于是将已知的解释变量 $x$ 取值代入样本回归方程，可得到被解释变量的方程拟合值 $\hat{y}_f$，并依此确定其预测值 $y_f$。需要说明的是，预测是指对总体被解释变量 $y$ 取值的预测，预测误差总是客观存在的。预测误差的来源主要有两个方面：一是根据样本数据估计出的样本回归方程与总体回归方程之间存在差异，即样本回归方程的代表性误差；二是由回归方程得到的被解释变量拟合值 $\hat{y}_f$ 是被解释变量 $y_f$ 的期望值，而非真实取值。真实值 $y$ 以拟合值 $\hat{y}_f$ 为期望值呈正态分布，于是对被解释变量的预测就存在这种随机误差。

从回归模型预测形式上看，对被解释变量的估计预测可分为点估计预测与区间估计预测。

#### 9.2.4.1 点预测

利用估计出来的样本回归方程，对于给出的 $x$ 的一个特定值 $x_f$，可以求出 $y$ 的一个估计值，这就是点预测。

对于拟合出来的样本回归模型

$$y_f = \hat{\alpha} + \hat{\beta} x_f + u_f \tag{9-29}$$

如果给定样本以外的解释变量的观测值 $x_f$，则可以得到被解释变量 $\widehat{y_f} = \hat{\beta}_0 + \hat{\beta}_1 x_f$ 的一个点预测值，即：

$$\widehat{y_f} = \hat{\alpha} + \hat{\beta} x_f \tag{9-30}$$

#### 9.2.4.2 区间预测

利用拟合而得的样本回归方程及一系列相关信息，对于给出的 $x$ 的一个特定值 $x_f$，求出 $y$ 的一个估计值 $\hat{y}_f$ 所在的置信区间（confidence interval），被称作区间预测。

如果已经知道实际的预测值 $y_f$，那么预测残差为

$$e_f = y_f - \widehat{y_f} \tag{9-33}$$

显然，$e_f$ 是一随机变量，$E(e_f) = E(y_f - \hat{y}_f) = 0$

可证明，

$$\mathrm{Var}(e_f) = \sigma^2 \left\{ 1 + \frac{1}{n} + \frac{(x_f - \bar{x})^2}{\sum (x_i - \bar{x})^2} \right\} = S^2{e_f} \tag{9-32}$$

区间预测分为两种，即大样本情况和小样本情况。

在大样本情况下，$e_f$ 服从正态分布，即

$$e_f \sim N(0, \mathrm{Var}(e_f)) \tag{9-33}$$

由于 $\mathrm{Var}(e_f)$ 中 $\sigma^2$ 是未知的，通常用其无偏估计 $s^2$ 来代替，若用 $S_{e_f}$ 来表示预测标准误差的估计值，则

$$S_{e_f} = S \left\{ 1 + \frac{1}{n} + \frac{(x_f - \bar{x})^2}{\sum (x_i - \bar{x})^2} \right\} \tag{9-34}$$

则公式（9-33）可表示为

$$\frac{y_f - \widehat{y_f}}{S_{e_f}} \sim N(0,1) \tag{9-35}$$

那么,在大样本情况下 $y_f$ 的预测区间则是:

$$(\widehat{y_f} - Z_{\alpha/2}S, \widehat{y_f} + Z_{\alpha/2}S) \tag{9-36}$$

在小样本情况下,

$$\frac{y_f - \widehat{y_f}}{S_{e_f}} \sim t(n-2) \tag{9-37}$$

则 $y_f$ 的预测区间则是:

$$(\widehat{y_f} - t_{\alpha/2}Se_f, \widehat{y_f} + t_{\alpha/2}Se_f) \tag{9-38}$$

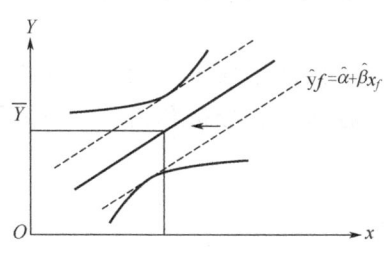

图 9-3 回归预测的置信区间

回归预测的误差范围大小取决于下列因素:

(1) 置信水平 $(1-\alpha)$。置信水平越大,$t_{\alpha/2}(n-2)$ 就越大,从而预测的误差范围也越大。

(2) 回归估计标准误差 $S_{e_f}$。$S$ 越大,预测的误差范围也就越大。

(3) 自变量的取值与均值的距离 $|x_f - \overline{x}|$。当 $x_f = \overline{x}$ 时,$(x_f - \overline{x})^2 = 0$,此时预测区间最窄。$x_f$ 离 $\overline{x}$ 越远,$(x_f - \overline{x})^2$ 越大,预测区间就越宽。可见,预测区间的宽度是随 $x_f$ 的变化而变化的,将对应于不同自变量取值的预测区间上下限分别连接起来,则可明显地看到,预测区间上下限表现为关于回归直线对称的两条喇叭形曲线,如图 9-3 所示。正因如此,做回归预测时,自变量的取值 $x_f$ 不宜离 $\overline{x}$ 太远,否则预测精度会大大降低。

(4) 样本量 $n$。$n$ 越大,$\frac{1}{n}$ 越小,而且 $t_{\alpha/2}(n-2)$ 就越小,$\sum(x_f - \overline{x})^2$ 也越大,所以预测误差范围就越小。当 $n$ 充分大时,$t_{\alpha/2}(n-2)$ 可用标准正态分布的分位数 $Z$ 来近似。因此,在大样本条件下,因变量 $y_f$ 取值的预测误差可近似用该公式计算：$\Delta = Z_{\alpha/2}S$。

使用回归分析时，需强调以下几点。

首先，要注意与定性分析相结合。与相关分析一样，回归分析也只是从数据出发定量分析变量间相互依存关系的一种统计手段，他们并不能揭示现象相互之间的本质联系。现象间内在的本质联系，决定于事物发展变化的客观规律性，要由有关的实质性科学去加以说明，需要结合实际经验去分析。

其次，利用样本数据拟合出来的回归方程即使是经过了显著性检验以及拟合效果很好，也只能说明仅在样本数据取值范围内自变量与因变量之间存在这种回归关系。一旦自变量取值超出了样本数据的范围，则两个变量间这种数量上的依存关系有可能会发生变化，那么它们之间的回归关系就不一定依然存在了。因此，利用拟合出来的样本回归模型进行预测其结果也就不一定依然可靠和有效了。

最后需要说明的是，只要两个变量间确实存在内在的真实的数量依存关系，那就可以建立回归方程来进行分析和估计；只要这种关系会延续，那么回归方程就可以用于预测。

### 9.2.4.3 预测误差

$\widehat{y_f}$是根据回归方程$\widehat{y_f} = \hat{\alpha} + \hat{\beta}x_f$计算的，它是样本观测值的函数，因而也是一个随机变量。$\widehat{y_f}$与所要预测的$y_f$的真值之间必然存在一定的误差。在实际的回归模型预测中，发生预测误差的原因可以概括为以下4个方面：

（1）模型本身因素所造成的误差。由于回归方程并未将所有影响$y$的因素都纳入模型，并且其具体的函数形式也只是实际变量之间数量联系的近似反映，因此必然存在误差。这一误差可以用总体随机误差项的方差来评价。

（2）由于回归系数的估计值同其真值不一致所造成的误差。回归系数是根据样本数据估计的，它与总体参数之间总是有一定误差。这一误差可以用回归系数的最小二乘估计量的方差来评价。

（3）由于自变量$x$的设定值同其实际值的偏离所造成的误差。当给出的$x_0$在样本数据$x$的取值范围之外时，其本身也需要利用某种方法去进行预测。如果$x_0$与未来时期$x$的实际值不符，将其带入公式中求得的预测值当然也会与其实际值有所不同。

（4）由于未来时期总体回归系数发生变化所造成的误差。未来的变化是多方面的，因此很可能总体回归系数已经发生变化，那么我们曾做出的关于因变量的预测就会又产生误差。

以上造成预测误差的原因中,(3)(4)两项不属于回归方程本身的问题,而(1)(2)两项属于回归方程本身的问题。

# 本章小结

本章首先介绍了相关分析与一元线性回归分析之间的联系与区别。接着介绍了两个尺度变量之间的相关分析理论,核心内容是皮尔逊相关系数的计算与检验。继而便是对一元线性回归分析的探讨,它是在两个尺度变量间存在较显著的相关关系情况下而进行的一种统计分析,旨在寻求两者间变化关系的具体数学形式,从而根据自变量的取值去预测因变量。一元线性回归分析的介绍共分为以下四部分:一、规定了该分析的5个基本假设;二、给出了总体回归模型与样本回归模型各自的两种形式,并用最小二乘法对样本回归模型进行拟合;三、拟合出来的样本回归模型需要进行几方面的检验,通过了检验才能作为对总体回归模型的估计而用来预测。在一元线归分析中需要完成的检验包括拟合度的计算、回归系数的显性检验和回归方程的显性检验(本质上与回归系数的显性检验等价);四、用通过检验的模型来做预测,分为点预测和区间预测两方面。

# 第10章

# 多元线性回归分析

## 引例

位于南加州的巴特勒运输公司的管理人员为制定最佳的工作计划，希望估计他们的司机每天行驶的时间。起初，公司管理人员认为，司机每天行驶的时间与每天运送货物行驶的里程密切相关，通过观察散点图，管理人员假设，能利用一元线性回归模型 $Y = X_1 + X_2\beta + u$ 来描述行驶的小时数（$Y$）与行驶的英里数（$X$）之间的关系。对公司的实际数据，采用普通最小二乘法估计出回归方程为：

$$\hat{Y} = 1.27 + 0.0678X$$

通过对方程的分析，公司的管理人员发现，虽然这一结果不错，但方程只能解释每天行驶时间的变异性的 66.4%。因此希望增加第二个解释变量去解释剩下的变异性。

管理人员在研究其它影响行驶时间的因素时，觉得运送货物的次数也会影响行驶的时间。因此在增加了一个解释变量——运送货物的次数，以及相应的数据后，再进行回归分析，得到的回归方程具有形式为

$$\hat{Y} = -0.869 + 0.0611X_1 + 0.923X_2$$

管理人员现在发现，这一方程能解释行驶时间变异性的 90.4%。这已是相当好的结果了。

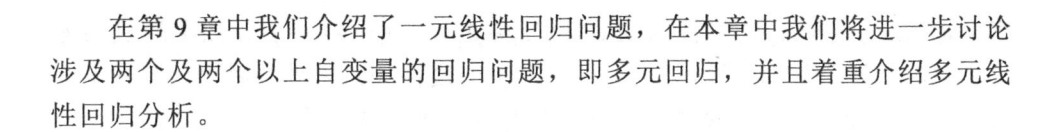

在第 9 章中我们介绍了一元线性回归问题,在本章中我们将进一步讨论涉及两个及两个以上自变量的回归问题,即多元回归,并且着重介绍多元线性回归分析。

## 10.1 多元线性回归模型及假定

### 10.1.1 多元线性回归模型

在许多的实际问题中,对因变量影响的因素往往不止一个,而是有多个。因此仅仅以一个自变量来解释因变量往往是不全面的,需要建立一个因变量与多个自变量的联系模型来进行分析,才能获得较全面、准确的分析结果。例如,企业的获利能力,不仅取决于生产技术水平,还取决于企业管理水平及市场需求总量;一个国家的 GDP 水平,不仅受该国的投资总量影响,还受该国的消费总量、进出口差额等因素的影响。所以,在对一些复杂现象进行分析时,就涉及到比简单线性回归更为复杂的多元回归问题。这种一个因变量与多个自变量的回归问题就是多元回归,当因变量与各自变量之间的关系呈线性关系时,称之为多元线性回归。

**定义 10.1** 被解释变量 $Y$ 的期望值与解释变量 $X_1, X_2, \cdots, X_k$ 的线性方程为称为多元总体线性回归方程,简称总体回归方程。总体回归方程的一般形式可写为

$$E(Y) = \beta_0 + \beta_1 X_{1i} + \beta_2 X_{2i} + \cdots + \beta_k X_{ki} \quad (10\text{-}1)$$

设因变量为 $y$,$k$ 个自变量分别为 $x_1, x_2, x_3, \cdots, x_k$ 多元线性回归模型可定义如下。

**定义 10.2** 描述因变量 $y$ 如何依赖于自变量 $x_1, x_2, x_3, \cdots, x_k$ 与随机误差项 $u$ 的方程称为多元线性回归模型(multiple regression model)。

多元线性回归模型的一般形式可写为:

$$y = \beta_0 + \beta_1 x_{1i} + \beta_2 x_{2i} + \beta_3 x_{3i} + \cdots + \beta_t x_{ki} + u_i \quad (10\text{-}2)$$

式中 $\beta_0, \beta_1, \beta_2, \beta_3, \cdots, \beta_k$ 是模型中的参数,$u$ 为随机误差项。式(10-2)表明

了 $y$ 是 $x_1, x_2, x_3, \cdots, x_k$ 的线性函数 $\beta_0 + \beta_1 x_1 + \beta_2 x_2 + \beta_3 x_3 + \cdots + \beta_t x_k$ 加上随机误差项 $u$。误差项反映了除了 $x_1, x_2, x_3, \cdots, x_k$ 对 $y$ 的线性关系之外的随机因素对 $y$ 的影响，是不能由其与因变量 $y$ 之间的线性关系解释的变异性。

为了便于讨论，对于多元线性回归模型，常用如下矩阵的形式来表示：

$$Y = X\beta + U \tag{10-3}$$

其中

$$Y_{n\times 1} = \begin{bmatrix} Y_1 \\ Y_2 \\ \vdots \\ Y_n \end{bmatrix}$$ 为被解释变量的观测值向量；$$X_{n\times(k+1)} = \begin{bmatrix} 1 & X_{11} & X_{21} & \cdots & X_{k1} \\ 1 & X_{12} & X_{22} & \cdots & X_{k2} \\ \vdots & \vdots & \vdots & \ddots & \vdots \\ 1 & X_{1n} & X_{2n} & \cdots & X_{kn} \end{bmatrix}$$ 为

解释变量的观测值矩阵；$$\beta_{(k+1)\times 1} = \begin{bmatrix} b_0 \\ b_1 \\ b_2 \\ \vdots \\ b_k \end{bmatrix}$$ 为总体回归系数向量；$$U_{n\times 1} = \begin{bmatrix} u_1 \\ u_2 \\ \vdots \\ u_n \end{bmatrix}$$ 为随

机误差项向量。

同理，多元线性样本回归函数可用矩阵表示为

$$Y = X\hat{\beta} + e \tag{10-4}$$

其中，

$$\hat{\beta} = \begin{bmatrix} \hat{\beta}_0 \\ \vdots \\ \hat{\beta}_k \end{bmatrix} \quad e = \begin{bmatrix} e_1 \\ \vdots \\ e_n \end{bmatrix}$$

分别为回归系数估计值的向量和残差向量。

## 10.1.2　多元线性回归模型的假定

多元线性回归模型包含多个解释变量，多个解释变量同时对被解释变量 $Y$ 发生作用，若要考察其中一个解释变量对 $Y$ 的影响就必须假设其它解释变量保持不变来进行分析。

为了有效估计多元回归模型中的参数及对模型进行统计检验，与一元线

性回归模型相同，多元线性回归模型利用普通最小二乘法对参数进行估计时，有若干假定分别简述如下：

**假定 1**　零均值假定，即随机误差项 $u_i$ 的数学期望为零：
$$E(u_i) = 0 \quad (i = 1, 2, \cdots, n)$$

**假定 2**　同方差假定，即随机误差项 $u_i$ 的方差为常数：
$$\mathrm{Var}(u_i) = E(u_i^2) = \sigma^2 \quad (i = 1, 2, \cdots, n)$$

**假定 3**　随机误差项 $u_i$ 服从均值为零，方差为 $\sigma^2$ 的正态分布：
$$u_i \sim N(0, \sigma^2)$$

**假定 4**　无自相关假定，即随机误差项的逐次值之间不存在相关性：
$$\mathrm{Cov}(u_i, u_j) = E(u_i u_j) = 0 \quad (i \neq j; i, j = 1, 2, \cdots, n)$$

**假定 5**　随机误差项 $u_i$ 与解释变量 $X_i$ 之间不存在相关性：
$$\mathrm{Cov}(X_{ji}, u_i) = 0 \quad (j = 1, 2, \cdots, k; i = 1, 2, \cdots, n)$$

**假定 6**　无多重共线性，即解释变量之间不存在较强的线性相关关系。

## 10.2　多元线性回归模型的估计

### 10.2.1　参数的最小二乘估计

与一元线性回归模型的估计方法一样，多元线性回归模型中回归系数的估计同样采用最小二乘估计法。

对于有 $k$ 个自变量、$i$ 个观察样本的多元线性回归模型的总体回归方程如下：
$$Y_i = \beta_0 + \beta_1 X_{1i} + \beta_2 X_{2i} + \cdots + \beta_k X_{ki} + u_i \quad (i = 1, 2, \cdots, n)$$

设 $\hat{\beta}_0, \hat{\beta}_1, \cdots, \hat{\beta}_k$ 分别作为参数 $\beta_0, \beta_1, \cdots, \beta_k$ 的估计量，得样本回归方程为
$$\hat{Y}_i = \hat{\beta}_0 + \hat{\beta}_1 X_{1i} + \hat{\beta}_2 X_{2i} + \cdots + \hat{\beta}_k X_{ki}$$

观测值 $Y_i$ 与回归值 $\hat{Y}_i$ 的残差 $e_i$ 为

$$e_i = Y_i - \hat{Y}_i = Y_i - (\hat{\beta}_0 + \hat{\beta}_1 X_{1i} + \hat{\beta}_{2i} + \cdots + \hat{\beta}_{ki} X_{ki})$$

由最小二乘法可知 $\hat{\beta}_0, \hat{\beta}_1, \cdots, \hat{\beta}_k$ 应使全部观测值 $Y_i$ 与回归值 $\hat{Y}_i$ 的残差 $e_i$ 的平方和最小，即

$$\begin{aligned} Q(\hat{\beta}_0, \hat{\beta}_1, \hat{\beta}_2, \cdots, \hat{\beta}_k) &= \sum e_i^2 = \sum (Y_i - \hat{Y}_i)^2 \\ &= \sum (Y_i - \hat{\beta}_0 - \hat{\beta}_1 X_{1i} - \hat{\beta}_2 X_{2i} - \cdots - \hat{\beta}_k X_{ki})^2 \end{aligned}$$

取最小值。根据多元函数的极值原理，分别求 $Q$ 对 $\hat{\beta}_0, \hat{\beta}_1, \cdots, \hat{\beta}_k$ 的一阶偏导，并令其等于零，即

$$\frac{\partial Q}{\partial \hat{\beta}_j} = 0 \quad (j = 1, 2, \cdots, k)$$

即

$$\begin{cases} \dfrac{\partial Q}{\partial \hat{\beta}_0} = 2\sum (Y_i - \hat{\beta}_0 - \hat{\beta}_1 X_{1i} - \hat{\beta}_2 X_{2i} - \cdots - \hat{\beta}_k X_{ki})(-1) = 0 \\ \dfrac{\partial Q}{\partial \hat{\beta}_1} = 2\sum (Y_i - \hat{\beta}_0 - \hat{\beta}_1 X_{1i} - \hat{\beta}_2 X_{2i} - \cdots - \hat{\beta}_k X_{ki})(-X_{1i}) = 0 \\ \vdots \\ \dfrac{\partial Q}{\partial \hat{\beta}_k} = 2\sum (Y_i - \hat{\beta}_0 - \hat{\beta}_1 X_{1i} - \hat{\beta}_2 X_{2i} - \cdots - \hat{\beta}_k X_{ki})(-X_{ki}) = 0 \end{cases}$$

化简后的方程组为

$$\begin{cases} n\hat{\beta}_0 + \hat{\beta}_1 \sum X_{1i} + \hat{\beta}_2 \sum X_{2i} + \cdots + \hat{\beta}_k \sum X_{ki} = \sum Y_i \\ \hat{\beta}_0 \sum X_{1i} + \hat{\beta}_1 \sum X_{1i}^2 + \hat{\beta}_2 \sum X_{2i} X_{1i} + \cdots + \hat{\beta}_k \sum X_{ki} X_{1i} = \sum X_{1i} Y_i \\ \vdots \\ \hat{\beta}_0 \sum X_{ki} + \hat{\beta}_1 \sum X_{1i} X_{ki} + \hat{\beta}_2 \sum X_{2i} X_{ki} + \cdots + \hat{\beta}_k \sum X_{ki}^2 = \sum X_{ki} Y_i \end{cases} \quad (10\text{-}5)$$

代入样本观测值求解上述方程组，该计算过程可用统计软件完成，从而得出多元线性回归模型的系数估计值 $\hat{\boldsymbol{\beta}}$ 向量。

【例 10-1】润达超市最近在着手一个商品促销活动，展出它在超级市场中具有突出特征的微波炉，公司同时也运作了通常进行的电视活动，在长达 10 周的时间段内，公司记录了它在广播和电视广告上的支出，变量 $X_1$，以及在店内展出的花费 $X_2$，所研究的区域每周销售结果记录为因变量 $Y$。公司的

分析师对如下假定形式的线性回归模型进行了研究。

$$Y = \beta_0 + \beta_1 X_1 + \beta_2 X_2 + u$$

该模型将销售量和两个自变量（广告和店内的促销）联系起来。分析师试图利用可获得的数据，一个包含 10 周观测值的随机样本，来估计销量这一变量与广告、促销两个变量之间的回归关系。

**解**：表 10-1 给出了这次的研究数据，$Y$、$X_1$ 和 $X_2$，所有的变量都以万元为单位，这个表还给出了解答标准方程所需要的数据的乘积和平方值。附加的列分别是 $X_1X_2, X_1^2, X_2^2, X_1Y$ 和 $X_2Y$，将这些列的和代入到方程组（公式 10.5），从而解出回归参数的估计值 $\beta_0, \beta_1$ 和 $\beta_2$。

表 10-1  3 个变量的样本观测值以及相应的乘积和平方值　　（单位：千元）

| $Y$ | $X_1$ | $X_2$ | $X_1X_2$ | $X_1^2$ | $X_2^2$ | $X_1Y$ | $X_2Y$ |
| --- | --- | --- | --- | --- | --- | --- | --- |
| 72 | 12 | 5 | 60 | 144 | 25 | 864 | 360 |
| 76 | 11 | 8 | 88 | 121 | 64 | 836 | 608 |
| 78 | 15 | 6 | 90 | 225 | 36 | 1170 | 468 |
| 70 | 10 | 5 | 50 | 100 | 25 | 700 | 350 |
| 68 | 11 | 3 | 33 | 121 | 9 | 748 | 204 |
| 80 | 16 | 9 | 144 | 256 | 81 | 1280 | 720 |
| 82 | 14 | 12 | 168 | 196 | 144 | 1148 | 984 |
| 65 | 8 | 4 | 32 | 64 | 16 | 520 | 260 |
| 62 | 8 | 3 | 24 | 64 | 9 | 496 | 186 |
| 90 | 18 | 10 | 180 | 324 | 100 | 1620 | 900 |
| 743 | 123 | 65 | 869 | 1615 | 509 | 9382 | 5040 |

将表中数据代入方程组（10-5），即

$$n\beta_0 + \beta_1 \sum X_1 + \beta_2 \sum X_2 = \sum Y$$
$$\beta_0 \sum X_1 + \beta_1 \sum X_1^2 + \beta_2 \sum X_1 X_2 = \sum X_1 Y$$
$$\beta_0 \sum X_2 + \beta_1 \sum X_1 X_2 + \beta_2 \sum X_2^2 = \sum X_2 Y$$

得到方程组为

$$10\beta_0 + 123\beta_1 + 65\beta_2 = 743$$
$$123\beta_0 + 1615\beta_1 + 869\beta_2 = 9382$$
$$65\beta_0 + 869\beta_1 + 509\beta_2 = 5040$$

解得各系数为 $\beta_0 = 47.164942$，$\beta_1 = 1.5990404$，$\beta_2 = 1.1487479$

以上即为总体回归模型中各参数 $\beta_0, \beta_1, \beta_2$ 的最小二乘估计。

因此，我们可以得出销售量 $Y$ 和广告支出 $X_1$、店内促销花费 $X_2$ 的回归方程：
$$\hat{Y} = 47.16 + 1.60X_1 + 1.15X_2$$

从上例中，可知当店内促销花费 $X_2$ 不变时，广告支出 $X_1$ 增加或减少一单位时，销售量 $Y$ 会增加或减少 1.60 个单位；同理可知，当广告支出 $X_1$ 不变时，店内促销花费 $X_2$ 增加或减少一单位时，销售量 $Y$ 会增加或减少 1.15 个单位。因此，一般的多元回归模型（公式 10.1），有一个 $Y$ 的截距系数和 $k$ 个斜率系数。每一个斜率系数 $\beta_i, i=1,2,\cdots,k$，代表了当其他变量保持不变时，$X_i$ 每增加一个单位而引起的 $E(Y)$ 的增加（或减少，当它是负值时）。变量 $X_i$ 应该与其他变量相互独立，因为我们希望每一个系数 $\beta_i$ 都能够反映所有其他独立变量保持不变时，$X_i$ 每一单位的变动所引起的 $E(Y)$ 的变动。

## 10.2.2 随机误差项方差 $\sigma^2$ 的估计

多元线性回归中除了估计回归系数外，还需要对模型中随机误差项 $u$ 的方差 $\sigma^2$ 进行估计，意义主要有以下两方面：一是了解回归拟合直线的预测值 $\hat{Y}$ 与实际观测值 $Y$ 之间差异的平均水平；二是用来计算回归系数的方差，并用其标准误来参与对回归系数的显性检验。

和一元线归相似的是，我们还是用样本回归模型中残差项的平方和来完成对随机误差项 $u$ 方差 $\sigma^2$ 的估计。

$$S_e^2 = \frac{\sum e_i^2}{n-k-1} \quad (10\text{-}6)$$

# 10.3 多元线性回归模型的检验

## 10.3.1 拟合度检验

为了说明估计模型对样本观测值的拟合程度，在多元线性回归模型中，

可以利用 $y$ 的总离差平方和中由各个自变量所解释的部分的比重，即回归的离差平方和与总的离差平方和的比值（即多重可决系数）来衡量模型拟合度的好坏。

据上述多元线归方程，我们可以将离差分解为

$$Y_i - \bar{Y} = (Y_i - \hat{Y}_i) + (\hat{Y}_i - \bar{Y})$$

则经过证明可以得到总离差平方和分解式为

$$\sum(Y_i - \bar{Y})^2 = \sum(\hat{Y}_i - \bar{Y})^2 + \sum(Y_i - Y)^2$$

即

$$\text{TSS} = \text{ESS} + \text{RSS}$$

总离差平方和分解为回归平方和与残差平方和两部分。

则多重可决系数为 $R^2 = \dfrac{\text{RSS}}{\text{TSS}} = 1 - \dfrac{\text{ESS}}{\text{TSS}}$

$R^2$ 作为检验回归方程对样本观测值拟合程度的指标：$R^2$ $(0 \leqslant R^2 \leqslant 1)$ 越大，表示回归方程对样本观测值的拟合程度越好；反之，回归方程对样本观测值的拟合度较差。

但在实际使用 $R^2$ 时，我们发现 $R^2$ 的大小与模型中解释变量的数目有关联。在样本观测量一定的情况下，多元回归模型中解释变量数目的增加并不会使总离差 TSS 发生变化，却会使回归离差 RSS 增加，也就是说会增加 $R^2$。然而，这种通过增加模型中解释变量数目而提高其 $R^2$ 水平的做法显然是不可取的。因此，人们引入自由度的因素来对多重可决系数公式进行调整，得到了修正后的多重可决系数 $\bar{R}^2$ 公式。

$$\bar{R}^2 = 1 - \frac{S_e^2}{S_y^2}, \quad \text{其中 } S_e^2 = \frac{\sum e_i^2}{n-k-1}, \quad S_y^2 = \frac{\sum(Y_i - \bar{Y})^2}{n-1}$$

这里 $n-k-1$ 是残差平方和的自由度，$n-1$ 是总离差平方和的自由度。因此

$$\bar{R}^2 = 1 - \frac{\sum e_i^2}{\sum(Y_i - \bar{Y})^2} \times \frac{n-1}{n-k-1} = 1 - (1-R^2)\frac{n-1}{n-k-1}$$

上式反应了未经修正过的多重可决系数 $R^2$ 与经过修正的多重可决系数 $\bar{R}^2$ 两者之间的关系。

我们现在回到例 10-1 中，通过在 SPSS 软件中对所掌握的样本数据进行多元回归分析，我们得出分析结果如表 10-4。

在表 10-4 中，$R^2 = 0.9610$，它表示销售量 96.1% 的变异可以由两个自变量——广告支出和店内促销的组合解释。同样注意到，调整后的 $\bar{R}^2 = 0.9499$ 和未调整的指标相当接近。由此得出关于整个回归模型拟合度的结论，即自变量 $X_1$ 和 $X_2$ 一起解释了因变量 Y 很大比例的变异，模型对样本数据总的拟合程度是很好的。

然而，仅有此检验结论并不够，我们还需要考查两个自变量各自对因变量 Y 的影响究竟是否显著，如果影响都显著，那么这两个自变量在回归方程中的存在就都有意义。因此，我们需要对模型中的回归系数进行显著差异性检验。

## 10.3.2 回归系数的显性检验

如上文所述，除了对方程的拟合度进行评价外，我们还需要检验每个解释变量 $X_1, X_2, \cdots, X_k$ 对被解释变量 Y 的影响是否显著。有些解释变量对被解释变量的影响并不显著，那么就可以从模型中把它剔除而重新建立回归模型，这样有利于对经济问题进行较准确的分析以及对被解释变量进行准确预测。为此我们需要对每个回归系数 $\beta_i$ 进行显著差异性检验。

多元回归分析中对各个回归系数的检验方法与一元线性回归的方法基本相同。可以证明，统计量 $\hat{\beta}_i$ 服从自由度为（$n-k-1$）的 $t$ 分布。则具体步骤如下：

（1）提出原假设 $H_0: \beta_i = 0$；备择假设 $H_1: \beta_i \neq 0$。$(i = 1, \cdots, k)$

（2）构造统计量 $t = \dfrac{\hat{\beta}_i - \beta_i}{S(\hat{\beta}_i)}$，当 $\beta_i = 0$ 时，统计量 $t = \dfrac{\hat{\beta}_i}{S(\hat{\beta}_i)} \sim t(n-k-1)$。

这里 $S(\hat{\beta}_i)$ 是 $\hat{\beta}_i$ 的标准差，$k$ 为解释变量个数。

（3）给定显著性水平 $\alpha$，查自由度为 $n-k-1$ 的 $t$ 分布表，得临界值 $t_{\alpha/2}(n-k-1)$。

（4）若 $|t| \geq t_{\alpha/2}(n-k-1)$，则拒绝 $H_0: \beta_i = 0$ 而接受 $H_1: \beta_i \neq 0$，即认为在其他自变量不变的情况下，该自变量 $x_i$ 对因变量 $y$ 的影响是显著的；若 $|t| < t_{\alpha/2}(n-k-1)$，则不能拒绝 $H_0: \beta_i = 0$，即认为该自变量 $x_i$ 对因变量 $y$ 的影响不显著。

回到例 10-1 中，运用 SPSS 软件对两个自变量的回归系数 $\beta_1$ 和 $\beta_2$ 分别进行显著性检验，结果如表 10-2。

表 10-2　SPSS 软件对回归系数的检验结果

| 结果 | 截距 | $X_1$ | $X_2$ |
|---|---|---|---|
| b | 47.165 | 1.599 | 1.1487 |
| s(b) | 2.4704 | 0.281 | 0.3052 |
| t | 19.092 | 5.6913 | 3.7633 |
| P 值 | 0.0000 | 0.0007 | 0.0070 |

如上表所示，由于两个 P 值都远远小于 0.01，因此，对广告和促销两个自变量的回归系数 $\beta_1$ 和 $\beta_2$ 进行 t 检验的结果都是非常显著的。我们可以认为这两个自变量对于因变量（销量）的影响都是显著的。

## 10.3.3　回归方程的显性检验

对于一元线归来说，对回归系数 $\beta_1$ 的显性 t 检验等价于对整个一元线归方程的显性检验，即 F 检验。然而，在多元线性回归方程中，这两种检验则不再等价。多元线归中对于各回归系数的显性 t 检验只是对单个回归系数是否具有显著性进行了推断，而多元线归模型包含了多个自变量，这些自变量联合起来与因变量之间是否存在显著的线性关系还需要我们对整个回归方程进行显性检验。这一检验是在方差分析的基础上利用 F 检验来完成的，见表 10-3。

表 10-3　对回归方程的 F 检验

| 变异来源 | 平方和 | 自由度 | 均方 | F 值 |
|---|---|---|---|---|
| 回归 | SSR | k | $\text{MSR} = \dfrac{\text{SSR}}{k}$ | $F = \dfrac{\text{MSR}}{\text{MSE}}$ |
| 误差 | SSE | $n-(k+1)$ | $\text{MSE} = \dfrac{\text{SSE}}{n-(k+1)}$ | — |
| 合计 | SST | $n-1$ | — | — |

如表 10-3 所示，多元线归方程的总离差平方和 TSS 的自由度为 $n-1$，回归平方和 RSS 的自由度为 k，残差平方和的自由度为 $n-k-1$。则对整个回归

方程的显性检验步骤如下：

第一步，作出假设

$$H_0 : \beta_1 = \beta_2 = \cdots = \beta_k = 0$$
$$H_1 : \beta_i(i=1,2,\cdots,k) 不全为 0$$

第二步，计算统计量 $F$

$$F = \frac{\dfrac{RSS}{k}}{\dfrac{ESS}{(n-k-1)}} \sim F(k, n-k-1)$$

第三步，查表得到临界值

给定显著水平 $\alpha$，查第一个自由度为 $k$，第二个自由度为 $n-k-1$ 的 $F$ 分布表得临界值 $F_\alpha(k,n-k-1)$。

第四步，做出决策

在统计量 $F$ 与临界值 $F_\alpha$ 之间进行比较。当 $F \geqslant F_\alpha(k,n-k-1)$ 时，拒绝 $H_0$，则认为回归方程中自变量联合起来对因变量存在显著影响；当 $F < F_\alpha(k,n-k-1)$ 时，则接受 $H_0$，认为自变量联合起来对因变量不存在显著影响，即回归模型无意义。

现在回到例 10-1 的 SPSS 软件运行结果，见表 10-4。由于软件分析得出的 $P$ 值很小，因此我们拒绝回归系数 $\beta_1$ 和 $\beta_2$ 都等于零的原假设。即通过对整个多元线归方程的显著性进行检验，我们认为因变量（销售量）与两个自变量（广告支出和店内促销花费）中的至少一个自变量（或者都）存在显著的线性回归关系。

表 10-4　SPSS 软件对回归方程的检验结果

| 变异来源 | 平方和 | 自由度 | 均方 | $F$ 值 | $P$ 值 |
| --- | --- | --- | --- | --- | --- |
| 回归 | 630.538 | 2 | 315.27 | 4.7374 | 0.0000 |
| 误差 | 25.5619 | 7 | 3.6517 | — | — |
| 合计 | 656.1 | 9 | — | — | — |

$$R^2 = 0.9610 \qquad \bar{R}^2 = 0.9499$$

# 本章小结

本章介绍了多元线性回归分析的统计方法，主要涉及两大方面内容：多元线性回归模型的估计及其检验问题。首先介绍了多元线性回归模型的 6 个基本假定，然后介绍了用最小二乘法对样本的多元线性回归模型进行拟合的问题，包括对模型中几个回归系数的拟合以及随机误差项方差 $\sigma^2$ 的估计。然后，本章探讨了有关多元线性回归模型的检验问题，包括对拟合度的计算和检验、对几个回归系数的显著差异性检验以及对整个回归方程的显著差异性检验三方面内容。涉及到对整个方程进行显性检验，多元线归与一元线归是不同的。

# 第 11 章

# 时间序列的分析

## 引例

在社会经济生活中,我们经常会接触到按时间顺序记录的数据。如图 11-1 记录了我国自 2003 年以来 10 年间的每季度电冰箱销售量。

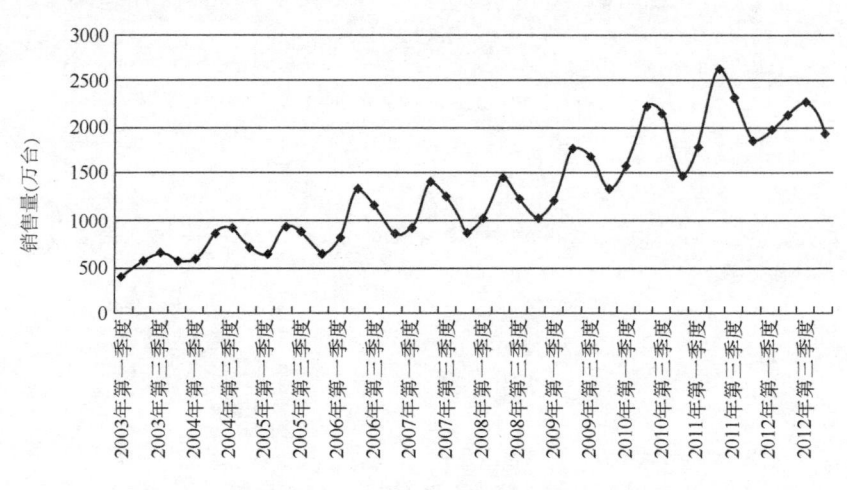

图 11-1 中国 2003—2012 年电冰箱销售量季节变动图

通过对电冰箱销售量季节变动系列数据的观测,我们将从以下几个方面对电冰箱销售量变动的规律有更深入的认识。

(1) 电冰箱销售量的总体趋势是上升还是下降？

(2) 电冰箱销售量的波动有波峰也有波谷，这种峰谷交错的变动有规律可循吗？

(3) 电冰箱销售量的波动受哪些因素影响，能否从数据中将各因素划分开，分别加以研究？

(4) 能否从电冰箱销售量变动的规律预测其2013年变动的可能趋势？

上例向我们提出了现实生产生活中的又一类数量方面的问题，即在掌握了某研究变量按照时间顺序发展变化的一系列数据的情况下，我们能否从中发现一些规律并据此对该研究变量进行未来时间点上的预测。这就是本章要讨论的主要内容，即对时间序列数据的编制、分析及预测。

本章第一节我们将首先介绍一下时间序列的基本概念、分类和编制原则；在第二节中我们则会对时间序列基本分析指标中的水平分析指标和速度分析指标分别进行分析；而第三节的目的旨在介绍时间序列的成分和基本模型，为第四节中时间序列的预测奠定基础；可以说本章第四节是整章内容的核心，我们学习的前三节内容都是为了在第四节中能做出更准确的分析和预测。需要说明的是，本章只对常规的时间序列分析方法进行介绍。

## 11.1　时间序列的概念和分类

### 11.1.1　时间序列的概念

为了研究某种事物在不同时间的发展状况，通常需要对其变化情况做跟踪记录，记录该事物随时间推移而变化的统计数据。那么这样形成的关于一个变量在一定时间点或一定时间段上测量出来的一系列观测值的集合称为时间序列，有时也称为动态数列。例如，生活中随时间波动的证券价格，我国经济指标中随时间变化的国内生产总值和人口数据等。时间序列具有两个基本要素：一是被研究现象所属的时间范围，即时间区间；二是反映该现象在一定时间条件下数量特征的数值，即在不同时间上的统计资料。序列中每一项数值也称为相应时间上的发展速度。在一个时间序列中,各时间 $(t_1,t_2,\cdots,t_3)$ 上的发展速度按时间顺序可以记为 $X_0,X_1,\cdots,X_n$。在对各时间的发展速度进行比较时,把作为比较基础的那个时期称为基期,相对应的发展速度称为基期水平;把所研究考察的那个时期称为报告期,相对应的发展速度称为报告期水平。对时间序列进行分析的目的:一是描述事物在过去的状态,揭示其发展变化的规律;二是分析其随时间推移的发展趋势;三是预测其在未来时间的数量。

## 11.1.2 时间序列的图表描述

对时间序列的描述方法很多,最基本的方法就是将所得数据以表格形式简单表示出来,详见表 11-1 所示。

表 11-1 2002—2011 年我国国内生产总值及人口数据

| 年份 | 国内生产总值（亿元） | 国民总收入（亿元） | 年末总人口（万人） | 人均 GDP（元/人） |
|---|---|---|---|---|
| 2002 | 120332.69 | 119095.68 | 128453 | 9398.05 |
| 2003 | 135822.76 | 134976.97 | 129227 | 10541.97 |
| 2004 | 159878.34 | 159453.60 | 129988 | 12335.58 |
| 2005 | 184937.37 | 183617.37 | 130756 | 14185.36 |
| 2006 | 216314.43 | 215904.41 | 131448 | 16499.70 |
| 2007 | 265810.31 | 266422.00 | 132129 | 20169.46 |
| 2008 | 314045.43 | 316030.34 | 132802 | 23707.71 |
| 2009 | 340902.81 | 340319.95 | 133450 | 25607.53 |
| 2010 | 401512.80 | 399759.54 | 134091 | 30015.05 |
| 2011 | 473104.05 | 468562.38 | 134735 | 35197.79 |

数据来源：国家统计局网站。

但由上述表格可见,表格表现时间序列的方法虽然简单,但我们并不能直观地从中得出结论。因此,用各种图形去描述时间序列的变化模式和变化趋势不失为一种更有效的方法。例如,依据表 11-1 中的数据绘制了折线图,如图 11-2 所示。由图中明显可见,从2002—2011 年我国的国内生产总值呈现持续增长的趋势且增长幅度较大。因此,用图形描述可以直观、简明地表现某种现象随时间变化的趋势和模式。然而,这种表现和分析时间序列的方式毕竟还是相对粗糙,我们还需要从更深层次去探索和揭示时间序列的发展变化特点。

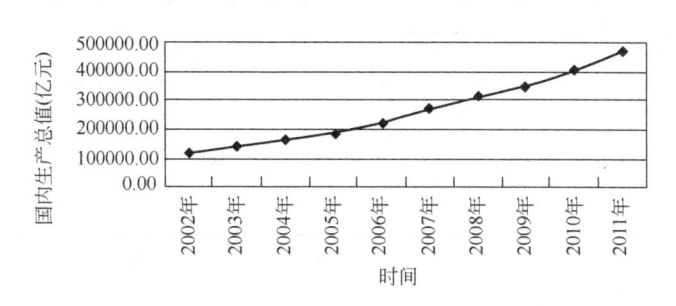

图 11-2 我国 2002—2011 年的国内生产总值变动图

## 11.1.3 相对数时间序列

如果时间序列中的数据是相对数，我们就称这样的序列为相对数时间序列。它反映社会经济现象数量对比关系的发展过程。由于各个相对数的基数不同，因此相对数时间序列也不具有可加性。下面我们就来了解一下相对数时间序列的三种类型。

（1）由两个时期序列对比所形成。表 11-2 所示的时间序列是由我国 2007—2011 年工业增加值和国内生产总值这两个时期序列数据对比求得的。

表 11-2 2007—2011 年我国工业增加值占内生产总值的比率

| 年份 | 2007 | 2008 | 2009 | 2010 | 2011 |
| --- | --- | --- | --- | --- | --- |
| 国内生产总值（亿元） | 265810.31 | 314045.43 | 340902.81 | 401512.80 | 473104.05 |
| 工业增加值（亿元） | 110534.88 | 130260.24 | 135239.95 | 160722.23 | 188470.15 |
| 工业增加值占 GDP 比率（％） | 41.58 | 41.48 | 39.67 | 40.03 | 39.84 |

注：工业增加值占 GDP 比率（％）=工业增加值/国内生产总值。
数据来源：国家统计局网站。

（2）由两个时点序列对比所形成。表 11-3 所示的时间序列是由我国 2007—2011 年年末城镇人口数和总人口数这两个时点序列数据对比求得的。

表 11-3　2007—2011 年我国城镇人口占年末总人口的比率

| 年份 | 2007 | 2008 | 2009 | 2010 | 2011 |
| --- | --- | --- | --- | --- | --- |
| 年末总人口（万人） | 132,129 | 132,802 | 133,450 | 134,091 | 134,735 |
| 城镇人口（万人） | 60,633 | 62,403 | 64,512 | 66,978 | 69,079 |
| 城镇人口占总人口比率（%） | 45.89 | 46.99 | 48.34 | 49.95 | 51.27 |

注：城镇人口占总人口比率（%）=该年末城镇人口数/该年末总人口数。

数据来源：国家统计局网站。

（3）由一个时期序列和一个时点序列对比所形成。如表 11-4 所示，某企业 2012 年的流动资金周转次数是产品销售收入这个时期序列数据和流动资金平均占用额这个时点序列数据对比求得的。

表 11-4　某企业 2012 年流动资金周转次数

| 季度 | 第一季度 | 第二季度 | 第三季度 | 第四季度 |
| --- | --- | --- | --- | --- |
| 产品销售收入（万元） | 100 | 125 | 160 | 198 |
| 流动资金平均占用额（万元） | 50 | 50 | 55 | 65 |
| 流动资金周转次数（次） | 2 | 2.5 | 2.9 | 3 |

注：流动资金周转次数=产品销售收入/流动资金平均占用额。

在生活中为了对社会经济现象发展过程进行全面地分析研究，上述相对数时间序列的上述（1）、（2）和（3）三种类型我们一般综合使用。

## 11.1.4　平均数时间序列

如果时间序列中的数据为平均数，我们就称这样的序列为平均数时间序列。它是用来揭示研究对象在一般水平上发展的趋势和规律。表 11-1 中人均 GDP 就属于一个平均数时间序列。与相对数时间序列一样，平均数时间序列的各个平均数也不具有可加性。

## 11.2 时间序列的基本分析指标

### 11.2.1 发展速度（或水平）

所谓发展速度是指时间序列中报告期水平与基期水平之比，它反映了报告期水平较基期水平的相对发展程度，即

$$\text{发展速度} = \frac{\text{报告期水平}}{\text{基期水平}} \tag{11-1}$$

由于所选基期的不同，发展速度又可进一步分为环比发展速度和定基发展速度两种。

报告期水平 $x_t$ 与前一期水平 $x_{t-1}$ 之比，称为环比发展速度，即 $x_t/x_{t-1}$（$t=1,2,\cdots,n$）报告期水平与最初水平 $x_0$ 之比，称为定基发展速度，即 $x_t/x_0$（$t=1,2,\cdots,n$）。

上述两种发展速度之间存在着如下两种关系：

（1）各个环比发展速度的连乘积，等于相应时期的定基发展速度，即

$$\frac{x_1}{x_0} \times \frac{x_2}{x_1} \times \frac{x_3}{x_2} \times \cdots \times \frac{x_t}{x_{t-1}} = \frac{x_t}{x_0} \tag{11-2}$$

（2）相邻的两个定基发展速度之比，等于相应时期的环比发展速度，即

$$\frac{x_t}{x_{t-1}} \div \frac{x_{t-1}}{x_0} = \frac{x_t}{x_0} \tag{11-3}$$

利用公式（11-3）计算我国 2002—2011 年国内生产总值，如表 11-5 所示。

表 11-5 我国 2002—2011 年国内生产总值

| 年份 | 国内生产总值 GDP（亿元） | 环比发展速度 $x_t/x_{t-1}$ | 定基发展速度 $x_t/x_0$ |
| --- | --- | --- | --- |
| 2002 | 120332.69 | 1.00 | 1.00 |
| 2003 | 135822.76 | 1.13 | 1.13 |
| 2004 | 159878.34 | 1.18 | 1.33 |
| 2005 | 184937.37 | 1.16 | 1.54 |
| 2006 | 216314.43 | 1.17 | 1.80 |
| 2007 | 265810.31 | 1.23 | 2.21 |

续表

| 年份 | 国内生产总值 GDP（亿元） | 环比发展速度 $x_t/x_{t-1}$ | 定基发展速度 $x_t/x_0$ |
|---|---|---|---|
| 2008 | 314045.43 | 1.18 | 2.61 |
| 2009 | 340902.81 | 1.09 | 2.83 |
| 2010 | 401512.80 | 1.18 | 3.34 |
| 2011 | 473104.05 | 1.18 | 3.93 |

注：发展速度数据是由此表中的 GDP 数据计算而得。

数据来源：国家统计局网站。

## 11.2.2 增长速度（或水平）

所谓增长速度是指报告水平较基期水平增长的相对程度，增长速度可用增长量与基期水平的比来确定，也可以用发展速度减 1 来计算，即

$$增长速度=\frac{报告水平-基期水平}{基期水平}=\frac{增长量}{基期水平}=发展速度-1 \qquad (11-4)$$

我们上面谈到发展速度分为环比发展速度和定基发展速度，那么相应的，增长速度也可分为环比增长速度和定基增长速度。

环比增长速度与环比发展速度之间的关系可相应表示为：

$$环比增长速度=\frac{x_t-x_{t-1}}{x_{t-1}}=环比发展速度-1 \qquad (11-5)$$

同理，定基增长速度与定基发展速度的关系为：

$$定基增长速度=\frac{x_t-x_0}{x_0}=定基发展速度-1 \qquad (11-6)$$

关于上述概念，简要说明如下：

（1）发展速度是倍数的变化，而增长速度是增量的变化，这里的增量可以是正数，也可以是负数，也可以是 0。当增长速度为正数的时候，表示报告期水平在基期水平基础上增长的程度；当增长速度为负数的时候，则表示报告期水平在基期水平基础上降低的程度。

（2）环比发展速度和定基发展速度的换算方式也就不同，若要由环比增长速度计算定基增长速度，须将环比增长速度加 1 转化为环比发展速度，再通过环比发展速度连乘计算定基发展速度再减 1，才可得到定基增长速度。

（3）环比增长速度的连乘积不等于相应时期的定基增长速度。

由表 11-6 中数据可以验证公式（11-5）和公式（11-6）。

表 11-6 我国 2002—2011 年国内生产总值

| 年份 | 国内生产总值（亿元） | 环比发展速度 $x_t/(x_t-1)$ | 定基发展速度 $x_t/x_0$ | 环比增长速度 $(x_t-x_{t-1})/(x_{t-1})$ | 定基增长速度 $(x_t-x_0)/x_0$ |
|---|---|---|---|---|---|
| 2002 | 120332.69 | 1.00 | 1.00 | 1.00 | 1.00 |
| 2003 | 135822.76 | 1.13 | 1.13 | 0.13 | 0.13 |
| 2004 | 159878.34 | 1.18 | 1.33 | 0.18 | 0.33 |
| 2005 | 184937.37 | 1.16 | 1.54 | 0.16 | 0.54 |
| 2006 | 216314.43 | 1.17 | 1.80 | 0.17 | 0.80 |
| 2007 | 265810.31 | 1.23 | 2.21 | 0.23 | 1.21 |
| 2008 | 314045.43 | 1.18 | 2.61 | 0.18 | 1.61 |
| 2009 | 340902.81 | 1.09 | 2.83 | 0.09 | 1.83 |
| 2010 | 401512.80 | 1.18 | 3.34 | 0.18 | 2.34 |
| 2011 | 473104.05 | 1.18 | 3.93 | 0.18 | 2.93 |

注：发展速度和增长速度数据是由 GDP 数据计算而得。

数据来源：国家统计局网站。

## 11.2.3 平均发展速度（或水平）

所谓平均发展速度是指各个时期环比速度的几何平均数，换句话说平均发展速度是现象逐期发展的平均程度，其公式如下：

$$\bar{G} = \sqrt[n]{G_1 \cdot G_2 \cdot \cdots \cdot G_n} = \sqrt[n]{\prod_{t=1}^{n} G_t} \tag{11-7}$$

其中 $G_t(t=1,2,\cdots,n)$ 表示各个时期的环比发展速度，$\bar{G}$ 表示平均发展速度。将表 11-6 的数据代入公式得：

$$\bar{G} = \sqrt[9]{1.13 \times 1.18 \times \cdots \times 1.18} = \sqrt[9]{\frac{473,104.05}{120,332.69}} = 1.16 \tag{11-8}$$

因此我国 2002—2011 年国内生产总值的平均发展速度是 116%，足见我国的经济在这几年增长是十分迅速的。

## 11.3 时间序列的成分和基本模型

### 11.3.1 时间序列的成分

任何时间序列随着时间的推移，都受着很多因素的制约和影响。其中的因素有大有小，影响有轻有重；有的是长期的，对事物的影响又是根本性、决定性的；有的则是短期的，对事物的影响也只是偶然性的、表面上的、非决定性的；有的是随着季节更替而对事物产生季节性的影响；有的则是一种没有变化规则的因素。分析时间序列时，事实上我们不可能考虑到每一个因素并对其采取精确分析。在对时间序列进行分解时，一般把其构成因素按性质、作用和影响特征分为四种成分：长期趋势（trend）、季节变动（seasonal fluctuation）、循环变动（cyclical variation）、不规则变动（irrigation variation）。我们通过对这四类因素进行个别或者整体分析来揭示时间序列内在的变动规律。

（1）长期趋势 $T$

时间序列在长时期内呈现出来的某种持续上升或持续下降的总变动趋势称为长期趋势。长期趋势往往是由某些固定的、系统性的因素造成的，在这些因素的共同作用下长期趋势可能呈现为不断增长的态势，也可能呈现不断降低的趋势，又或者是呈现水平不变的水平趋势。长期趋势代表着研究对象的总的发展方向，也是对时间序列的未来进行预测和推断的主要依据，如研究改革开放对我国经济的影响、计划生育政策对我国人口的影响等。具有长期趋势的时间序列既可以呈线性特点，也可以呈曲线特点，如图 11-3 所示：（a）我国 1978—2013 年的年末人口总数趋势图中，人口总数的时间序列数据呈线性特点；（b）我国 1978—2013 年的国民总收入走势图中，国民收入的时间序列数据呈曲线特点。

（2）季节变动 $S$

原本意义上的季节变动是指受自然因素的影响，在一年中随季节的更替而发生的有规律的变动。而现在对季节变动的概念有了扩展，对一年内由于社会、政治、经济、自然因素影响而形成的以一定时期为周期的有规则的重复变动，都称为季节变动。注意，季节变动的周期长度通常在一年以内。季节变动的特点可以大致这样概括：重复出现、有规律性，其通常的表现为逐年同月（或同季节）有相同的变化方向和大致相同的变化幅度。实例很多，如：商业活动中常遇到的"销售旺季"和"销售淡季"；旅游业中常遇到的"旅游淡季"和"旅游旺季"等都属于季节变动的范畴；还有超市的营业额和顾客人数的变动常以七天为一个周期，图11-4就是某商品销售量随季节变动的走势图。

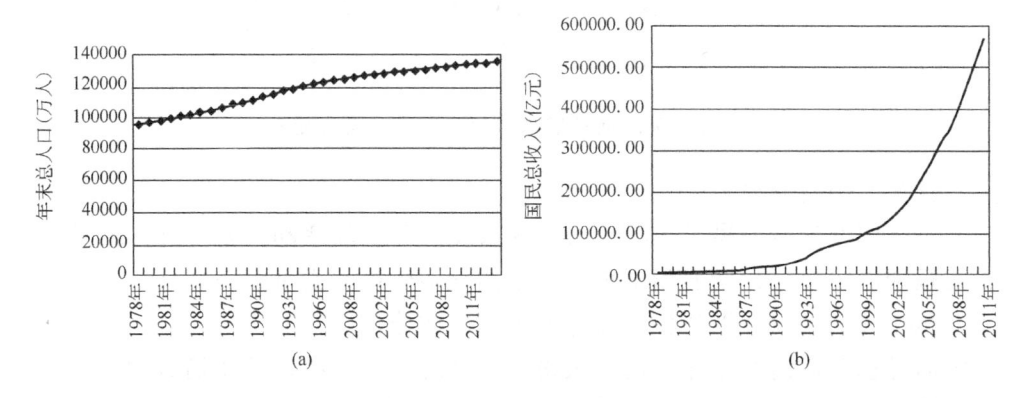

图11-3 长期趋势的两种类型

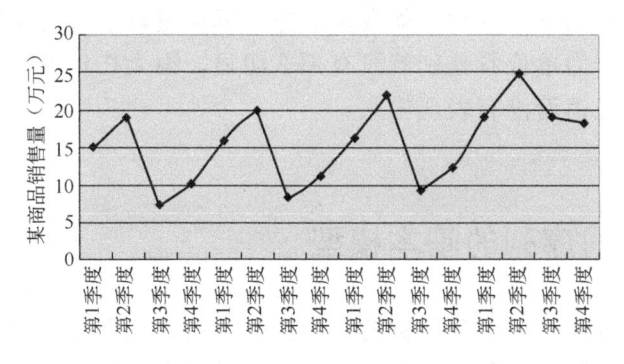

图11-4 某商品销售量季节变动走势图

（3）循环变动 $C$

时间序列呈现出来的一种围绕长期趋势的涨落相间的变动称为循环变动，它通常是周期超过一年的较长时期内的交替波动。与季节变动的区别之处在于：循环变动的周期长短很不一致，不像季节变动那么有规律。其周期短的一般3～5年，长的可达几年甚至几十年不等。另外，引起循环变动的原因通常也不像季节变动的原因那么直观，如图11-5是某地区地震次数年度值的循环变动情况图，从中我们可以看出循环的周期与峰值都不是特别一致。

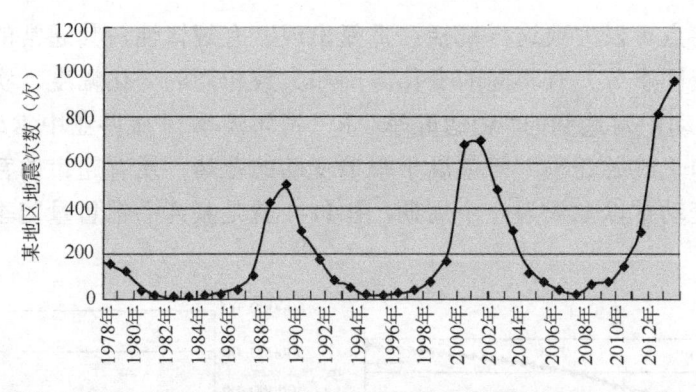

图 11-5　某地区地震次数年度值循环变动走势

（4）不规则变动 $I$

不规则变动是分离了长期趋势、季节变动和循环变动因素以外的波动，它是短期的、不可预期的和不重复出现的众多随机因素引起的。

虽然时间序列可以分解为以上四种基本成分，但并非所有的时间序列都一定同时包含这四种成分。通常来说，一个时间序列中，长期趋势和不规则变动是存在的，而季节变动和循环变动则不一定存在其中。年度数据形成的时间序列就不包括季节变动，如我国北方的降雨量以季节为单位看具有明显的差别，但以年为单位看差别就没有那么明显，因为在年度数据中季节性变动的因素相互抵消而没有表现出来。

## 11.3.2　时间序列的基本模型

我们进行时间序列成分分析的目的就是要把这几个影响因素从时间序列中分离开来，分别测定和分析每种成分对该时间序列的影响作用以揭示其规律。按照这四种成分对时间序列影响方式的不同，我们可以设定为两种不同的组合模型，即加法模型和乘法模型。

（1）加法模型：假定四种变动因素相互独立，时间序列各时期发展水平是各个构成因素的总和，可以表达为：

$$Y_t = T_t + S_t + C_t + I_t \tag{11-9}$$

（2）乘法模型：假定四种变动因素对现象发展的影响是相互的，时间序列各时期发展水平是各个构成因素的乘积，可以表达为

$$Y_t = T_t \cdot S_t \cdot C_t \cdot I_t \qquad (11\text{-}10)$$

时间序列的四种基本成分并不是同时存在于一个时间序列之中,这就形成了时间序列以下的不同组合形式。

① 趋势模式一:

$$Y_t = T_t \cdot I_t \qquad (11\text{-}11)$$

② 趋势模式二:

$$Y_t = T_t \cdot S_t \cdot I_t \qquad (11\text{-}12)$$

③ 趋势模式三:

$$Y_t = T_t \cdot C_t \cdot I_t \qquad (11\text{-}13)$$

式中:$Y$ 代表时间序列的指标数值;$T$ 代表长期趋势成分;$S$ 代表季节变动成分;$C$ 代表循环变动成分;$I$ 代表不规则变动成分;下标 $t$ 表示时间序列的项数。

需要说明的是加法模型中,各个成分都是绝对数,每个成分都用与 $Y$ 相同计量单位的绝对量来表示;而乘法模型中,除了长期趋势成分取与 $Y$ 相同计量单位的绝对量外,其他成分都是以比率来表示。当季节变动成分或循环变动成分不存在时,乘法模型中的 $S$ 或 $C$ 取值为 1,而加法模型中的 $S$ 或 $C$ 取值为 0。

最后需要指出的是:时间序列分析并不能作为前景预测的唯一依据。在利用它对社会经济现象进行预测时,预测的时间跨度不宜过长,并要注意对一些影响其发展的主要因素进行分析。

## 11.4　时间序列的预测

时间序列分析的一个主要目的就是根据历史数据对未来进行预测,通过学习我们知道时间序列包含有不同的成分:长期趋势、季节变动、循环变动和不规则变动等。对于含有不同成分的时间序列,相应地采用不同的方法对其进行预测。

下面就对总趋势、季节变动和循环变动的预测方法分别进行探讨。

## 11.4.1 总趋势

上一节已经介绍过总趋势又称长期趋势,对总趋势的分析和测定在时间序列中占据重要地位。然而,偶然因素(随机因素)的影响往往使总体发展趋势显得模糊,因此需要用科学的分析方法对偶然因素进行弱化处理,从而还原时间序列的总体发展趋势。在统计学中,把上述分析方法统称为总趋势分析法,其作用和意义可概括如下:

(1)反映现象发展变化的总体方向,掌握其发展变化规律;

(2)为预测提供依据;

(3)通过测定长期趋势,可以将其从时间序列中分离出来,以便更好地研究季节变动等其他变动因素。

总趋势分析法有许多种,这里我们仅介绍常见的几种:时距扩大法、移动平均法和趋势模型法。

### 1. 时距扩大法

时距扩大法是指这样一种方法,即为了削弱或消除偶然因素的影响,将原时间序列中时距较小的若干数据加以合并而形成时距扩大了的一系列数据,从而使时间序列的总体变化趋势能够更明显地呈现出来。它是测定长期趋势最原始、最简便的方法。

【例11-1】某省1999-2010年甘蔗产量如表11-7所示。甘蔗是一种重要糖料作物,其年产量受气候和各种自然灾害的影响而出现明显的丰欠波动。但若把时间单位扩大为3年,合并计算出时距为3年的甘蔗产量,其持续增长的基本趋势就非常明显,如图11-6所示。

表11-7 某省1999—2010年甘蔗产量变化

| 年份 | 1999年 | 2000年 | 2001年 | 2002年 | 2003年 | 2004年 |
|---|---|---|---|---|---|---|
| $t$序号 | 1 | 2 | 3 | 4 | 5 | 6 |
| 甘蔗产量(吨) | 343947 | 416827 | 522917 | 461370 | 486837 | 435244 |
| 年份 | 2005年 | 2006年 | 2007年 | 2008年 | 2009年 | 2010年 |
| $t$序号 | 7 | 8 | 9 | 10 | 11 | 12 |
| 甘蔗产量(吨) | 440431 | 469331 | 580780 | 569270 | 548133 | 580819 |
| 年份组 | 1999—2001年 | 2002—2004年 | 2005—2007年 | 2008—2010年 | — | — |
| $t$序号 | 1 | 2 | 3 | 4 | — | — |
| 甘蔗产量变动趋势 | 1283691 | 1383451 | 1490542 | 1698222 | — | — |

变化前后如下图 11-6 所示。

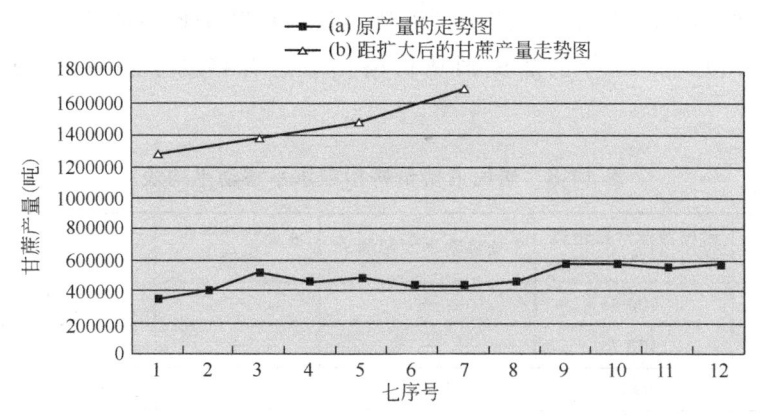

图 11-6　时距扩大法使用前后甘蔗产量的变化图

由上面例子我们可以很容易发现曲线（a）的走势不如曲线（b）的明显，而曲线（b）的数据明显少于曲线（a）。那么时距扩大法优点则彰显出来：简便易行，消除小时距单位内偶然因素的影响，便于呈现出总趋势。缺点也暴露出来：把周期内数据信息丢了，较粗略。

应用该方法分析时间序列总趋势时需注意的问题：

① 这一方法只适用于时期序列,因为只有时期序列的发展水平才具有可加性。

② 将时距扩大为多大宜取决于现象自身的特点。对呈现周期波动的序列，扩大后的时距应与波动周期相吻合；而对于一般的时间序列，则要逐步扩大时距，以能够呈现趋势变动方向为宜。时距扩大得越大，信息损失得越多。

2. 移动平均法

移动平均法的基本原理，就是通过移动平均技术消除时间序列中不规则变动和其他变动，从而揭示出时间序列的长期趋势。它是指这样一种分析技术，即为削弱或消除原时间序列中由短期偶然因素所引起的不规则波动和其他成分，先选定用于平均的时距项数 $K$，再对序列逐项递移，具体来说就是对原序列递移的 $K$ 项依次计算出一系列序时平均数，由这些序时平均数形成一个新序列。该新序列不仅对原序列起到了一定修匀的作用，同时还可以呈现出现象在较长时期内的发展趋势。

下面我们就用表 11-8 中具体实例来说明：何为用于平均的数据项数 $K$，何为序时平均数，何为下一期的预测值，何为移动平均后的新序列。此表是对我国 2000—2013 年的居民消费价格指数进行移动平均后 Excel 输出的结果。

表 11-8 居民消费价格指数水平移动平均表

| 时间 $t$ | 居民消费价格指数（上年=100）$A_t$ | 3 项移动平均预测 $F_t$ | 4 项移动平均预测 | 移动平均 $F_t$ | 5 项移动平均预测 $F_t$ |
|---|---|---|---|---|---|
| 2000 年 | 100.4 | — | — | — | — |
| 2001 年 | 100.7 | — | — | — | — |
| 2002 年 | 99.2 | 100.1 | — | — | — |
| 2003 年 | 101.2 | 100.37 | 100.38 | — | — |
| 2004 年 | 103.9 | 101.43 | 101.25 | 100.81 | 101.08 |
| 2005 年 | 101.8 | 102.3 | 101.53 | 101.39 | 101.36 |
| 2006 年 | 101.5 | 102.4 | 102.1 | 101.81 | 101.52 |
| 2007 年 | 104.8 | 102.7 | 103 | 102.55 | 102.64 |
| 2008 年 | 105.9 | 104.07 | 103.5 | 103.25 | 103.58 |
| 2009 年 | 99.3 | 103.33 | 102.88 | 103.19 | 102.66 |
| 2010 年 | 103.3 | 102.83 | 103.33 | 103.1 | 102.96 |
| 2011 年 | 105.4 | 102.67 | 103.48 | 103.4 | 103.74 |
| 2012 年 | 102.6 | 103.77 | 102.65 | 103.06 | 103.3 |
| 2013 年 | 102.6 | 103.53 | 103.48 | 103.06 | 102.64 |
| 2014 预测值 | — | 103.53 | — | 103.06 | 102.64 |

数据来源：国家统计局网站。

以表 11-8 中的 3 项移动平均为例，2000 年、2001 年和 2002 年 3 年的序时平均数（即算术平均值）是 100.10，在表中被排列在对应最后一期 2002 年的位置上，它同时也是 2003 年的预测值；而 2011 年、2012 年和 2013 年 3 年的序时平均数是 103.53，它也是 2014 年的居民消费指数的预测值；同样在 5 项移动平均中也如此，2009 年、2010 年、2011 年、2012 年和 2013 年 5 年的序时平均数是 102.64，同样它也是作为 2014 年居民消费价格指数的预测值，诸如此类。序时平均数（即预测值）所构成的新序列就是经过移动平均技术处理而得到的能够反应原时间序列总体变化趋势的序列数据。

当移动平均时距项数 $k$ 为奇数时，只需要进行一次移动平均，计算出来的序时平均数作为中间一期的数值（虽然上表中被排列在最后一期的位置上）。而当项数 k 为偶数时，序时平均数代表的是偶数项中间位置的水平，没有正对着某一期，这种情况下就需要再进行一次相邻两个均值的移动平均，这样处理后的均值才能正对着某一时期。这种情况被称为移正平均。

由图 11-7 可见，移动平均的确对原序列起到了修匀或弱化差异的作用，在相当程度上弱化了随机因素等所带来的影响，从而使总体的长期趋势呈现出来。从这个意义上讲，时间序列的随机特征越明显，则移动平均技术就越有效。且从图中还可见，用于移动平均的项数 k 越大，对数列的修匀作用也越强，然而同时所丢失的数据信息也越多。因此，移动平均法并非所选择的项数越大越好。那么，究竟应该选择怎样的项数就算是比较适宜的呢？下面，我们介绍确定项数 k 的基本原则。

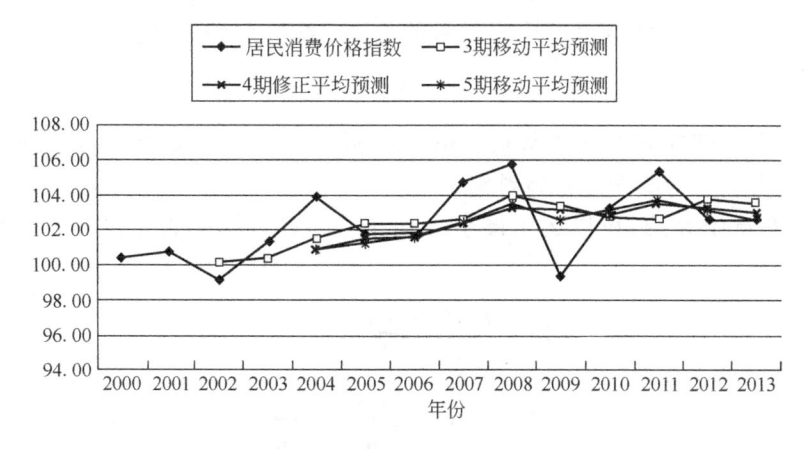

图 11-7　不同项数的移动平均后新序列的对比图

移动平均法中，我们以均方根误差（PMSE）最小为原则来确定其项数。具体公式如下：

$$\text{PMSE} = \sqrt{\frac{\sum (A_t - F_t)^2}{n}} \quad （11\text{-}14）$$

式中：$A_t$ 是时间序列数据各期的实际值；$F_t$ 是用移动平均法计算出的各期预测值；n 是求均方根误差时所用的数据个数。在本例中，3 年期的移动平均法的 PMSE 计算中用的数据个数是 n=11=14-3；同理，4 年期的 n=10=14-4，5 年期的 n=9=14-5。依据上述公式我们分别计算出项数 k=3，4，5 时的均方根误差（PMSE）值，选择其最小值所对应的项数为该移动平均法的项数。

另外需要注意的是，当时间序列中存在季节变动或循环变动的因素时，项数 k 的选取应与季节变动或循环变动的长度相一致，这样才可以有效消除季节或循环变动的影响。

3. 趋势模型法

时间序列趋势可以分为线性趋势和非线性趋势。当总趋势近似地呈现为直线时称为线性趋势，其特点是每期的增减量大致相同，即趋势线的斜率基本保持不变；当时间序列在各时期的变化率有明显变动但又遵循一定规律时，现象的长期趋势不再是线性的，而有可能是非线性趋势了。线性和非线性趋势可以分别用不同的模型去拟合。

（1）线性趋势模型

线性趋势模型法是用线性回归的方法对原时间序列拟合线性方程，消除其他成分变动，从而揭示出长期趋势的方法。线性趋势方程的一般形式如下：

$$\hat{Y}_t = a + bt \tag{11-15}$$

式中：$\hat{Y}_t$ 是时间序列 $Y_t$ 的趋势值，也是预测值；$t$ 为时间标号，也是回归方程中的自变量；$a$ 为截距，$b$ 为斜率。

第 10 章中介绍，可以运用最小二乘法对趋势方程中的 $a$ 和 $b$ 两个参数进行估计，即

$$\begin{cases} \hat{b} = \dfrac{n\sum tY - \sum t \sum Y}{n\sum t^2 - (\sum t)^2} \\ \hat{a} = \overline{Y} - \hat{b}\overline{t} = \dfrac{\sum Y_t}{n} - \hat{b}\dfrac{\sum t}{n} \end{cases} \tag{11-16}$$

式中：$n$ 为时间序列中的样本数据的个数，即时期的个数；$Y$ 为样本数据各期的时间序列值，即实际观测值；$\hat{a}$、$\hat{b}$ 为线性趋势方程中参数 $a$、$b$ 的最小二乘估计值。

另外，用时间序列数据估计出的线性趋势方程及其参数，还要进行相关的一系列理论意义和统计学层面上的检验。

【例 11-2】根据表 11-9 中的人均 GDP 时间序列数据，我们可作一元线性趋势方程拟合，软件输出结果如表 11-10。

表 11-9 我国 2003—2013 年的人均 GDP 数据

| 年份 | 时间标号 $t$ | 人均 GDP（元） |
| --- | --- | --- |
| 2003 年 | 1 | 10541.97 |
| 2004 年 | 2 | 12335.58 |

续表

| 年份 | t | 人均 GDP（元） |
|---|---|---|
| 2005 年 | 3 | 14185.36 |
| 2006 年 | 4 | 16499.70 |
| 2007 年 | 5 | 20169.46 |
| 2008 年 | 6 | 23707.71 |
| 2009 年 | 7 | 25607.53 |
| 2010 年 | 8 | 30015.05 |
| 2011 年 | 9 | 35197.79 |
| 2012 年 | 10 | 38459.47 |
| 2013 年 | 11 | 41907.59 |

表 11-10　一元线性趋势方程拟合输出结果（Excel）

| SUMMARY OUTPUT | — | | | | | |
|---|---|---|---|---|---|---|
| 回归统计 | — | — | — | — | — | — |
| Multiple R | 0.991908 | — | — | — | — | — |
| R Square | 0.983882 | — | — | — | — | — |
| Adjusted R Square | 0.982091 | — | — | — | — | — |
| 标准误差 | 1451.52 | — | — | — | — | — |
| 观测值 | 11 | — | — | — | — | — |
| 方差分析 | — | | | | | |
| | df | SS | MS | F | Significance F | — |
| 回归分析 | 1 | 1.2E+09 | 1.16E+09 | 549.393 | 2.23E-09 | — |
| 残差 | 9 | 1.9E+07 | 2106911 | — | — | — |
| 总计 | 10 | 1.2E+09 | — | — | — | — |
| | Coefficients | 标准误差 | t Stat | P-value | 下限 95% | 上限 95% |
| Intercept | 4957.216 | 938.654 | 5.281195 | 0.000506 | 2833.833 | 7080.6 |
| X Variable 1 | 3243.907 | 138.397 | 23.43913 | 2.23E-09 | 2930.831 | 3556.98 |

从以上 EXCEL 输出表可见：调整后的可决系数 Adjusted $R^2$=0.982091，说明回归解释度很高。回归系数 $\hat{b}$ 的 $t$ 检验统计量为 23.43913387，$P$ 值为 2.23E-09，说明自变量与因变量相关性很强且整个方程回归效果好。

$$\hat{Y}_t = 4957.216 + 3243.907 t$$

该模型拟合的趋势方程具有延伸外推的功能，即可以用于对未来时期该

现象的趋势值进行预测。例如，上例中，可据此方程预测出 2014 年人均 GDP 数值为

$$\hat{y}_{2014} = 4957.216 + 3243.907 \times 12 = 43884.1(元)$$

（2）非线性趋势预测

在现实的生产生活中，现象呈非线性趋势变动则更为普遍，它是指现象变动的变化率或趋势线的斜率随着时间变化而变化。有规律的非线性趋势变化常呈现为某种曲线的形式，如图 11-3（b），因此又称为曲线趋势。

非线性趋势的变动有很多种，包括指数曲线型、抛物线型、修正指数曲线型、Gomperte 曲线型和 Logistic 曲线型等，各种类型曲线的拟合方法不尽相同，下面我们就介绍比较常用的两种：指数曲线型和抛物线型。

① 指数曲线

当现象的长期趋势每期大致是按相同的增长速度递增或递减变化时，即趋势值 $\hat{Y}_t$ 随时间 $t$ 呈指数变化时，长期趋势模型可以拟合为以下指数曲线方程，即

$$\hat{Y}_t = ab^t \qquad (11\text{-}17)$$

式中：$\hat{Y}_t$ 为时间序列 $Y_t$ 的趋势值；$t$ 为时间标号；$a$、$b$ 为未知参数。

指数曲线的特点是各期环比增长速度大致相同，换句话说是时间序列的逐期趋势值按一定的比率递增或递减。公式（11-16）中，当 $b<1$ 时，每期趋势值随 $t$ 的增加而降低；而当 $b>1$ 时，每期趋势值随 $t$ 的增加而增加。

为确定上式中 $a$、$b$ 的参数值，我们通常对其两端取对数化成对数直线形式，即

$$\lg \hat{Y}_t = \lg a + t \lg b \qquad (11\text{-}18)$$

这样，指数曲线就化成了线性趋势。我们把上述线性方程中的 $\lg a$ 和 $\lg b$ 分别看做是该方程的两个待估系数，然后用最小二乘法求解得到 $\lg a$ 和 $\lg b$ 各自的值，再取反对数即可得到参数 $a$、$b$ 的值。

【例 11-3】表 11-11 为某市年末人口数量变化，可看出其环比增长率近似于常数，因此可以用指数曲线方程拟合其长期趋势。为说明计算过程，现将相关数据列于表 11-11 中。

表 11-11  1994—2006 年某市年末人口数据变化

| $t$ | 年份 | 年末人口（万人） | 环比增长率（%） | $\lg Y_t$ |
|---|---|---|---|---|
| 1 | 1994 | 58 | / | 1.76 |
| 2 | 1995 | 59.45 | 2.5 | 1.77 |
| 3 | 1996 | 60.92 | 2.47 | 1.78 |
| 4 | 1997 | 62.4 | 2.43 | 1.8 |
| 5 | 1998 | 63.93 | 2.45 | 1.81 |
| 6 | 1999 | 65.5 | 2.46 | 1.82 |
| 7 | 2000 | 67.09 | 2.43 | 1.83 |
| 8 | 2001 | 68.73 | 2.44 | 1.84 |
| 9 | 2002 | 70.42 | 2.46 | 1.85 |
| 10 | 2003 | 72.13 | 2.43 | 1.86 |
| 11 | 2004 | 73.91 | 2.47 | 1.87 |
| 12 | 2005 | 75.71 | 2.44 | 1.88 |
| 13 | 2006 | 77.6 | 2.5 | 1.89 |

用一元线性回归分析中的最小二乘法可估计出方程（11-17）中两个回归系数的值如下（统计检验过程从略）：

$$\begin{cases} \lg a = 1.753097883 \\ \lg b = 0.010511342 \end{cases}$$

取反对数，得 $\begin{cases} a = 56.636 \\ b = 1.024 \end{cases}$

那么，指数方程为：$\hat{Y}_t = 56.636 \times 1.024^t$

② 抛物线型

抛物线型是用来描述长期趋势近似于抛物线形态的现象，通常用下列形式来拟合：

$$\hat{Y}_t = a + bt + ct^2 \tag{11-19}$$

式中：$\hat{Y}_t$ 为时间序列 $Y_t$ 的预测值；$t$ 为时间标号；$a$、$b$、$c$ 为待定系数。

在抛物线方程中要确定 $a$、$b$、$c$ 的值，需将 $t$ 和 $t^2$ 分别视为两个自变量，按多元回归的方式的最小二乘法估计其参数。

**【例 11-4】** 某企业 2003—2013 年的产品销售量数据如表 11-12 所示。

表 11-12  某企业产品销售量数据

| 年份 | $t$ | $t^2$ | $Y$（吨） |
|---|---|---|---|
| 2003 | −5 | 25 | 920 |
| 2004 | −4 | 16 | 2850 |
| 2005 | −3 | 9 | 3285 |
| 2006 | −2 | 4 | 5002 |
| 2007 | −1 | 1 | 4678 |
| 2008 | 0 | 0 | 6522 |
| 2009 | 1 | 1 | 6493 |
| 2010 | 2 | 4 | 6983 |
| 2011 | 3 | 9 | 6993 |
| 2012 | 4 | 16 | 7300 |
| 2013 | 5 | 25 | 7028 |

据表 11-12 中该企业的年度产品销售量数据，绘制出下面近似抛物线趋势的散点图如图 11-8 所示，于是应用抛物线方程拟合该时间序列数据。

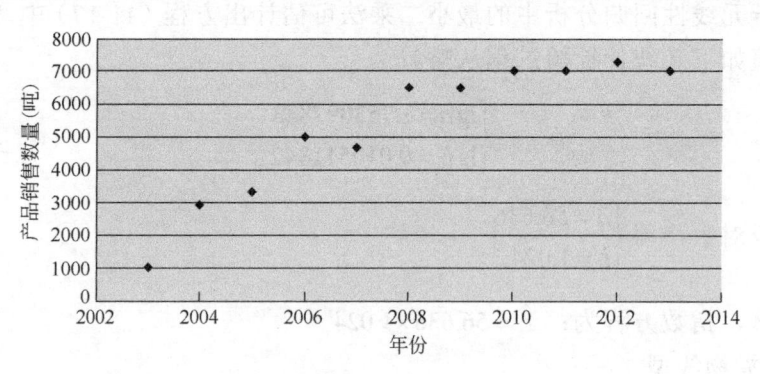

图 11-8  年度销售量散点图

运用 Excel 进行分析，输出结果如表 11-13 所示。

表 11-13  抛物线型趋势的估计值

| SUMMARY OUTPUT | | | | | | | |
|---|---|---|---|---|---|---|---|
| 回归统计 | — | — | — | — | — | — | — |
| Multiple R | 0.985975 | — | — | — | — | — | — |
| **R Square** | **0.97215** | — | — | — | — | — | — |

续表

| | | | | | | |
|---|---|---|---|---|---|---|
| Adjusted R Square | 0.96518 | — | — | — | — | — |
| 标准误差 | 397.2152 | — | — | — | — | — |
| 观测值 | 11 | — | — | — | — | — |
| 方差分析 | — | — | — | — | — | — |
| | df | SS | MS | F | Significance F | |
| 回归分析 | 2 | 44056327 | 22028164 | 139.6133 | 6.02E-07 | — |
| 残差 | 8 | 1262239 | 157779.9 | — | — | — |
| 总计 | 10 | 45318567 | | | | |
| | Coefficients | 标准误差 | t Stat | P-value | 下限 95.0% | 上限 95.0% |
| Intercept | **6068.16** | 180.9223 | **33.54014** | **6.82E-10** | 5650.9532 | 6485.369 |
| X Variable 1 | **593.1** | 37.87298 | **15.66024** | **2.76E-07** | 505.76475 | 680.4353 |
| X Variable 2 | **-79.052** | 13.5607 | **-5.82952** | **0.000392** | -110.3235 | -47.7814 |
| RESIDUAL OUTPUT | — | — | — | — | — | — |
| 观测值 | 预测 Y | 残差 | 标准残差 | | | |
| 1 | 1126.35 | -206.35 | -0.58081 | | | |
| 2 | 2430.922 | 419.0783 | 1.179572 | | | |
| 3 | 3577.389 | -292.389 | -0.82298 | | | |
| 4 | 4565.751 | 436.249 | 1.227902 | | | |
| 5 | 5396.008 | -718.008 | -2.02096 | | | |
| 6 | 6068.161 | 453.8392 | 1.277412 | | | |
| 7 | 6582.208 | -89.2084 | -0.25109 | | | |
| 8 | 6938.151 | 44.84895 | 0.126235 | | | |
| 9 | 7135.989 | -142.989 | -0.40247 | | | |
| 10 | 7175.722 | 124.2783 | 0.349804 | | | |
| 11 | 7057.35 | -29.3497 | -0.08261 | | | |

故抛物线方程是：

$$\hat{Y}_t = 6068.16 + 593.10t - 79.05t^2$$

由粗体数据可知，拟合效果很好，因此可对 2014 年的销售量 $\hat{y}_{2014}$ 进行预测。

$$\hat{y}_{2014} = 6068.16 + 593.10 \times 6 - 79.05 \times 6^2 = 6780.96 \text{（吨）}$$

图 11-9 是各期实际值与预测值的比较图，显示出拟合效果很好，因此 2014 年的预测值具有很高的可信度。

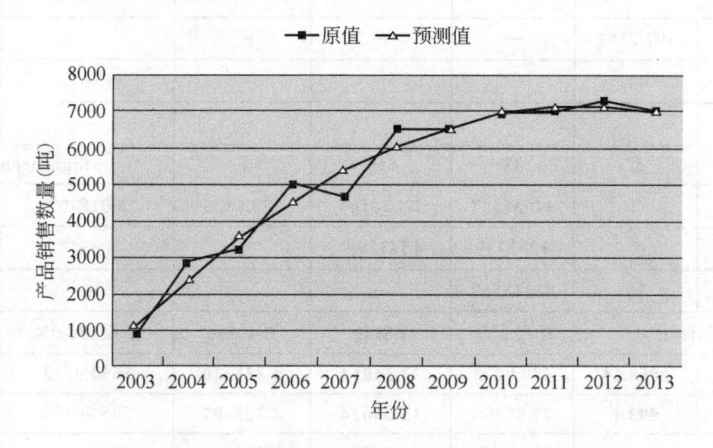

图 11-9　各期实际值与预测值的比较

在现实生活中，要选择最合适的函数形式对长期趋势进行拟合，就要事前对现象发展的基本规律和态势做出准确的判断，这是比较困难的。在对时间序列拟合长期趋势时，通常采取的做法如下：

（1）定性分析。对所要研究的对象进行客观的观察和探究，分析其内部规律，从而对现象的长期趋势的性质做出基本判断。

（2）定量分析。如果序列的环比发展速度是一个常数，那我们就考虑指数型曲线。其他同理。

（3）散布图分析。借用计算机软件、依据实际序列的数据，描绘出相应的散布图像再进行观察，进而判断大体类型，如果散布图是一段抛物线状，那我们就考虑抛物线型曲线。

（4）分段拟合分析。现象的实际变化有时可能是很复杂的，不同阶段呈现出不同的变化规律。因此，可以将序列分段进行考察，分别拟合不同的曲线趋势。

（5）最小偏差法分析。当序列有多种曲线可以选择时，我们分别计算出每种曲线的均方误差 $S^2$ 值并比较大小，取 $S^2$ 值最小为宜，其计算公式：

$$S^2 = \frac{\sum(Y_t - \hat{Y}_t)^2}{n-k} \qquad (11-20)$$

式中：$n$ 为序列项数；$k$ 为曲线参数的个数；$Y_t$ 为序列的实际观测值；$\hat{Y}_t$ 为预测值。

## 11.4.2 季节变动

季节变动也是影响时间序列的主要因素之一，因此研究季节变动的内在规律也是时间序列研究的重要环节。测定季节变动的意义主要在于：通过分析过去的季节变动规律，为当前决策提供依据；对未来现象的季节变动做出预测，以便提前进行合理安排；此外，只有分析出季节变动的规律性才能够消除季节变动对时间序列的影响，以便更好地分析其他因素。

下面我们就对用来做季节变动分析的三种主要方法分别进行介绍，即原始资料平均法、趋势比率法和哑变量方法。

**1. 原始资料平均法**

当时间序列的长期趋势与水平趋势近似时，测定时间序列的季节变动可以在不考虑长期趋势的影响下，直接用原始资料平均法。原始资料平均法也称为同期（月或季）平均法。这种方法不剔除原始时间序列数据长期的趋势因素，直接计算季节比率，其基本步骤如下。

（1）计算各年同期（月或季）的平均数 $\bar{y}_i$（$i$ 表示月份或季度，$i=1,2,\cdots,12$ 或 $i=1,2,3,4$）其目的的是消除各年同一季度（月份）数据上的不规则变动。

（2）计算全部数据的总平均数 $\bar{y}$，找出整个序列的水平趋势。

（3）计算季节比率 $S_i$，即

$$S_i = \frac{\bar{y}_i}{\bar{y}} \quad (i \text{ 表示月份或季度}, i=1,2,\cdots, \text{ 或 } i=1,2,3,4) \quad (11\text{-}21)$$

可见，季节比率实际上是各年的同期平均数相对于整个序列平均水平变动的程度，也称为季节指数，可用相对比率或百分比表示。在乘法模型中，季节比率有一个特性，这就是其总和等于季节周期 $L$（=12 或 4），或平均等于 1，即

$$\sum S_i = L \text{ 或 } \bar{S} = \frac{\sum S_i}{L} = 1 \quad (11\text{-}22)$$

原始资料平均法计算比较简单，但应当注意，运用此方法的基本假定前提是原时间序列没有明显的长期趋势和循环变动。通过各年同期数据的平均，可以消除不规则变动；而且，当全部数据平均的期间与循环周期基本一致时，也能在一定程度上消除循环波动。而当时间序列存在明显的长期趋势时，会使季节变动的分析不准确。如存在明显的上升趋势时，年末的季节变动比率

会远高于年初的季节变动比率;如存在明显的下降趋势时,年末的季节变动比率有会远低于年初的季节变动比率。所以,只有当数列的长期趋势和循环变动不明显时,运用原始资料平均法才比较合适。如果明显,则需要先剔除这些因素再测定季节变动情况。

【例 11-5】某旅行社 2011—2014 年经营收入及所计算的各年同月平均数和季节比率,如表 11-14 所示。

表 11-14  某旅行社 2011—2014 年经营收入及所计算的各年同月平均数和季节比率

| 年份 | 月份 | | | | | | | | | | | |
|---|---|---|---|---|---|---|---|---|---|---|---|---|
| | 1 | 2 | 3 | 4 | 5 | 6 | 7 | 8 | 9 | 10 | 11 | 12 |
| 2011 | 39.1 | 51 | 46 | 41.6 | 48.1 | 57 | 71 | 81 | 61 | 56 | 42 | 38 |
| 2012 | 43.2 | 58.2 | 50.1 | 46 | 55.2 | 69.2 | 85 | 89 | 70.2 | 61 | 45 | 42 |
| 2013 | 51 | 64.1 | 57.2 | 52.2 | 62 | 77.2 | 91.7 | 94.3 | 75 | 65 | 56 | 51 |
| 2014 | 58.3 | 79.1 | 70.3 | 65 | 78.3 | 89 | 102.3 | 106.1 | 87 | 78 | 66.2 | 59 |
| 同月合计 | 191.6 | 252.4 | 223.6 | 204.8 | 243.6 | 292.4 | 350 | 370.4 | 293.2 | 260 | 209.2 | 190 |
| 同月平均 | 47.9 | 63.1 | 55.9 | 51.2 | 60.9 | 73.1 | 87.5 | 92.6 | 73.3 | 65 | 52.3 | 47.5 |
| 季节指数 | 0.746 | 0.983 | 0.872 | 0.798 | 0.951 | 1.139 | 1.362 | 1.442 | 1.141 | 1.013 | 0.815 | 0.739 |

注:各月平均数值为 64.19。

上表计算的季节指数说明确实存在明显的季节变动,其图形如图 11-10 所示。

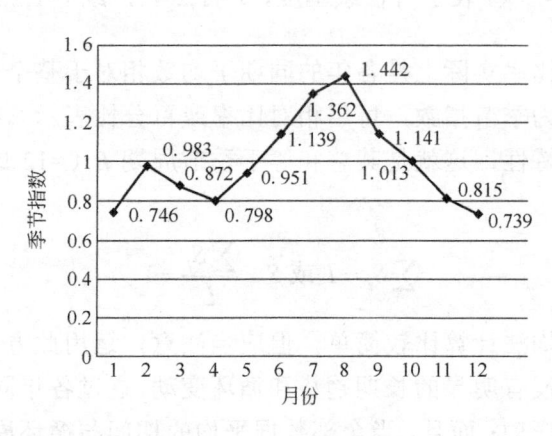

图 11-10  季节指数

## 2. 趋势比率法

趋势比率法是考察时间序列原始实际数据与根据该数据拟合而成的预测趋势线上相应的预测数据之比，据此对未来的时间序列数据进行预测。具体步骤是：

（1）根据时间序列原始实际数据拟合一条回归线。显然，在时间序列原始数据中，有些数据对应的点恰好落在回归线上，有些数据对应的点没有在拟合的回归线上。

（2）将时间序列原始数据的时点值带入回归方程，就可以计算出对应时点的趋势预测值。这样一来，对于原始时间序列中的各个时点，都各有一个实际值和根据回归方程得到的趋势预测值。

（3）计算各时点的实际值与该时点趋势预测值的比率，然后把原始序列中各年同期（月或季）的这一比率求和平均，得出的平均值反映的是这一特定时期（月或季）在历史各期平均的实际值与趋势预测值的比率。

（4）根据回归线，求解未来各期的趋势预测值。

（5）把在"4"中得到的未来各期的趋势预测值同在"3"中的到的对应各期实际值与趋势预测值的平均比率相乘，得出的结果就是考虑季节波动因素的预测值。

例如：如果历史上各年的第一季度的销售额平均高于回归直线10%，那么就用未来的各年第一季度的趋势预测值乘以 1.1，来预测以后各年第一季度的需求；如果历史上各年第四季度的销售额平均低于回归直线20%，那么就用未来的各年第四季度的趋势预测值乘以 0.8，来预测以后各年的第四季度的需求。

【例 11-6】已知数据如表 11-15，请用趋势比率法预测某品牌饮料 2014 年第四季度和 2015 年第一季度的销售量。

表 11-15　2011 年第三季度到 2014 年第二季度该品牌饮料的销售量　（单位：箱）

| 季度 | 2011 年 | 2012 年 | 2013 年 | 2014 年 |
| --- | --- | --- | --- | --- |
| 一季度 | — | 3587 | 3682 | 3817 |
| 二季度 | — | 2908 | 3058 | 3029 |
| 三季度 | 3077 | 3120 | 3122 | — |
| 四季度 | 2744 | 2945 | 2995 | — |
| 合计 | 5821 | 12561 | 12858 | 6847 |

整理后如表 11-16 所示。

表 11-16 季度销售统计表（一）

| 年份 | 季度 | 季度顺序 t | 销售量 $Y_{ta}$（箱） |
|---|---|---|---|
| 2011 | 三季度 | 1 | 3077 |
|  | 四季度 | 2 | 2744 |
| 2012 | 一季度 | 3 | 3587 |
|  | 二季度 | 4 | 2908 |
|  | 三季度 | 5 | 3120 |
|  | 四季度 | 6 | 2945 |
| 2013 | 一季度 | 7 | 3682 |
|  | 二季度 | 8 | 3058 |
|  | 三季度 | 9 | 3122 |
|  | 四季度 | 10 | 2995 |
| 2014 | 一季度 | 11 | 3817 |
|  | 二季度 | 12 | 3029 |

（1）用最小二乘法求出回归模型得：

$$Y_{tf} = 3023.53 + 23.09 \times t$$

（2）将历史各期的时点值 t 带入回归方程得到各期的趋势预测值（$Y_{tf}$）和比率 $f\left(f = \dfrac{Y_{ta}}{Y_{tf}}\right)$，见表 11-17。

表 11-17 季度销售统计表（二）

| 年份 | 季度 | 季度顺序 t | 销售量 $Y_{ta}$（箱） | 预测值 $Y_{tf}$ | 比率 f |
|---|---|---|---|---|---|
| 2011 | 三季度 | 1 | 3077 | 3046.628 | 1.010 |
|  | 四季度 | 2 | 2744 | 3069.726 | 0.894 |
| 2012 | 一季度 | 3 | 3587 | 3092.824 | 1.160 |
|  | 二季度 | 4 | 2908 | 3115.921 | 0.933 |
|  | 三季度 | 5 | 3120 | 3139.019 | 0.994 |
|  | 四季度 | 6 | 2945 | 3162.117 | 0.931 |
| 2013 | 一季度 | 7 | 3682 | 3185.215 | 1.156 |
|  | 二季度 | 8 | 3058 | 3208.313 | 0.953 |
|  | 三季度 | 9 | 3122 | 3231.411 | 0.966 |
|  | 四季度 | 10 | 2995 | 3254.509 | 0.920 |

续表

| 年份 | 季度 | 季度顺序 $t$ | 销售量 $Y_{ta}$（箱） | 预测值 $Y_{tf}$ | 比率 $f$ |
|---|---|---|---|---|---|
| 2014 | 一季度 | 11 | 3817 | 3277.607 | 1.165 |
|  | 二季度 | 12 | 3029 | 3300.705 | 0.918 |

（3）将各年同季度的比率求和平均，整理如表11-18。

表 11-18 季度销售统计表（三）

| 年份 | 一季度 $f_1$ | 二季度 $f_2$ | 三季度 $f_3$ | 四季度 $f_4$ |
|---|---|---|---|---|
| 2011 | — | — | 1.010 | 0.894 |
| 2012 | 1.160 | 0.933 | 0.994 | 0.931 |
| 2013 | 1.156 | 0.953 | 0.966 | 0.920 |
| 2014 | 1.165 | 0.918 | — | — |
| 合计 | 3.481 | 2.804 | 2.97 | 2.745 |
| 同季平均 | 1.160 | 0.935 | 0.99 | 0.915 |

（4）2014年第四季度和2015年第一季度销售量的趋势预测值：

$$Y_{2014f}=3023.53+23.09\times 14=3346.90$$

$$Y_{2015f}=3023.53+23.09\times 15=3369.99$$

（5）考虑到季节因素后的预测值分别为

$$Y'_{2014f}=Y_{2014f}\times f_4=3346.90\times 0.915=3062.41 \text{ 箱}$$

$$Y'_{2015f}=Y_{2015f}\times f_1=3369.99\times 1.160=3909.19 \text{ 箱}$$

3. 哑变量法

哑变量法也是分析季节变动最常用的方法之一。哑变量（dummy variable），又叫虚拟变量、工具变量，指在回归方程中那些被定量化处理的定性变量，如职业、性别对收入的影响、季节对某些商品销量的影响等。像职业、性别、季节这种定性变量，他们对于回归方程中因变量的影响作用只有通过定量化处理来得以体现，那么这种量化处理通常是通过引入哑变量来完成的。

以分析某城市一年中各季度用电量变化为例，各季度用电量是一个受季节因素影响明显的因变量，而季节这一定性因素则是回归方程中诸多自变量因素之一。要想把季节因素对用电量的影响清晰地表示和分析出来，我们就需要在回归方程中引入一定数目的哑变量将季节因素量化。下面详细探讨一下该实例中关于哑变量在回归方程中的设计与使用。

首先，在年度数据中选择一个季度作为基准（通常选取第一季度或者第四季度为基准），然后对其余的三个季度分别设置一个哑变量（虚拟变量），作为基准的季度不设置哑变量。因此，在受季节因素影响明显的商品销量回归分析中，自变量中通常会设计3个哑变量，每一个哑变量前面都有自己的系数。回归方程如下所示：

$$Q_t = \alpha_0 + \alpha_1 D_{2t} + \alpha_2 D_{3t} + \alpha_3 D_{4t} + \alpha_4 T_t + \mu \tag{11-23}$$

注意，为了集中针对哑变量在回归方程中的设计和使用进行说明，在此我们暂时没有将影响因变量的其他实体变量列入该方程。实际分析时是肯定要考虑其他影响因素的。

如上述方程所示，把第一季度作为基准，用 $D_{2t}$ 表示第二季度的哑变量，用 $D_{3t}$ 表示第三季度的哑变量，用 $D_{4t}$ 表示第四季度的哑变量。其赋值方法如下：通常取值为1或0，基础类型、肯定类型的哑变量取1，其余否定类型的哑变量则取0。当第二季度时，表示第二季度的哑变量 $D_{2t}$ 就是基础类型的哑变量，它取值为1，此时第三季度和第四季度的哑变量就是否定类型的哑变量，取值为0；当第三季度时，表示第三季度的哑变量取值为1，则第二季度和第四季度的哑变量取值为0；当第四季度时，$D_{4t}=1$，$D_{2t}=0$，$D_{3t}=0$。

按以上赋值方法，则四个季度分别的用电量可表示为

第一季度：$Q_1 = \alpha_0 + \alpha_4 T_1 + \mu_t$；

第二季度：$Q_2 = \alpha_0 + \alpha_1 + \alpha_4 T_2 + \mu_t$；

第三季度：$Q_3 = \alpha_0 + \alpha_2 + \alpha_4 T_3 + \mu_t$；

第四季度：$Q_4 = \alpha_0 + \alpha_3 + \alpha_4 T_4 + \mu_t$。

将表11-19中的用电量观测数据代入回归方程，得到一个关于 $\alpha_0$、$\alpha_1$、$\alpha_2$、$\alpha_3$、$\alpha_4$ 这5个未知数的方程组，解得各系数的值。

【例 11-7】

表 11-19　某市 2011—2014 年各季度用电量

| 时期 | 时间 $T_t$ | 数量（百万千瓦时） | $D_{2t}$ | $D_{3t}$ | $D_{4t}$ |
|---|---|---|---|---|---|
| 2011年第一季度 | 1 | 11 | 0 | 0 | 0 |
| 2011年第二季度 | 2 | 16 | 1 | 0 | 0 |
| 2011年第三季度 | 3 | 12 | 0 | 1 | 0 |
| 2011年第四季度 | 4 | 14 | 0 | 0 | 1 |

续表

| 时期 | 时间 $T_t$ | 数量（百万千瓦时） | $D_{2t}$ | $D_{3t}$ | $D_{4t}$ |
|---|---|---|---|---|---|
| 2012年第一季度 | 5 | 13 | 0 | 0 | 0 |
| 2012年第二季度 | 6 | 17 | 1 | 0 | 0 |
| 2012年第三季度 | 7 | 14 | 0 | 1 | 0 |
| 2012年第四季度 | 8 | 16 | 0 | 0 | 1 |
| 2013年第一季度 | 9 | 14 | 0 | 0 | 0 |
| 2013年第二季度 | 10 | 19 | 1 | 0 | 0 |
| 2013年第三季度 | 11 | 16 | 0 | 1 | 0 |
| 2013年第四季度 | 12 | 17 | 0 | 0 | 1 |
| 2014年第一季度 | 13 | 15 | 0 | 0 | 0 |
| 2014年第二季度 | 14 | 20 | 1 | 0 | 0 |
| 2014年第三季度 | 15 | 17 | 0 | 1 | 0 |
| 2014年第四季度 | 16 | 19 | 0 | 0 | 1 |
| 2015年第一季度 | 17 | 预测 | 0 | 0 | 0 |
| 2015年第二季度 | 18 | 预测 | 1 | 0 | 0 |
| 2015年第三季度 | 19 | 预测 | 0 | 1 | 0 |
| 2015年第四季度 | 20 | 预测 | 0 | 0 | 1 |

则得到回归模型如下：

$$Q_t = 10.625 + 4.375D_{2t} + 0.750D_{3t} + 2.125D_{4t} + 0.375T_t$$

模型通过检验后，就可以用于预测了。如2015年几个季度用电量（百万千瓦小时）的预测值：

2015年第一季度：$Q_{17} = 10.625 + 0.375 \times 17 = 17.00$

2015年第二季度：$Q_{18} = 10.625 + 4.375 \times 1 + 0.375 \times 18 = 21.75$

2015年第三季度：$Q_{19} = 10.625 + 0.750 \times 1 + 0.375 \times 19 = 18.50$

2015年第四季度：$Q_{20} = 10.625 + 2.125 \times 1 + 0.375 \times 20 = 20.25$

需要再次说明的是：实际分析季节、性别这类定性变量对因变量的影响时，一定要把价格、收入等一系列实体变量作为自变量一同纳入回归方程。即哑变量方法是不宜单独使用的，应该与实体变量相结合一同来建立多元回归方程，这样才会使预测更加科学合理。

## 11.4.3 循环变动

循环变动是指社会经济发展中的一种周而复始的近乎规律性的交替变动，它往往存在于一个较长的时期中且成因比较复杂。循环变动与季节变动的不同在于：季节变动有较为固定的规律性，且变动周期一般为一年；而循环变动的规律性就没那么明显，周期一般在一年以上，周期的长短、变动的形态、波动的大小都不很固定。例如，产品的生命周期、人口的变化、宏观经济的增长率等在长期意义上都具有循环变动的特点。

分析循环变动的主要目的有以下三方面：一是在数量方面探索事物循环变化的规律性；二是研究不同现象之间循环波动的内在联系，有助于分析引起循环波动的原因；三是通过认识事物的循环变动规律，能够有效预测其未来发展变化的趋势，为科学决策提供依据。

由于循环变动无论在周期长度还是波动幅度方面都不具有很固定的规律性，所以在时间序列的成分分析中，它的测定工作是比较困难的。不仅要用到统计分析方法，而且有时还要依靠深入的经济分析。实际工作中测定循环变动的方法有不少，不同的方法可能导致不同的结论差异。然而，各种方法的基本思想却是相似的，即：先设法消除时间序列中的趋势变动和季节变动成分，然后再利用移动平均等方法消除随机波动成分，从而最终找到循环变动的规律。这里仅介绍两种常用的方法：直接法和剩余法。

（1）直接法

直接法适用于季度和月度时间序列，通过直接法只能大体测定序列的循环波动特征。直接法主要有年距发展速度和年距增长速度两种计算方式。

年距发展速度是将每年各季或各月的数值与上一年同期进行对比，即

$$C \cdot I_{t,i} = \frac{y_{t,i}}{y_{t-1,i}} \qquad (11\text{-}24)$$

上式中 $t$ 为年份，$i$ 为月度或季度。

年距增长速度是将每年各季或各月的数值较上年同期增长部分与上一年同期进行对比，即

$$C \cdot I_{t,i} = \frac{y_{t,i} - y_{t-1,i}}{y_{t-1,i}} \qquad (11\text{-}25)$$

【例 11-8】我国 2010—2013 年鲜果类农村居民消费价格指数（以 2010

年为基期）年距发展速度和年距增长速度见表 11-20。

表 11-20　年距发展速度和年距增长速度（以 2010 年为基期）

| 月份 | | 1 | 2 | 3 | 4 | 5 | 6 | 7 | 8 | 9 | 10 | 11 | 12 |
|---|---|---|---|---|---|---|---|---|---|---|---|---|---|
| 2010 | 价格指数 | 111.30 | 119.30 | 121.50 | 118.80 | 112.40 | 111.60 | 108.50 | 114.60 | 117.70 | 118.90 | 126.80 | 130.50 |
| 2011 | 价格指数 | 132.70 | 132.80 | 131.00 | 130.50 | 121.30 | 110.90 | 104.60 | 103.40 | 106.10 | 111.40 | 111.30 | 105.70 |
| | 年距发展速度 | 119.23 | 111.32 | 107.82 | 109.85 | 107.92 | 99.37 | 96.41 | 90.23 | 90.14 | 93.69 | 87.78 | 81.00 |
| | 年距增长速度 | 19.23 | 11.32 | 7.82 | 9.85 | 7.92 | -0.63 | -3.59 | -9.77 | -9.86 | -6.31 | -12.22 | -19.00 |
| 2012 | 价格指数 | 103.00 | 94.00 | 94.00 | 90.50 | 93.10 | 100.50 | 107.50 | 109.60 | 106.80 | 103.20 | 96.50 | 95.80 |
| | 年距发展速度 | 77.62 | 70.78 | 71.76 | 69.35 | 76.75 | 90.62 | 102.77 | 106.00 | 100.66 | 92.64 | 86.70 | 90.63 |
| | 年距增长速度 | -22.38 | -29.22 | -28.24 | -30.65 | -23.25 | -9.38 | 2.77 | 6.00 | 0.66 | -7.36 | -13.30 | -9.37 |
| 2013 | 价格指数 | 93.80 | 103.50 | 105.40 | 106.10 | 108.30 | 113.00 | 110.70 | 109.90 | 114.90 | 111.70 | 112.20 | 116.00 |
| | 年距发展速度 | 91.07 | 110.11 | 112.13 | 117.24 | 116.33 | 112.44 | 102.98 | 100.27 | 107.58 | 108.24 | 116.27 | 121.09 |
| | 年距增长速度 | -8.93 | 10.11 | 12.13 | 17.24 | 16.33 | 12.44 | 2.98 | 0.27 | 7.58 | 8.24 | 16.27 | 21.09 |

将年距发展速度和年距增长速度如图 11-11 所示。

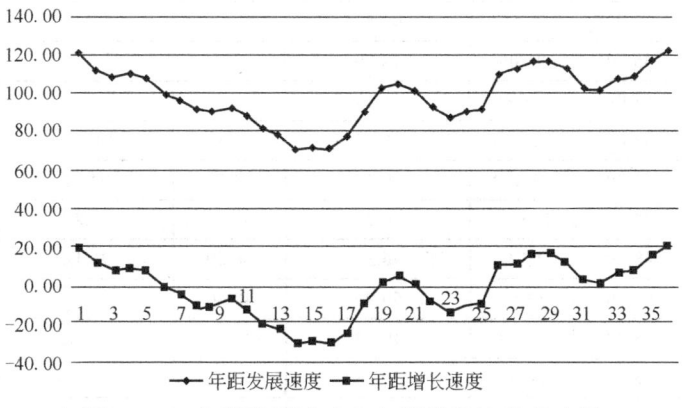

图 11-11　年距发展速度和年距增长速度变动图

直接法简单易行，当只需大体上观察循环变动的走势时，可以利用年距发展速度和年距增长速度消除趋势变动和季节变动的影响。但这种方法理论根据并不充分，具体来说，直接法只是简单地进行年距对比，它既不能消除随机波动的影响，也不能有效消除长期趋势和季节变动的影响，因此不能准确地描述循环变动的真实状态。

（2）剩余法

剩余法也叫分解法，其基本思想是分解分析，即在时间序列中首先分解出长期趋势和季节变动并将其剔除，然后再消除不规则变动成分，利用剩余的变动揭示循环变动的特征。以时间序列的乘法模型为例，其因素组合为$Y=T \cdot S \cdot C \cdot I$，首先分解出季节变动$S$和长期趋势$T$，则：

$$\frac{Y}{T \cdot S} = \frac{T \cdot S \cdot C \cdot I}{T \cdot S} = C \cdot I \qquad (11-27)$$

然后将结果$C \cdot I$进行移动平均以消除不规则变动成分$I$，其结果即为循环变动值$C$。

**【例 11-9】** 用剩余法对某旅行社经营收入计算循环变动值$C$，过程如下表 11-21 所示。

表 11-21　循环变动值计算表

| 年份 | 月份 | 经营收入 Y（1） | 季节指数 S（2） | 消除季节变动的序列 T·C·I（3）=（1）%/（2） | 趋势方程拟合值 T（4） | 循环和不规则变动 C·I（5）=（3）%/（4） | 三项移动平均 C% |
|---|---|---|---|---|---|---|---|
| 2005 | 1 | 40.00 | 72.60 | 55.10 | — | — | — |
| | 2 | 50.00 | 97.10 | 51.49 | — | — | — |
| | 3 | 41.00 | 84.00 | 48.81 | — | — | — |
| | 4 | 39.00 | 79.90 | 48.81 | — | — | — |
| | 5 | 45.00 | 93.00 | 48.39 | — | — | — |
| | 6 | 53.00 | 113.80 | 46.57 | — | — | — |
| | 7 | 68.00 | 134.30 | 50.63 | 48.30 | 104.83 | — |
| | 8 | 73.00 | 147.60 | 49.46 | 52.50 | 94.21 | 94.31 |
| | 9 | 50.00 | 113.10 | 44.21 | 52.70 | 83.89 | 91.41 |
| | 10 | 48.00 | 103.60 | 46.33 | 48.20 | 96.12 | 95.09 |
| | 11 | 43.00 | 84.40 | 50.95 | 48.40 | 105.26 | 100.61 |
| | 12 | 38.00 | 77.20 | 49.22 | 49.00 | 100.45 | 108.06 |
| 2006 | 1 | 43.00 | 72.60 | 59.23 | 50.00 | 118.46 | 107.97 |
| | 2 | 52.00 | 97.10 | 53.55 | 51.00 | 105.01 | 108.76 |

续表

| 年份 | 月份 | 经营收入 $Y$ (1) | 季节指数 $S$ (2) | 消除季节变动的序列 $T \cdot C \cdot I$ (3)=(1)%/(2) | 趋势方程拟合值 $T$ (4) | 循环和不规则变动 $C \cdot I$ (5)=(3)%/(4) | 三项移动平均 $C$% |
|---|---|---|---|---|---|---|---|
| 2006 | 3 | 45.00 | 84.00 | 53.57 | 52.10 | 102.82 | 101.43 |
| | 4 | 41.00 | 79.90 | 51.31 | 53.20 | 96.46 | 98.40 |
| | 5 | 48.00 | 93.00 | 51.61 | 53.80 | 95.93 | 99.39 |
| | 6 | 65.00 | 113.80 | 57.12 | 54.00 | 105.77 | 103.61 |
| | 7 | 79.00 | 134.30 | 58.82 | 53.90 | 109.13 | 107.40 |
| | 8 | 86.00 | 147.60 | 58.27 | 54.30 | 107.30 | 106.19 |
| | 9 | 64.00 | 113.10 | 56.59 | 55.40 | 102.14 | 103.92 |
| | 10 | 60.00 | 103.60 | 57.92 | 56.60 | 102.32 | 98.80 |
| | 11 | 45.00 | 84.40 | 53.32 | 58.00 | 91.93 | 94.65 |
| | 12 | 41.00 | 77.20 | 53.11 | 59.20 | 89.71 | 91.31 |
| 2007 | 1 | 40.00 | 72.60 | 55.10 | 59.70 | 92.29 | 97.10 |
| | 2 | 64.00 | 97.10 | 65.91 | 60.30 | 109.31 | 104.81 |
| | 3 | 58.00 | 84.00 | 69.05 | 61.20 | 112.82 | 111.72 |
| | 4 | 56.00 | 79.90 | 70.09 | 62.00 | 113.04 | 113.53 |
| | 5 | 67.00 | 93.00 | 72.04 | 62.80 | 114.72 | 109.89 |
| | 6 | 74.00 | 113.80 | 65.03 | 63.80 | 101.92 | 104.39 |
| | 7 | 84.00 | 134.30 | 62.55 | 64.80 | 96.52 | 98.75 |
| | 8 | 95.00 | 147.60 | 64.36 | 65.80 | 97.82 | 98.56 |
| | 9 | 76.00 | 113.10 | 67.20 | 66.30 | 101.35 | 99.24 |
| | 10 | 68.00 | 103.60 | 65.64 | 66.60 | 98.55 | 99.70 |
| | 11 | 56.00 | 84.40 | 66.35 | 66.90 | 99.18 | 99.17 |
| | 12 | 52.00 | 77.20 | 67.36 | 67.50 | 99.79 | 103.13 |
| 2008 | 1 | 55.00 | 72.60 | 75.76 | 68.60 | 110.43 | 105.49 |
| | 2 | 72.00 | 97.10 | 74.15 | 69.80 | 106.23 | 106.97 |
| | 3 | 62.00 | 84.00 | 73.81 | 70.80 | 104.25 | 105.12 |
| | 4 | 60.00 | 79.90 | 75.09 | 71.60 | 104.88 | 104.41 |
| | 5 | 70.00 | 93.00 | 75.27 | 72.30 | 104.11 | 104.22 |
| | 6 | 86.00 | 113.80 | 75.57 | 72.90 | 103.66 | — |
| | 7 | 98.00 | 134.30 | 72.97 | — | — | — |
| | 8 | 108.00 | 147.60 | 73.17 | — | — | — |
| | 9 | 87.00 | 113.10 | 76.92 | — | — | — |
| | 10 | 78.00 | 103.60 | 75.29 | — | — | — |
| | 11 | 63.00 | 84.40 | 74.64 | — | — | — |
| | 12 | 58.00 | 77.20 | 75.13 | — | — | — |

根据表 11-21 计算的循环变动值绘制的循环变动曲线如图 11-12 所示，可见该旅行社经营收入的循环波动规律大体是每 7~8 个月出现一次波峰或波谷。

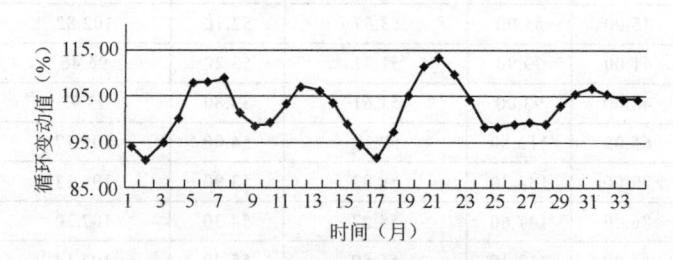

图 11-12　经营收入循环变动曲线图

# 本章小结

本章介绍了时间序列的统计分析方法。前三节介绍了时间序列的一些基础知识，包括概念、分类、基本分析指标、成分构成和基本模型。而第四节则分别针对时间序列中的总趋势变动、季节变动和循环变动几个主要成分详细介绍了各自的分析方法，是本章学习的重点。其中，总趋势变动分析中分别介绍了时距扩大法、移动平均法和趋势模型法三种测度时间序列总趋势的方法；季节变动分析中分别介绍了原始资料平均法、趋势比率法和哑变量方程法三种测度季节因素的方法；循环变动分析中分别介绍了直接法和剩余法两种测度循环因素的方法，其中直接法在方法论上是存在一定缺陷的。时间序列分析的目的是掌握时间序列数据的变化规律并为预测未来服务。

# 第 12 章

# 统计指数

## 引例

统计指数从 18 世纪中叶物价指数产生开始,迄今已有三百多年的历史了。随着历史的推移,统计指数的应用不断推广到经济领域的各个方面。

对比分析是统计分析的基本方法之一。通过适当的数据对比,可以反映现象的相对水平或相对变动,由此给出的比值就是通常意义上的指数。对于简单现象(单一项目)计算指数(个体指数)非常便捷,但对于多个项目构成的复杂现象总体计算指数(总指数)就较为困难了。后者正是统计指数理论所要研究和解决的问题。下面就是一个现实经济生活中司空见惯但又破费考量的案例。

市场物价和需求的变动情况是每位消费者都普遍关注的问题。假定有某市场上五种商品的销售价格和销售量资料如表 12-1 所示。表中 $p$ 表示商品价格,$q$ 表示销售量;下标"0"表示基期,下标"1"表示计算期。

表 12-1　五种商品价格和销售量资料

| 商品类别 | 计量单位 | 商品价格(元) 基期 $p_0$ | 计算期 $p_1$ | 销售量(kg) 基期 $q_0$ | 计算期 $q_1$ | 指数(%) $p_1/p_0$ | $q_1/q_0$ |
|---|---|---|---|---|---|---|---|
| 面粉 | 100kg | 300.0 | 360.0 | 2400 | 2600 | 120.00 | 108.33 |
| 猪肉 | kg | 18.0 | 20.0 | 84000 | 95000 | 111.11 | 113.10 |

续表

| 商品类别 | 计量单位 | 商品价格（元） | | 销售量（kg） | | 指数（%） | |
|---|---|---|---|---|---|---|---|
| | | 基期 $p_0$ | 计算期 $p_1$ | 基期 $q_0$ | 计算期 $q_1$ | $p_1/p_0$ | $q_1/q_0$ |
| 食盐 | 0.5kg | 1.0 | 0.8 | 10000 | 15000 | 80.00 | 150.00 |
| 服装 | 件 | 100.0 | 130.0 | 24000 | 23000 | 130.00 | 95.83 |
| 洗衣机 | 台 | 1500.0 | 1400.0 | 510 | 612 | 93.33 | 120.00 |

为了反映市场物价的动态和商品销售量的变动情况，可以依据这些资料编制有关的指数。如果我们需要考察的是个别商品的价格和销售量的变动情况，那么问题非常简单：只需将计算期与基期的价格或销售量资料直接对比，即可得到反映个别商品价格或销售量变动程度的个体指数。由上表中的最后两栏可知，在五种商品中，服装的个体价格指数（130%）最大，表示其价格上涨了 30%，食盐的个体价格指数（80%）最小，表示其价格下跌了 20%；另一方面，食盐的个体价格指数（150%）最大，表示其销售量增长了 50%，而服装的个体销售量指数（95.83%）却最小，表示其销售量减少了 4.17%。上述这些个体指数就是一般的相对数（在这里是动态相对数），其计算和分析方法都很简单，可以用公式记为

$$i_{pi} = \frac{p_{1i}}{p_{0i}}, \quad i_{qi} = \frac{q_{1i}}{q_{0i}} \text{ 或 } i_p = \frac{p_1}{p_0}, \quad i_q = \frac{q_1}{q_0}$$

如果我们所要考察的是全部商品的价格和销售量的变动情况，问题就复杂得多了。在此，我们所要编制的是全部五种商品的"价格总指数"和"销售量总指数"，为了编制出这些总指数，就必须慎重考虑怎样适当对各种商品的价格或销售量资料进行综合比较的问题。这时，简单的相对数工具已经难以解决问题，需要制定和运用专门的指数方法。本章将概述统计指数的主要种类和基本编制问题，进而着重介绍综合指数与平均指数的编制原理及其常用形式，以及指数法在因素分析和综合评价领域等方面的若干应用。

# 12.1 指数的概念与分类

## 12.1.1 指数的概念

统计学里所说的"指数"是一种对比性的分析指标，可以用于分析很多

社会经济问题。例如，通过物价指数可以分析市场价格的动态，说明对居民生活质量的影响；通过劳动生产率指数可以分析劳动生产率动态变动程度，表明我国劳动生产率变动的影响；通过工业生产者出厂价格指数（PPI）可以衡量工业企业产品出厂价格变动趋势和变动程度，反映某一时期生产领域价格变动情况，也是制定有关经济政策和国民经济核算的重要依据。

从对比的特点上来看，指数通常是某现象水平在不同时间上的对比，它表明了该现象在时间上的变动情况；此外，指数还可以是某现象水平在不同空间（如不同国家、地区）范围内的对比；或者，是现象的实际水平与计划水平（规划或目标）的对比。由此可见，指数在各领域内的应用是十分广泛的。

我国统计界认为：指数有广义和狭义之别。从广义来说，凡是用来反映所研究社会经济现象时间变动和空间对比状况的相对数，如动态相对数、比较相对数和计划完成情况相对数，都可称为指数。但从狭义来说，统计指数则是用来综合反映所研究社会经济现象复杂总体数量的时间变动状况，和空间对比状况的一种相对数。例如，零售物价指数，是说明全部零售商品价格总变动的相对数；工业产品产量指数，是说明一定范围内全部工业产品实物量总变动的相对数等。统计中的指数主要是指这种狭义的指数。

## 12.1.2 指数的分类

由于指数的种类很多，为了读者更好地理解，有必要按照不同的研究目的和要求，对指数作出如下分类。

1. 个体指数和总指数

统计指数按所研究对象的范围不同，可分为个体指数和总指数。个体指数反映某种社会经济现象个别事物变动的情况。如某种产品的产量指数、某种商品的价格指数等。

个体指数=报告期水平/基期水平

个体指数实质上就是一般的相对数，包括动态相对数、比较相对数和计划完成相对数等。这些相对数的计算和分析没有形成专门的指数方法。因而仅仅属于广义的指数概念。狭义的指数概念不包括这种个体指数，通常专指总指数。

总指数是考察整个总体现象的数量对比关系的指数。然而，要考察总体现象的数量对比关系，常常会遇到总体中个别现象的数量不能直接加总或不能简单综合对比的问题。因此，总指数与个体指数的区别不仅在于考察范围不同，还在于考察方法不同。

2. 数量指标指数和质量指标指数

统计指数按所表示的特征不同，可以分为数量指标指数和质量指标指数。

数量指标指数反映现象总体的规模和水平（数量指标）的变动状况，用总量或绝对数表示。其数值大小一般随总体范围的大小而增减，如产量指数、商品销售量指数、职工人数指数等。产品产量指数体现了总产值的变动情况；商品销售量指数体现了销售量的变动情况。

而质量指标指数则反映现象总体内涵质量（质量指标）的变动状况，用平均数或相对数表示。质量指标的数值不随总体范围的大小而增减，如商品物价指数、成本指数、劳动生产率指数等。劳动生产率是一项综合性的经济指标，它反映了一定时期内劳动者创造使用价值的能力。而劳动生产率指数则是将两个不同时期的劳动生产率进行对比，用以反映不同时期劳动生产率的增长变化程度。成本指数是报告期成本与基期成本的比率，是反映成本升降幅度的经济指标。指标的比值愈小，反映成本降低的幅度愈大。

另外还有一类指数，诸如商品销售额指数、产品的成本总额指数或总产值指数等，它们所对比的现象都属于数量指标，同时也具有"价值总额"的特殊形式，这些价值总额通常可以分解为一个数量因子与一个质量因子的乘积，相应的指数则反映了两个因子共同变化的影响。因此，此类指数既不属于数量指标指数，也不属于质量指标指数，通常称之为总值指数或价值指数。

3. 动态指数和静态指数

统计指数按照其对比内容的不同，分为动态指数和静态指数，也称为时间指数和空间指数。

动态指数是指将不同时间上的同类现象水平进行比较，说明现象在不同时间上发展变化的过程和程度。动态指数分为定基指数和环比指数，后文会有说明。

静态指数是反映同类现象的数量在相同时间但不同空间（地区和单位等）的差异程度。静态指数包括空间指数（地域指数）和计划完成情况指数两种。前者是指在同一时间条件下不同单位或不同地区间同一事物数量进行对比所形成的指数，而后者是指同一单位、同一地区的实际指标与计划指标进行对比所形成的指数。

4. 定基指数和环比指数

统计指数按所选取基期的不同可以分为定基指数和环比指数两种，实际上它们就是第 11 章中已经介绍过的社会经济变量的定基发展速度和环比发展速度，通常结合起来应用，以反映现象发展变化的特点和趋势。

## 12.2 总指数的编制方法

正如前面所提到的，总指数作为考察整个总体现象数量对比关系的指数，其编制方法与个体指数（即一般相对数）有很大不同。

研究个体价格指数和个体销售量指数，记价格为 $p$，记销售量为 $q$，下标 0 为基期，下标 1 为观测期，则个体指数的计算公式为

$$i_p = \frac{p_1}{p_0} \tag{12-1}$$

$$i_q = \frac{q_1}{q_0} \tag{12-2}$$

但如果要考察的是 $n$ 种不同商品的价格和销售的变动情况，就要研究全部商品的价格总指数和销售量总指数。为了编制这些总指数，可以考虑两种方式：先综合、后对比，即综合指数法；先对比、后平均，即平均指数法。前者的计算公式为

$$I_p = \frac{\sum_{i=1}^{n} p_{1i}}{\sum_{i=1}^{n} p_{0i}} \tag{12-3}$$

$$I_q = \frac{\sum_{i=1}^{n} q_{1i}}{\sum_{i=1}^{n} q_{0i}} \tag{12-4}$$

此方法中存在的问题是：不同商品的数量和价格直接加总的结果没有实

际的经济意义；商品的计量单位不同。

而后者的计算公式为

$$I_p = \frac{\sum_{i=1}^{n} \dfrac{p_{1i}}{p_{0i}}}{n} \quad (12\text{-}5)$$

$$I_q = \frac{\sum_{i=1}^{n} \dfrac{q_{1i}}{q_{0i}}}{n} \quad (12\text{-}6)$$

该方法虽然克服了前面方法的缺陷性，但也存在不足之处，那就是当我们将各种商品的个体指数作简单平均时，没有适当地考虑不同商品的重要性程度。

### 12.2.1 加权总指数的编制原理

总指数又有"简单（不加权）指数"和"加权指数"之分。从理论上讲，加权指数一般优于简单指数，因此这里我们专门讨论加权总指数的编制问题。

加权总指数的核心是"权数"问题，而对于综合指数和平均指数而言，两者的权数编制方法并不相同。下面就围绕"权数"的问题，分别讨论综合指数和平均指数各自的编制原理。

1. 综合指数的编制原理

上文已提及，综合指数的计算方法中存在着不同度量的问题，其加总的结果没有实际经济意义。然而，每种商品的价格与其销售量的乘积即该种商品的销售额，它们却是同度量的，不受计量单位的影响。因此，在编制多种商品的价格总指数时，就可以通过销售量这个媒介将对比指标（价格）转化为同度量的销售额形式；类似地，在编制多种商品的销售量总指数时，则可以通过价格这个媒介因素将对比指标（销售量）转化为同度量的销售额形式。这就解决了不同商品的价格和销售量不能直接加总的问题，其计算公式为

$$V = \frac{\sum_{i=1}^{n} p_{1i} q_{1i}}{\sum_{i=1}^{n} p_{0i} q_{0i}} \quad (12\text{-}7)$$

但是，这样得到的是全部商品销售额的总值指数，这样的结果并不能单独表明这些商品价格或销售量的综合变动程度，而是反映了价格和销售量共同变化的结果。因而，我们为了编制出所需要的综合价格指数和销售量指数，还必须在指数的对比过程中将其媒介因素固定起来，以便单纯反映对比指标的变动情况，这样，得到的综合价格指数和销售量指数的计算公式分别为

$$I_p = \frac{\sum_{i=1}^{n} p_{1i} q}{\sum_{i=1}^{n} p_{0i} q} \tag{12-8}$$

$$I_q = \frac{\sum_{i=1}^{n} q_{1i} p}{\sum_{i=1}^{n} q_{0i} p} \tag{12-9}$$

总结上述过程，综合指数的基本编制原理是：第一步，引入一个媒介因素，使其转化为相应的价值总量形式，以解决复杂现象总体的对比指标不能直接加总的问题；第二步，为了单纯地反映对比指标的变动或差异程度，必须将前面引入的媒介因素的水平固定起来。这样，既解决了不同度量的现象不能加总的问题，又解决了最终的指数计算结果不受计量单位变化影响的问题。

2. 平均指数的编制原理

由于总体中的不同个体常常具有不同的重要程度，因此在平均指数编制的过程中需要对个体指数进行适当加权，以解决平均指数的"权数"的问题。根据经济分析的一般要求，平均指数的权数应该是与所要编制的指数密切关联的价值总量，即 $pq$。从实用的角度看，通常使用较多的是基期的总值资料（$p_0 q_0$）和计算期的总值资料（$p_1 q_1$）。

平均指数的主要类型有算数平均指数和调和平均指数，其通式分别为

算术平均指数： $A_p = \dfrac{\sum_{i=1}^{n} \dfrac{p_{1i}}{p_{0i}} pq}{\sum_{i=1}^{n} pq}$ ， $A_q = \dfrac{\sum_{i=1}^{n} \dfrac{q_{1i}}{q_{0i}} pq}{\sum_{i=1}^{n} pq}$ （12-10）

调和平均指数： $H_p = \dfrac{\sum_{i=1}^{n} pq}{\sum_{i=1}^{n} \dfrac{p_{0i}}{p_{1i}} pq}$ ， $H_q = \dfrac{\sum_{i=1}^{n} pq}{\sum_{i=1}^{n} \dfrac{q_{0i}}{q_{1i}} pq}$ （12-11）

从实用的角度看，算数平均指数计算较为简便，含义比较直观，故应用较普遍。

归纳起来，加权平均指数的基本编制原理是：第一步，为了对复杂现象总体进行对比分析，首先对构成总体的个别元素计算个体指数；第二步，为了反映个别元素在总体中的重要性差异，以相应的总值指标作为权数对个体指数进行加权平均，就得到说明总体现象数量对比关系的总指数。这样得到的加权平均指数更能反映现象的实际数量对比关系，在经济分析上更有现实意义。

## 12.2.2 加权综合指数的主要形式

前文已介绍过，个体物价指数公式为 $k_i = \dfrac{p_{1i}}{p_{0i}}$，而要分析多种不同商品的综合物价指数，简单的不同商品价格之和并没有实际的经济意义，可以引入一个媒介因素，使其转化为相应的价值总量形式，如销售额，以解决复杂现象总体的对比指标不能直接加总的问题。而为了单纯地反映对比指标的变动或差异程度，必须将前面引入的媒介因素的水平固定，即将销售量固定在某一时期。一般来说，销售量可以有固定在基期和报告期两种情况，从而产生了历史上两个著名的计算综合物价指数的公式。

1. 拉氏指数

拉氏指数是最重要的加权综合指数之一，其制定者是德国经济统计学家拉斯佩雷斯（Laspeyres，1864）。该指数公式将同度量因素固定在基期水平上，故又称为"基期加权综合指数"，相应的质量指标指数和数量指标指数的公式为

$$L_p = \dfrac{\sum_{i=1}^{n} p_{1i} q_{0i}}{\sum_{i=1}^{n} p_{0i} q_{0i}}, \quad L_q = \dfrac{\sum_{i=1}^{n} q_{1i} p_{0i}}{\sum_{i=1}^{n} q_{0i} p_{0i}} \qquad (12\text{-}12)$$

综合指数不仅可以反映现象的相对变动程度，通常还可以进行绝对数分析，即用于测定对比指标变动所引起的相应总值的绝对变动差额，如：

$$\sum_{i=1}^{n} p_{1i}q_{0i} - \sum_{i=1}^{n} p_{0i}q_{0i}, \quad \sum_{i=1}^{n} q_{1i}p_{0i} - \sum_{i=1}^{n} q_{0i}p_{0i}$$

【例 12-1】表 12-2 是某商店销售的三种商品的资料。

表 12-2 三种商品价格和销售量资料

| 商品名称 | 计量单位 | 商品价格（元） || 销售量 || 商品销售额（元） ||
| --- | --- | --- | --- | --- | --- | --- | --- |
|  |  | 基期 $p_0$ | 报告期 $p_1$ | 基期 $q_0$ | 报告期 $q_1$ | 基期 $p_0q_0$ | 报告期 $p_1q_1$ |
| 皮鞋 | 双 | 200 | 300 | 3000 | 4000 | 600000 | 1200000 |
| 大衣 | 件 | 400 | 450 | 480 | 500 | 192000 | 225000 |
| 洗衣机 | 台 | 1500 | 1400 | 510 | 612 | 765000 | 856800 |

利用拉氏公式，计算三种商品的综合物价指数。

**解**：将表 12.1 中的数据代入公式（12-12），得到

$$L_p = \frac{\sum p_1 q_0}{\sum p_0 q_0} = \frac{300 \times 3000 + 450 \times 480 + 1400 \times 510}{200 \times 3000 + 400 \times 480 + 1500 \times 510} = \frac{1830}{1557} = 117.53\%$$

计算结果表明，三种商品报告期的价格与基期相比总体上上涨了 17.53%。

2. 帕氏指数

与拉氏指数类似的是，帕氏指数也是最主要的加权综合指数公式之一，其制定者是另一位德国经济统计学家帕舍（Paasche，1874）。而与拉氏指数不同的是，帕氏指数公式是将同度量因素固定在计算期水平上，故又称为"计算期加权综合指数"，具体的公式为

$$P_p = \frac{\sum_{i=1}^{n} p_{1i}q_{1i}}{\sum_{i=1}^{n} p_{0i}q_{1i}}, P_q = \frac{\sum_{i=1}^{n} q_{1i}p_{1i}}{\sum_{i=1}^{n} q_{0i}p_{1i}} \quad (12\text{-}13)$$

同样，与拉氏指数类似的，帕氏指数也可以进行绝对数分析，即用于测定对比指标变动所引起的相应总值的绝对变动差额，如：

$$\sum_{i=1}^{n} p_{1i}q_{1i} - \sum_{i=1}^{n} p_{0i}q_{1i}, \quad \sum_{i=1}^{n} q_{1i}p_{1i} - \sum_{i=1}^{n} q_{0i}p_{1i}$$

【例 12-2】利用表 12-1 的资料，利用帕氏公式，计算 3 种商品的综合物价指数。

**解** 利用表 12-1 数据，由帕氏公式，得到

$$P_p = \frac{\sum p_1 q_1}{\sum p_0 q_1} = \frac{300 \times 4000 + 450 \times 500 + 1400 \times 612}{200 \times 4000 + 400 \times 500 + 1500 \times 612} = \frac{2281.8}{1918} = 118.97\%$$

计算结果表明 3 种商品报告期的价格与基期相比总体上上涨了 18.97%。

上面两种指数各具其直观意义。拉式综合物价指数以基期的销售量为基础考察各种商品价格的综合变动程度；而帕氏综合物价指数以报告期的销售量为基础考察各种商品价格的综合变动程度。两种物价指数都是反映多种商品物价水平的综合变动程度，但同度量因素的时点选择各有侧重。下面就分析一下这两种指数的不同之处。

拉氏综合物价指数的分子与分母之差

$$\sum_{i=1}^{n} p_{1i} q_{0i} - \sum_{i=1}^{n} p_{0i} q_{1i} = \sum_{i=1}^{n} (p_{1i} - p_{0i}) q_{0i}$$

说明了由于价格的变化，消费者为了购买与基期一样多的商品或服务所需要增减的实际开支。它是在基期的销量和销售结构的基础上来考察各种商品价格的综合变动程度的。

而帕氏综合物价指数的分子与分母之差

$$\sum_{i=1}^{n} p_{1i} q_{1i} - \sum_{i=1}^{n} p_{0i} q_{1i} = \sum_{i=1}^{n} (p_{1i} - p_{0i}) q_{1i}$$

反映了由于价格的变化，购买报告期实际销售的商品或服务所需要增减的开支。它是在报告期的销量和销售结构的基础上来考察各种商品价格的综合变动程度的，因而较拉氏指数具有更现实的经济意义。但拉氏指数的存在仍然是很有意义的，它通常就是人们编制消费者价格指数的主要目的。

另外，由于综合指数都要假定同度量因素不随基期或报告期的变化而变动，而这是不符合实际情况的，因此计算结果都带有近似的性质，这是指数方法的局限性所在。实际编制物价总指数，究竟采用哪一个价格作为同度量因素，要根据不同的研究对象、目的，以及资料取得的难易程度来选用相应的计算公式，并根据具体情况进行修正，使得到的指数合乎客观实际。孰优孰劣，并无定论，要依具体情况而做选择。

## 12.2.3 加权平均指数的主要形式

**1. 加权算数平均指数**

算数平均指数的通式前边已经进行介绍。对其分别赋予不同的权数，就可得到与之对应的算数平均指数，其中以基期总值加权的算数平均指数最为常用，公式为

$$A_p = \frac{\sum \frac{p_1}{p_0} p_0 q_0}{\sum p_0 q_0} \quad (12\text{-}14)$$

$$A_p = \frac{\sum \frac{q_1}{q_0} p_0 q_0}{\sum p_0 q_0} \quad (12\text{-}15)$$

【例 12-3】依据前面 3 种商品的销售资料（见表 12-1），采用基期总值加权的算数平均公式分别编写价格指数和销售指数。

**解**：利用式（12-14）和式（12-15），计算得到

$$A_p = \frac{\sum \frac{p_1}{p_0} p_0 q_0}{\sum p_0 q_0} = \frac{1830000}{1557000} = 117.53\%$$

$$A_p = \frac{\sum \frac{q_1}{q_0} p_0 q_0}{\sum p_0 q_0} = \frac{1918000}{1557000} = 123.19\%$$

我们发现，以上公式与前边的拉氏指数完全相同。事实上，当个体指数与总值权数之间存在一一对应关系时，基期加权的算术平均指数就等于拉氏指数，因此：

$$A_p = \frac{\sum \frac{p_1}{p_0} p_0 q_0}{\sum p_0 q_0} = \frac{\sum q_0 p_1}{\sum q_0 p_0} = L_p \quad (12\text{-}16)$$

$$A_p = \frac{\sum \frac{q_1}{q_0} p_0 q_0}{\sum p_0 q_0} = \frac{\sum q_1 p_0}{\sum q_0 p_0} = L_p \quad (12\text{-}17)$$

此种情况下，平均指数可看作是综合指数的一种变形。但由于指数编制实践中个体指数与权数之间往往并不存在严格的一一对应关系。因此，平均指数仍然是一种相对独立的总指数编制方法，而不仅仅是综合指数的变形。

算数平均指数不仅可用绝对数（总值）加权，也可以用相对数（总值比重）加权，而且采用相对权数在应用上具有很多优越性。以价格指数为例：

$$A_p = \frac{\sum \frac{p_1}{p_0} p_0 q_0}{\sum p_0 q_0} = \sum \frac{p_1}{p_0} \times \frac{p_0 q_0}{\sum p_0 q_0} = \sum \frac{p_1}{p_0} w_0 \qquad (12\text{-}18)$$

其中：

$$w_o = \frac{p_0 q_0}{\sum p_0 q_0}$$

在实践中，为简化指数编制工作，通常将相对权数固定起来，连续使用若干个指数编制时期，这称为"固定加权算术平均指数"。同样以价格指数为例：

$$A_p = \sum \frac{p_1}{p_0} w_c \text{ 或 } A_p = \frac{\sum \frac{p_1}{p_0} w_c}{100} \qquad (12\text{-}19)$$

式中：$w_c$ 为固定起来的相对权数，它可以用小数表示，也可以用百分点表示。

2. 加权调和平均指数

调和平均指数也可分别赋予不同权数，以得到相应的调和平均指数，其中以计算期总值加权的调和平均指数最为常用，公式为：

$$H_p = \frac{\sum p_1 q_1}{\sum \frac{p_0}{p_1} p_1 q_1} \qquad (12\text{-}20)$$

$$H_q = \frac{\sum p_1 q_1}{\sum \frac{q_0}{q_1} p_1 q_1} \qquad (12\text{-}21)$$

【12-4】依据前面 3 种商品的销售资料（见表 12-1），采用计算期总值加权的调和平均公式分别编制价格指数和销售量指数。

**解**：利用公式（12-20）和式（12-21），计算得到：

$$H_p = \frac{\sum p_1 q_1}{\sum \frac{p_0}{p_1} p_1 q_1} = \frac{2281800}{1918000} = 118.97\%$$

$$H_q = \frac{\sum p_1 q_1}{\sum \frac{q_0}{q_1} p_1 q_1} = \frac{2281800}{1830000} = 124.69\%$$

## 12.3 几种常用的经济指数

### 12.3.1 消费者价格指数

居民消费价格指数（consumer price index），又称生活费用指数，是一个宏观经济指标，反映居民家庭一般购买的各种消费商品和服务的价格水平变动程度。它是一个相对数，度量了一组代表性消费商品及服务项目的价格水平变动情况，可用于分析消费品市场物价的基本动态及其对居民消费开支的影响程度、调整货币工资以得到实际工资水平、衡量货币的实际购买能力。消费者物价指数是世界各国普遍编制的一种指数，它可以用于分析市场价格的基本动态，是政府制定物价政策和工资政策的重要依据。

我国的消费者价格指数大体上是采用固定加权算数平均指数方法编制的，其主要编制过程和特点是：首先，将各种居民消费分为八大类，包括食品、衣着、家庭设备及用品、医疗保健、交通和通信工具、文教娱乐用品、居住项目以及服务项目等，下面再划分为若干个中类和小类；然后，从以上各类中选定数百种有代表性的商品项目（含服务项目）入编指数，利用相关对比时期的价格资料分别计算个体价格指数；再次，依据有关时期内各种商品的销售额构成确定代表品的比重权数；最后，按从低到高的顺序，采用固定加权算数平均公式，依次编制各类别的消费价格指数和消费价格总指数。公式为

$$I_p = \frac{\sum i_p \cdot w}{\sum w} = \frac{\sum i_p \cdot w}{100} \qquad (12\text{-}22)$$

**【例 12-5】** 利用表 12-3 所给出的资料,计算某市副食品消费价格指数、食品消费价格指数和消费价格总指数。

表 12-3  各类商品的价格指数与权数资料

| 类别与项目 | 权数 $w$ | 指数 $i_p$ | 权数×指数 $i_p \times w$ |
|---|---|---|---|
| 一、食品 | {41} | 113.0 | 4633.0 |
| （一）粮食 | [25] | 110.2 | 2755 |
| 1．细粮 | (98) | 110.0 | 10780 |
| 2．粗粮 | (2) | 120.0 | 240 |
| （二）副食品 | [48] | 117.6 | 5644.8 |
| 1．食用植物及油料 | (6) | 106.1 | 636.6 |
| 2．食盐 | (2) | 100.0 | 200 |
| 3．鲜菜 | (17) | 120.5 | 2048.5 |
| 4．干菜 | (4) | 105.7 | 422.8 |
| 5．肉禽蛋 | (38) | 124.6 | 4734.8 |
| 6．水产品 | (21) | 120.2 | 2524.2 |
| 7．调味品 | (5) | 98.6 | 493 |
| 8．食糖 | (7) | 100.0 | 700 |
| （三）烟酒茶 | [13] | 106.8 | 1388.4 |
| （四）其他食品 | [14] | 108.1 | 1513.4 |
| 二、衣着 | {15} | 101.7 | 1525.5 |
| 三、家庭设备用品 | {11} | 102.0 | 1122 |
| 四、交通和通信工具 | {4} | 98.0 | 392 |
| 五、娱乐教育文化用品 | {5} | 105.3 | 526.5 |
| 六、医疗保健用品 | {4} | 100 | 400 |
| 七、居住 | {14} | 103 | 1442 |
| 八、服务项目 | {6} | 108 | 648 |

（1）粮食小类零售物价指数为：$I_p = \dfrac{\sum i_p w}{\sum w} = \dfrac{10780+240}{98+2} = 110.2\%$

（2）副食品小类零售物价指数为：$I_p = \dfrac{\sum i_p w}{\sum w} =$

$$\dfrac{636.6+200+2048.5+422.8+4734.8+2524.2+493+700}{6+2+17+4+38+21+5+7} = \dfrac{11759.9}{100} = 117.6\%$$

(3) 食品类消费价格指数为

$$I_p = \frac{\sum i_p w}{\sum w} = \frac{2755+5644.8+1388.4+1513.4}{100} = \frac{11301.6}{100} = 113\%$$

(4) 消费者价格总指数 $I_p = \frac{\sum i_p w}{\sum w} =$

$$\frac{4633+1525.5+1122+392+526.5+400+1442+648}{100} = 106.89\%$$

消费者价格指数在生活中运用广泛，通常用来反映通货膨胀状况、货币购买力的变动和衡量职工实际工资水平。

1. 反映通货膨胀状况

通货膨胀的严重程度是用通货膨胀率来反映的，它说明了一定时期内商品价格持续上升的幅度。通货膨胀率一般以消费者物价指数来表示。

$$通货膨胀率 = \frac{报告期消费者物价指数 - 基期消费者物价指数}{基期消费者物价指数} \times 100\%$$

2. 反映货币购买力变动

货币购买力是指单位货币能够购买到的消费品和服务的数量。消费者物价指数上涨，货币购买力则下降；反之则上升。消费者物价指数的倒数就是货币购买力指数。

$$货币购买力指数 = \frac{1}{消费者物价指数} \times 100\%$$

3. 反映对职工实际工资的影响

消费者物价指数的提高意味着实际工资的减少，消费者物价指数的下降意味着实际工资的提高。因此，可利用消费者物价指数将名义工资转化为实际工资，其计算公式为

$$实际工资 = \frac{名义工资}{消费者物价指数}$$

需要说明的是，消费者价格指数不包含房地产或固定资产等项目的价格变动信息。

## 12.3.2 农副产品收购价格指数

农副产品收购价格指数是反映各种农副产品收购价格的综合变动程度的，以此来考察农副产品收购价格的变化对农业生产者的收入和商业部门支出的影响。

我国农副产品收购价格指数的编制方法为：从 11 类农副产品汇总选择 276 种主要的产品，以各自的计算期收购额作为权数，通过加权调和平均方法得到各类别的农副产品收购价格指数和农副产品收购价格总指数，计算公式为

$$H_p = \frac{\sum p_1 q_1}{\sum \frac{p_1 q_1}{i_p}} \quad (12\text{-}23)$$

式中：$i_p$ 为入编指数的单项农副产品的个体价格指数。

## 12.3.3 股票价格指数

在发展较为充分和成熟的市场经济条件下，股票价格的波动和走向通常是反映经济状况的重要指标，也是影响投资者决策和行为的主要因素之一。因此，股票价格指数（简称股指）被称为市场经济的"晴雨表"，是用来衡量整个股票市场价格的基本动向的。具体说来，股指的编制方法多种多样、各有所长，其中的一种重要编制方法就是加权综合指数法。

以 $p$ 表示入编指数的各种股票的价格，$q$ 表示相应股票的发行量或交易量，则综合形式的股价指数计算公式为

$$I_p = \frac{\sum p_t q}{\sum p_0 q} \quad (12\text{-}24)$$

式中：同度量因素通常固定在基期水平上（即采用拉氏公式），简便又可比，但也可以固定在计算期水平上（即采用帕氏公式）。

我国内地的上证 30 指数、香港地区的恒生指数和美国的标准普尔 500 指数等,都是采用加权综合指数公式编制的。例如,我国内地的上证 30 指数,该指数是由上海证券交易所编制。从上市的所有 A 股股票中抽取具有市场代表性的 30 种样本股票为计算对象,其中包括 15 种工业股、1 种商业股、1 种地产股、6 种公用事业股和 7 种综合业股,其对比基期为 1996 年 1 月至 3 月平均流通市值,基期指数定为 1000 点,并以基期的流通股数为权数计算得出加权股价指数,综合反映上海证券交易所全部上市 A 股的股价走势。

此外,股价指数还可以采用其他方式编制,例如运用简单平均数方法编制的美国道·琼斯指数,没有加权,其编制方法是:就入编指数的各种股票分别计算不同时间的简单平均价格,通过对比就得到相应日期的股价指数。其计算公式为

$$I_p = \frac{\overline{p}_t}{\overline{p}_0} = \frac{\sum_{i=1}^{n} p_{ti}/n}{\sum_{i=1}^{n} p_{0i}/n} = \frac{\sum_{i=1}^{n} p_{ti}}{\sum_{i=1}^{n} p_{0i}} \quad (12-25)$$

该指数是以 1928 年 10 月 1 日为基期(基准日),因为这一天收盘时的股价平均数恰好为 100 美元。道·琼斯指数每一点的涨跌就是当时的股价平均数相对于基准日的涨跌百分率。

道·琼斯指数的特点是:一方面,简化了资料的搜集和计算过程;另一方面,排除了结构变化对指数的影响。然而后面这一特点也正是道琼斯指数的弱点所在,即它不能适当区分不同股票的重要性程度,而是把大小公司的股价变动同等看待。事实上,道·琼斯指数所选的入编公司的代表性都较强,加之历史悠久的原因,因此被广泛使用。

## 12.3.4 工业生产指数和生产者价格指数

1. 工业生产指数

工业生产指数,简称生产指数,也称作"产品物量指数",是用来概括反

映一个国家或地区各种产品的产量综合变动方向和幅度的一种动态指标。它是衡量经济增长水平的重要指标之一。世界各国都非常重视该指标的编制，所采用的编制方法却不完全相同。

我国工业生产指数是通过计算各种工业产品的不变价格产值来编制的。其基本编制过程是：首先，对各种工业产品分别制定相应的不变价格标准（$p_c$）；其次，逐项计算各种产品的不变价格产值，加总起来得到全部工业产品的不变价格总产值；最后，把不同时期的不变价格总产值加以对比来得到相应时期的工业生产指数。

记 $t$ 时期的不变价格总产值为 $\sum q_t p_c (t=0,1,2,3,\cdots)$，则该时期的工业生产指数就是固定加权综合指数的形式：

$$I_q = \frac{\sum q_t p_c}{\sum q_0 p_c} \text{ 或 } I_q = \frac{\sum q_t p_c}{\sum q_{t-1} p_c} \tag{12-26}$$

采用不变价格法编制工业生产指数的特点是，只要具备完整的不变价格产值资料，就能很容易地计算出有关的生产指数；并且可以在不同层次上（如各地区、各部门、各企业等）进行编制，满足各方面的分析需要。但不变价格的制定与不变价格产值的计算工作本身就非常繁重，又必须连续、全面展开，难度极大。尤其在市场经济条件下，在整个工业生产领域运用不变价格计算完整的产值资料，面临诸多实际性问题。因此在这方面，我国的工业生产指数的编制也面临着势在必行的改革。

在国外，较为普遍地采用加权平均指数的形式来编制工业生产指数，公式为

$$I_q = \frac{\sum i_q \cdot q_0 p_0}{\sum q_0 p_0} \tag{12-27}$$

式中：$i_q$ 为各种工业品的个体产量指数；$q_0 p_0$ 则为相应产品的基期增加值（产值 $= pq$）。

编制工业生产指数是为了说明工业增加值中物量因素的综合变动程度，因此，其分析意义较之一般的工业总产量指数是有所不同的。

在实践中，为简化指数编制工作，通常以各种工业品的增加值比重作为权数，并将此类比重权数相对固定化，连续编制各个时期的工业生产指数：

$$I_q = \frac{\sum i_q \cdot w}{\sum w} \qquad (12\text{-}28)$$

此处便运用了固定加权算数平均指数。

## 2. 生产者价格指数

生产者价格指数（Producer Price Index，PPI）是从生产者方面考虑的物价指数，反映生产者在初级市场（非零售市场）上出售或购买的产品的价格变动情况。而生产者价格指数又有广义与狭义之分。广义的生产者价格指数指包括有关的国民经济各产业的原材料、半成品还有产成品等三个生产环节的价格指数；狭义的生产价格指数仅指工农业等的产品价格指数。我国的生产者价格指数通常指的是工业品出厂价格指数，也可包括农产品生产价格指数。

我国工业品出厂价格指数是反映工业企业产品出厂价格总水平在一定时期内变动趋势及程度的相对数指标，其统计范围包括工业企业销售给本企业以外所有单位的各种产品和直接销售给居民用于生活消费的产品。农产品生产价格指数是反映一定时期内农产品生产者出售农产品价格水平变动趋势及幅度的相对数。通过分析这些指数可以观察有关产业的产品价格水平及其价格结构的变动，分析其变动对有关产业总产值和增值的影响，以满足工农业统计核算乃至整个国民经济核算和宏观经济分析的需要。

由于生产者价格指数（PPI）的上涨会间接或直接地导致国民经济各个产业生产成本的提高，企业最终要把它们的费用以更高的消费价格的形式转移给消费者，使得消费者物价指数随之上涨。因此，通常认为生产者价格指数是衡量通货膨胀的先导性指标，或者说它是消费者物价指数变动的先兆。这使得通过 PPI 变动来粗估将来的 CPI 或通胀率成为可能。例如，某时期的 PPI 涨势平缓，那么就可以在一定程度上预示着未来 CPI 的增速也将比较平稳。

# 本章小结

指数是统计中一种重要的对比分析方法,通过适当的数据对比来反应现象的相对水平或相对变动。本章主要围绕统计指数的基本编制原理和几种最常用的统计指数而展开。本章初先说明了统计指数的概念和分类;继而介绍了编制总指数的两种主要思想,即"先综合、后对比"和"先对比、后平均";然后基于这两种思想,重点阐述了"加权综合指数"与"加权平均指数"这两种最核心指数的编制方法;对应这两种编制方法,又分别介绍了各自的几种指数形式。最后,从实际应用的层面介绍了一系列在现实生产生活中最常用的经济指数。

# 参考文献

[1] 张小斐. 统计学：第 2 版［M］. 北京：中国统计出版社，2014.
[2] 金秀，于春海. 统计学［M］. 北京：清华大学出版社出版社，2014.
[3] 陈珍珍. 统计学学习指导［M］. 厦门：厦门大学出版社，2013.
[4] 贾俊平，谭英平. 应用统计［M］. 北京：中国人民大学出版社，2013.
[5] 曾五一. 《统计学简明教程》学习指导用书 ［M］. 北京：人民大学出版社，2013.
[6] 贾俊平. 统计学基础：第 2 版［M］. 北京：中国人民大学出版社，2013.
[7] 李友俊，李丽萍，孙菲. 统计学：第 2 版［M］. 北京：石油工业出版社，2013.
[8] 贾俊平. 《统计学》 学习指导用书：第 5 版［M］. 北京：人民大学出版社，2012.
[9] 李静萍. 统计学［M］. 上海：上海交通大学出版社， 2012.
[10] 蒲国华. 统计学［M］. 杭州：浙江工商大学出版社，2011.
[11] 贾俊平. 统计学：第 3 版［M］. 北京：中国人民大学出版社，2011.
[12] 齐延信. 统计学：第 2 版［M］. 广州：暨南大学出版社，2011.
[13] 向荣美，王青华. 统计学［M］. 成都：西北财经出版社，2011.
[14] 郑德和. 统计学［M］. 上海：上海立信会计出版社，2011.
[15] 周志丹. 应用统计学［M］. 北京：机械工业出版社，2011.
[16] 陈全森. 统计学：第 3 版［M］. 郑州：郑州大学出版社，2010.
[17] 贾俊平. 统计学：第 4 版［M］. 北京：中国人民大学出版社，2010.
[18] 魏建国. 统计学［M］. 武汉：武汉理工大学出版社，2010.
[19] 徐成钢. 统计学［M］. 武汉：武汉理工大学出版社，2010.
[20] 张增臣，王迎春. 统计学［M］. 杭州：浙江大学出版社，2010.
[21] 梁前德. 统计学：第 2 版［M］. 北京：高等教育出版社，2009.
[22] 孙允午. 统计学—数据的收集、整理和分析：第 2 版［M］. 上海：上海财经大学出版社，2009.
[23] 袁卫，庞皓，曾五一，等. 统计学：第 3 版［M］. 北京：高等教育出版社，2009.
[24] 阿克泽尔，桑德班迪安. 商务统计［M］. 谭英平，李小虎，译. 北京：高等教育出版社，2008.
[25] 梁前德，陈元江. 统计学：第 2 版［M］. 北京：高等教育出版社，2008.
[26] 谭英平，李小虎. 商务统计［M］. 北京：高等教育出版社，2008.

[27] 胡培，王建琼．管理统计学［M］．北京：高等教育出版社，2007．

[28] 陆菊春．应用统计学［M］．武汉：武汉大学出版社，2007．

[29] 刘思峰，吴和成，訾利荣．应用统计学［M］．北京：高等教育出版社，2007．

[30] 牛显明．统计学［M］．上海：同济大学出版社，2007．

[31] 秦铁山．统计学［M］．沈阳：辽宁大学出版社，2007．

[32] 周恒彤．统计学［M］．大连：东北财经大学出版社，2007．

[33] 贾俊平，何晓群，金勇进．统计学：第5版［M］．北京：中国人民大学出版社，2006．

[34] 袁卫，庞皓，曾五一，贾俊平等．统计学：第2版［M］．北京：高等教育出版社，2005．

[35] 贾俊平．统计学［M］．北京：清华大学出版社，2004．

[36] 郑聪玲．统计：第2版［M］．杭州：浙江大学出版社，2004．

[37] 董波，王升．应用统计教程［M］．北京：企业管理出版社，2001．

[38] 徐浪，王青华．描述统计学［M］．成都：西南财经大学出版社，2001．